# 다문화 시대 이주민의 한국어 의사소통

412
아산재단 연구총서

다문화 시대와 한국의 사회통합

# 다문화 시대 이주민의 한국어 의사소통

민병곤
김종철
구본관
박성석
박종관

집문당

민병곤(閔丙坤) 서울대학교 국어교육과 교수
김종철(金鍾澈) 서울대학교 국어교육과 교수
구본관(具本寬) 서울대학교 국어교육과 교수
박성석(朴成石) 서울대학교 국어교육과 BK 연구원
박종관(朴鐘爟) 서울대학교 국어교육과 BK 연구원

아산재단 연구총서 412
다문화 시대와 한국의 사회통합
다문화 시대 이주민의 한국어 의사소통

2016년 12월 30일 1판 1쇄

저 자 | 민병곤, 김종철, 구본관, 박성석, 박종관
발행인 | 임동규
발행처 | **집문당**
등 록 | 1971. 3. 23. 제300-2012-69호
영업부 | 10881 경기도 파주시 광인사길 85(파주출판도시)
(02)743-3192~3 팩스(02)742-4657
전자우편 | sale@jipmoon.co.kr
편집부 | 03134 서울시 종로구 돈화문로 82 집문당빌딩 5층
(02)743-3096~7 팩스(02)743-0227
전자우편 | edit@jipmoon.co.kr
홈페이지 | www.jipmoon.co.kr

ISBN 978-89-303-1750-4
978-89-303-1500-5(세트)

**가격 14,000원**

이 도서의 국립중앙도서관 출판시도서목록(CIP)은 e-CIP홈페이지(http://www.nl.go.kr/ecip)와
국가자료공동목록시스템(http://www.nl.go.kr/kolisnet)에서 이용하실 수 있습니다.
(CIP제어번호: CIP2016030138)

# 머리말

1990년대 중반 이후 한국 사회는 국제결혼과 노동력 유입의 증가로 이주민 인구가 급속하게 늘어나 2015년 기준 체류 외국인은 약 190만 명에 이른다. 이주민의 증가 추세는 장기 체류자를 중심으로 지속적으로 증가할 것으로 예상되는데 이러한 인구 구성의 변화는 우리 사회를 단일 문화에서 다문화로 이행하게 하는 중요한 동력으로 작용하고 있다.

다문화 시대에 진입한 한국 사회가 해결해야 할 핵심 과제는 사회적 통합을 어떻게 이루느냐 하는 것이다. 언어 · 문화적 배경이 다른 사회 구성원 간, 특히 정주민과 이주민 간에는 현실적인 이해관계로 인한 갈등뿐만 아니라 가치관이나 행동 규범, 의사소통 방식 등의 차이로 인한 사회 문제가 빈번하게 발생할 수 있다. 이러한 과정에서 이주민들이 가장 힘들어하는 것은 언어 문제이다. 언어적 다양성이 존중되어야 한다는 점에서 보면 언어 문제를 한국어로 이루어지는 의사소통으로 환원하는 것은 적절하지 않지만, 한국 사회의 공용어가 한국어라는 점에서 보면 한국어 의사소통의 문제는 다문화 시대 한국 사회의 핵심 문제라 할 수 있다.

한국어 의사소통 문제가 이처럼 중요한 문제임에도 불구하고, 이주민의 한국어 의사소통 문제를 실증적으로 고찰한 연구는 많지 않다. 이 책에 제시한 주요 연구 결과는 이주민의 한국어 의사소통 실태를 전국 규모로 조사하여 분석한 것이라는 점에서 연구사적 의의가 있을 것이다. 특히 성인인 결혼이주민 및 이주민근로자를 청소년인 이주민자녀와 비교하여 한국어 의사소통의 어려움 정도를 밝히고 영향 요인들 간의 관계를 규명한 것은 주목할 만한 부분이다.

설문 조사와 면담을 통하여 이주민자녀가 이주민근로자나 결혼이주민에 비해 더 높은 한국어 능력을 지녔고 한국어 의사소통의 어려움을 덜 느끼는 것을 확인할 수 있었다. 한국어 의사소통에서 느끼는 어려움에 영향을 미치는 요인으로는 한국 거주 기간, 한국어 학습 기간, 한국어 능력 등에 주목하고 그 인과 관계를 규명하였다. 이와 더불어 한국어 의사소통 어려움 해소에 필요한 최소 학습 기간을 집단별로 산출하였다. 이 외에도 이주민의 한국어 의사소통 실태를 집단별, 의사소통 상황별, 의사소통 기능별로 기술 · 분석하였다.

이러한 연구 결과를 바탕으로 하여 우리는 다문화 시대 한국어 의사소통 실태 개선을 위한 방안을 제안하였다. 주요 내용은 이주민 집단별 세부 정책 목표 도출이 필요하다는 점, 이주민근로자와 결혼이주민의 경우 핵심 의사소통 공간인 직장과 가정에서의 한국어 교육 접근성을 확대해야 한다는 점, 다문화 정책과 연계한 한국어 정책 집행의 효율화가 필요하다는 점 등이다. 아울러 후속 연구 과제로는 이주민 집단 내부에 존재하는 하위 집단별 의사소통 실태에 대한 실증적 연구, 이주민의 집단별 한국어 능력 수준에 대한 종단적 연구, 대학 및 대학원 유학생 이주민 집단의 학문 목적 한국어 실태 연구, 이주민과 정주민의 의사소통 실태 비교 연구 등을 제안하였다. 이러한 연구들을 기반으로 하여 한국어 의사소통 실태를 종합적으로 진단하고, 한국어 의사소통 실태 개선에 필요한 법률과 제도의 정비, 다문화 수용성의 증진을 위한 사회적 분위기의 조성,

교육적 지원 등의 실천 과제가 뒤따라야 함도 과제로 남겨 두었다.

이 연구를 수행하는 과정에서 설문조사와 면담에 응해 주신 이주민근로자, 결혼이주여성, 이주민자녀 여러분에게 진심으로 감사드리고 싶다. 번폐스러움을 알면서도 조사 과정에서 도움을 주신 외국인인력지원센터, 다문화가족지원센터, 다문화중점학교 관계자분들의 협조에 대해서도 감사의 마음을 전한다. 일일이 이름을 거론하지 못하지만, 설문지의 번역, 조사를 위한 현장 방문, 면담의 진행과 전사 등 수고스러운 일을 마다하지 않고 도와준 대학원생들에게도 고마움을 전하고 싶다.

이 책의 출간은 전적으로 아산재단의 후원에 따라 이루어졌다. 재단에서는 단행본 출간을 전제로 연구 과제를 공모하였고, 연구 주제 선정, 연구 계획 수립, 해외 사례 조사, 연구 성과 발표, 저서 출간의 전 과정을 지원해 주었다. 이 자리를 빌려 관계자 여러분에게 심심한 감사를 드린다. 아울러 촉박한 일정 가운데에도 원고를 꼼꼼하게 교정해 준 집문당 편집진에게도 감사의 마음을 전한다.

아무쪼록 이 책이 다문화 시대를 살아가는 이주민의 한국어 의사소통 문제를 이해하고 개선하는 데 밑거름이 되기를 바란다.

2016년 12월

저자 일동

차례

## I. 서언 / 1

## II. 이론적 배경 / 23

## III. 이주민의 한국어 의사소통 실태 조사 / 45

## Ⅳ. 이주민의 한국어 의사소통 문제 및 교육 방향 / 95

## V. 이주민의 한국어 의사소통 지원을 위한 정책적 제언 / 143



## VI. 결 언 / 175

## 표/그림 차례

# I. 서 언

# Ⅰ. 서 언

## 1. 연구의 필요성 및 목적

오늘날 세계는 노동인구의 활발한 국제적 이동, 국제결혼의 증가 및 이로부터 파생되는 다국적 신생아의 증가와 같은 문제 상황에 직면해 있다. 과거 근대국가 수립의 원동력이 되었던 단일민족주의, 단일인종주의를 고수하는 것은 시대착오적 발상이 된 지 오래되었고, 대신에 다인종, 다언어, 다문화 배경의 사회 구성원이 조화를 이룰 수 있는, 새로운 사회적 질서 창출이 각국의 미래 발전을 위한 중요 과제로 인식되고 있다. 배경이 다른 사회 구성원들이 조화를 이루기 위한 최우선 전제는 원활한 소통일 것이다. 따라서 다문화 사회의 당면 문제를 풀어감에 있어 언어적 의사소통 문제는 언제나 그 중핵을 차지할 수밖에 없는 중대한 문제라 할 수 있다.

한국은 비교적 오랫동안 단일민족주의를 고수해 왔지만 현재 지속적으로 이주민이 증가하고 있어 더 이상 단일 국가라고 보기 어려운 상황이 되었다. 이러한 변화의 직접적 원인은 저임금을 통한 이주민근로자들의 지속적인 유입과 여성 결혼이주민의 지속적 유입에서 찾을 수 있다. 2015년에 행정자치부에서 조사한 외국인 주민의 유형별 분포를 살펴보면, 이주민근로자(외국인근로자)가 34.9%, 결혼이주민(결혼이민자 및 혼인귀화자)이 13.8%, 이주민자녀(외국인 주민 자녀)가 11.9%로 세 부류의 이주민들이 전체 이주민의 60.6%를 차지하고 있음(행정자치부, 2015)을 확인할 수 있다.

이처럼 한국이 다문화 사회로 급속히 변화해 가는 가운데, 이주민의 한국어 의사소통 문제는 오늘날 우리 사회가 가장 시급히 해결해야 할 문제로 대두되고 있다. 2012년 전국 다문화 가족 실태 조사 연구 보고서(전기택 외, 2013)에 따르면, 결혼이민자 · 귀화자가 한국 생활에서 가장 힘들어 하는 것은 언어 문제(21.1%)인 것으로 나타났다. 또한 이들이 받은 교육 및 지원 서비스 가운데 가장 높은 비율을 차지한 것은 한국어 교육, 한국 사회 적응 교육(27.0%)이었다. 이는 결혼 이민자 및 귀화자가 한국어 의사소통에서 가장 큰 어려움을 겪고 있으며, 이에 대한 지원을 절실히 필요로 하고 있음을 의미한다.

이러한 현실에도 불구하고 그간 다문화 한국사회에 대한 진단을 도모한 연구들은 이주민의 한국어 의사소통 문제에 많은 관심을 기울이지 않았다. 간혹 의사소통에 관심을 보인 연구라 할지라도 이주민 집단을 대표하기 어려운 일부 표본만을 대상으로 연구를 수행한 탓에, 본 연구가 주목하고 있는 다문화 시대의 한국어 의사소통에 관한 문제를 종합적으로 바라보지 못한 측면이 있다. 우선, 다문화 시대의 한국어 문제에 초점을 맞춘 연구들은 대개 급증하는 이주민자녀에 대한 한국어교육의 문제로부터 출발하여 지금은 이주민자녀의 언어 문제를 그들의 부모, 특히 어머니에 해당하는 결혼이주민으로 관심을 확장하는 데 이르고 있다. 그러나 이들의 관심의 출발점이 학교 교육에 있다 보니 이주민의 다수를 이루고 있는 이주민근로자의 한국어 능력, 한국어 의사소통 문제까지는 그 관심을 확장하고 있지 못한 형편이다. 한편, 이주민근로자에 초점을 맞춘 연구들은 대개 경제, 사회적 관점에서 이주민근로자의 소득 문제, 사회적 차별 문제 등을 다룸으로써 한국어 의사소통 문제에 대한 연구는 본격적으로 이루어지지 못하였다.

본서는 연구대상을 '이주민근로자', '결혼이주민', '이주민자녀'로 설정하여, 다문화 시대 한국어 의사소통의 문제점을 진단하고 이를 개선하기 위한 대안을 마련하는 것을 목표로 한다. 구체적으로는 연구대상 각각에서 246명, 217명, 265명씩 총 728명을 집단별, 지역별, 성별, 모어별로 비교적 고르게 표집하여 설문조사를 실시한 후, 그 결과를 바탕으로 오늘날 다문화 한국사회에서 이주민이 보이는 한국어 의사소통의 실태와 그들이 겪는 어려움을 조사하였다. 또한 조사 결과에 대한 분석을 바탕으로 이주민에 대한 면담을 실시하여 설문 결과 해석의 근거로 삼고, 이를 바탕으로 향후 이주민을 대상으로 한 한국어 의사소통 교육과 관련하여 대안을 제시하고자 하였다.

## 2. 연구문제 및 방법

### 1) 연구문제

조사 및 논의를 정교하게 수행하기 위해 본서에서 설정한 연구 문제는 다음의 세 가지이다.

첫째, 다문화 시대 이주민의 한국어 의사소통의 실태는 어떠하며 문제점은 무엇인가?
둘째, 다문화 시대 이주민의 한국어 의사소통 문제에 영향을 미치는 요인은 무엇인가?
셋째, 다문화 시대 이주민의 한국어 의사소통 문제 해결을 위한 교육적 방안은 무엇인가?

위 세 가지 연구문제 중, 첫 번째 연구문제는 주로 Ⅲ장에서 이루어지는 설문조사 결과의 기술통계적 분석을 통해, 두 번째 연구문제는 Ⅳ장의 1~3절에서 이루어지는 설문조사 결과를 바탕으로 한 추리통계적 분석을 통해, 세 번째 연구문제는 Ⅳ장의 4절에서 이루어지는 질적 해석 및 논의를 통해 다루어질 것이다.

### 2) 연구방법

본서는 양적연구방법(설문조사 및 통계분석)을 주로 사용하되, 연구결과의 풍부한 해석을 위해 질적연구방법(면담)을 병행한다. 연구방법의 구체적인 개요는 다음과 같다.

### (1) 양적연구방법

이주민(이주민근로자/결혼이주민/이주민자녀)이 겪고 있는 한국어 의사소통의 실태와 어려움을 조사하기 위해, 의사소통 상황을 핵심 상황과 일반 상황으로 나누어 '표 1'과 같이 설문문항을 작성하였다. 핵심 의사소통 상황은 이주민근로자는 '직장 의사소통 상황', 결혼이주민은 '가정 의사소통 상황', 이주민자녀는 '학교 의사소통 상황'으로 상정하였다. 핵심 의사소통 상황에 관한 문항은 이주민 세 집단 각각의 특성에 맞게 구성하였고, 일반 의사소통 상황에 관한 문항은 공통 문항으로 제작하였다. 설문문항에는 이주민이 겪는 한국어 의사소통 어려움의 원인을 추정하기 위해 국적, 모어, 성별, 연령, 학력, 거주지역 등을 묻는 문항이 함께 포함되었다.

설문조사는 전국적으로 이주민근로자 246명, 결혼이주민 217명, 이주민자녀 265명으로 총 728명을 대상으로 이루어졌다. 전국적으로 균일한 표집을 위해 이주민근로자의 경우 한국산업인력공단 산하 외국인력지원센터(거점8기관, 소지역31기관)의 협조를 얻어 기관에 출입하는 이주민근로자 중 자발적으로 참여한 인원을 표집하였다. 결혼이주민의 경우, 여성가족부 산하 다문화가족지원센터(전국 217개)의 협조를 얻어 기관에 출입하는 이주민근로자 중 자발적으로 참여한 인원을 표집하였다. 이주민자녀의 경우, 다문화중점학교(전국 약 300여 개) 중 협조에 응한 학교에 재학 중인 인원을 표집하였다. 설문은 2015년 11월부터 2016년 3월에 이르는 총 5개월 동안 이루어졌으며, 2016년 7월 일부 인원(약 70명)이 추가로 표집되었다. 설문 참여자 모집 및 설문 참여자 동의와 관련된 제반 절차는 서울대학교 생명윤리위원회(SNUIRB)의 심의를 받아 이루어졌다.

설문조사 결과에 대한 통계분석에서는 첫째, 이주민집단별, 성별, 모어별, 거주지역별로 한국어 의사소통 능력 및 어려움 정도의 차이를 확인하기 위해 공분산 분석(ANCOVA)을 실시하였다(Ⅳ장 1절). 둘째, 이주민 세 집단이 한국어 의사소통의 어려움 해소를 위해 어느 정도의 학습 기간이 필요한지를 밝히기 위해 경로 분석(path analysis)을 실시하였다(Ⅳ장 2절). 셋째, 이주민이 필요로 하는 한국어 의사소통의 수요와 이에 영향을 미치는 변인들을 탐색하기 위해 이항 로지스틱 회귀분석(Binary Logistic Regression Analysis)을 실시하였다(Ⅳ장 3절).

**표 1** 설문 문항의 구조 개관(객관식/폐쇄형 문항)

| 설문 영역 | 문항 개수 | 문항 번호 | 문항 세부 내용 | 설문 대상 | | | 비고 |
|---|---|---|---|---|---|---|---|
| | | | | 이주민 근로자 | 결혼 이민자 | 이주민 자녀 | |
| I. 기본 정보 | 7 | 1 | 성별 | • | • | • | 공통 |
| | | 2 | 모어 | • | • | • | 공통 |
| | | 3 | 학력 | • | • | • | 개별 |
| | | 4 | 연령 | • | • | • | 공통 |
| | | 5 | 거주지역 | • | • | • | 공통 |
| | | 6 | 한국 거주 기간 | • | • | • | 공통 |
| | | 7 | 한국어 피교육 시간 | • | • | • | 공통 |
| II. 한국어 의사소통 실태 및 인식 | 9 | 8 | 한국어 실력 인식 | • | • | • | 공통 |
| | | 9 | 한국어 대화 시간 및 어려움(직장) | • | | | 개별 |
| | | | 한국어 대화 시간 및 어려움(가정) | | • | | |
| | | | 한국어 대화 시간 및 어려움(학교) | | | • | |
| | | 10 | 한국어 읽기/쓰기 시간 및 어려움(직장) | • | | | 개별 |
| | | | 한국어 읽기/쓰기 시간 및 어려움(가정) | | • | | |
| | | | 한국어 읽기/쓰기 시간 및 어려움(학교) | | | • | |
| | | 11 | 한국어 의사소통 유형별 경험 빈도(직장) | • | | | 개별 |
| | | | 한국어 의사소통 유형별 경험 빈도(가정) | | • | | |
| | | | 한국어 의사소통 유형별 경험 빈도(학교) | | | • | |
| | | 12 | 한국어 의사소통 유형별 어려움(직장) | • | | | 개별 |
| | | | 한국어 의사소통 유형별 어려움(가정) | | • | | |
| | | | 한국어 의사소통 유형별 어려움(학교) | | | • | |
| | | 13 | 한국어 대화 시간 및 어려움(직장 밖) | • | | | 개별 |
| | | | 한국어 대화 시간 및 어려움(가정 밖) | | • | | |
| | | | 한국어 대화 시간 및 어려움(학교 밖) | | | • | |
| | | 14 | 한국어 대중매체 이용 시간 및 어려움 | • | • | • | 개별 |
| | | 15 | 한국어 의사소통 유형별 경험 빈도(직장 밖) | • | | | 개별 |
| | | | 한국어 의사소통 유형별 경험 빈도(가정 밖) | | • | | |
| | | | 한국어 의사소통 유형별 경험 빈도(학교 밖) | | | • | |
| | | 16 | 한국어 의사소통 유형별 어려움(직장 밖) | • | | | 개별 |
| | | | 한국어 의사소통 유형별 어려움(가정 밖) | | • | | |
| | | | 한국어 의사소통 유형별 어려움(학교 밖) | | | • | |
| | | 17 | 희망하는 한국어 의사소통 교육의 유형(직장/직장 밖) | • | | | 개별 |
| | | | 희망하는 한국어 의사소통 교육의 유형(가정/가정 밖) | | • | | |
| | | | 희망하는 한국어 의사소통 교육의 유형(학교/학교 밖) | | | • | |

### (2) 질적연구방법

양적연구방법으로 얻은 결론을 해석하는 과정에서 구체적인 해석 근거가 필요한 사안들을 정리하고, 이를 피조사자들로부터 직접 얻기 위해 반구조화 면담을 실시하였다. 설문조사 결과에서 이주민근로자/결혼이

**표 2** 인터뷰 대상자 정보

| 이주민집단 | 인터뷰대상자 | 성별 | 기타 특징 |
|---|---|---|---|
| 이주민근로자 | 이주민근로자A | 남 | 중국 출신 |
| | 이주민근로자B | 여 | 베트남 출신 |
| | 이주민근로자C | 남 | 중국 출신 |
| | 이주민근로자D | 남 | 베트남 출신 |
| 결혼이주민 | 결혼이주민A | 여 | 일본 출신 |
| | 결혼이주민B | 여 | 중국 출신 |
| | 결혼이주민C | 여 | 일본 출신 |
| | 결혼이주민D | 여 | 우즈베키스탄 출신 |
| | 결혼이주민E | 여 | 베트남 출신 |
| 이주민자녀 | 이주민자녀A | 남 | 2002년생, 중국인 부모, 2016년 한국 입국 |
| | 이주민자녀B | 남 | 2002년생, 몽골인 부모, 2015년 한국 입국 |
| | 이주민자녀C | 남 | 2000년생, 중국인 부모, 2015년 한국 입국 |
| | 이주민자녀D | 여 | 2005년생.* |
| | 이주민자녀E | 남 | 2005년생. |
| | 이주민자녀F | 남 | 2005년생. |
| | 이주민자녀G | 남 | 2005년생. |

* 이주민자녀 D~G는 같은 초등학교의 같은 학년 학생들로서, 이들에 대해서는 개별 인터뷰가 아닌 집단 인터뷰를 실시하였다. 학생들을 섭외하는 과정에서 인적 정보를 최대한 노출하지 말아 달라는 요청이 있었기 때문에 학생들의 개인별 정보는 생략하였다. 다만, 인터뷰에 참여한 학생들 모두 한국에서 출생하였으며, 부모 중 한 명이 중국인이라는 점을 밝혀 둔다.

주민/이주민자녀 세 집단의 응답 결과를 대표하거나 응답 결과에 특이점이 있는 이들을 '표 2'와 같이 각 집단별로 4~6명을 선정하였고(이주민근로자 4명, 결혼이주민 5명, 이주민자녀 6명, 표 2에서 확인), 이들을 대상으로 면담을 실시하여 설문조사 및 통계분석 결과에 대한 해석 근거를 추가적으로 마련하였다.

## 3. 선행 연구 검토

### 1) 이주민근로자의 한국어 의사소통 및 그 교육에 관한 연구

이주민근로자의 한국어 의사소통이나 그 교육에 관한 연구는 이주민근로자를 대상으로 하는 여타 연구들과 비교할 때 양과 질의 측면에서 모두 매우 부족한 실정이다. 이에 관한 대다수의 연구가 석사 학위 논문이었으며, 박사 학위 논문이나 학술지 논문이 많지 않다. 이주민근로자의 한국어 의사소통 및 그 교육에 관한 연구들의 주제는 크게 교육 정책, 교육과정 및 교재, 교수 · 학습 방안으로 대별해 볼 수 있었다.

먼저 정책 논의로는 이주민근로자 대상 한국어 교육 정책의 과제에 관해 논의한 조항록(2008)과 이주민근로자 대상 한국어 교실 운영의 전문성 확보 방안을 논의한 곽영숙(2008)을 확인할 수 있었다. 조항록(2008)은 이주민근로자를 대상으로 한 한국어 교육이 매우 중요함에도 불구하고 국가 자원의 투입이나 한국어 교육계의 자발적 참여가 적고, 대부분

자원봉사자를 중심으로 이루어지고 있음을 밝히고 있다. 또한 정책적으로는 유관 정부 부처들이 마스터플랜을 마련할 것을, 교육 실행의 측면에서는 한국어 교육계가 이주민근로자 대상 한국어 교육 현장의 전문성 제고를 위해 노력할 것을 촉구하였다. 곽영숙(2008)은 이주민근로자 대상 한국어 교실이 전문적으로 이루어지기 위해서는 한국어 교실 운영의 선택과 집중, 한국어 교육 구성 요소에 대한 지속적 연구와 변화, 한국어 교실 운영에 필요한 재정 지원, 한국어 교실과 전문가 조직의 협조체제 구축이 필요함을 논의하였다.

다음으로, 교육과정 및 교재에 관한 논의로는 김의수 · 김은실(2012), 류영석(2009), 신석홍(2010), 오유진(2011), 이용운(2009), 정국희(2010), 최혜진(2011)을 확인할 수 있었다. 김의수 · 김은실(2012)은 기존에 사용되고 있는 이주민근로자용 한국어 교재에서 사용되는 문장이 학습자 수준에 비해 통사적으로 복잡하지 않은지를 분석 · 비교하였다. 류영석(2009)은 취업 전 해외에서 한국어를 학습해야 하는 이주민근로자들을 위한 한국어 교육과정을 구성하여 제안하였다. 신석홍(2010)은 일반 이주민근로자를 위한 한국어 교육과정 및 교수요목을 개발, 제안하였다. 오유진(2011)은 이주민근로자를 위한 한국어 교재에 사용된 어휘 수준을 분석하였다. 이용운(2009)은 이주민근로자에게 교육해야 할 한국어 어휘 목록을 선정하고 그 교육방안을 함께 제안하였다. 정국희(2010)는 이주민근로자용 한국어 교재를 다각도로 분석하였다. 최혜진(2011)은 이주민근로자를 위한 한국어 교육과정을 개발, 제안하였다.

끝으로, 교수 · 학습 방안에 관한 논의로는 김태환(2014), 나미희(2013),

빈도경(2011), 이다은(2011)을 확인할 수 있었다. 김태환(2014)은 매체를 활용한 한국어 듣기 교수 · 학습 방안을 제안하였다. 나미희(2013)는 이주민근로자를 대상으로 한 한국어 쓰기 교수 · 학습 방안을 제안하였다. 빈도경(2011)은 캄보디아 노동자들의 요구 조사 및 분석을 토대로 이들을 위한 한국어 교수 · 학습 방안을 구성, 제안하였다. 이다은(2011)은 서울 및 경기 지역에 소재한 이주노동자지원센터의 한국어 교육 프로그램을 분석하고 그 발전 방안에 대해 논의하였다.

### 2) 결혼이주민 및 이주민자녀의 한국어 의사소통 및 그 교육에 관한 연구

이주민근로자에 비해 이주민자녀나 그 양육 주체인 결혼이주민의 한국어 의사소통 및 교육에 관한 연구들은 상대적으로 활발히 이루어진 것을 확인할 수 있었다. 이주민자녀의 한국어 학습에 어머니인 결혼이주민의 한국어 능력이 큰 영향을 미치는 까닭에 두 집단의 한국어 의사소통 능력이나 교육을 함께 고려한 연구들이 많이 나타나고 있다. 따라서 관련 선행연구들을 함께 묶어 제시하고자 한다. 해당 연구들의 주제는 크게 실태 조사, 교재 및 교수 · 학습 방안의 두 가지로 대별해 볼 수 있었다.

먼저 실태 조사 연구로는 권순희(2009), 김승희 · 손은남(2013), 오소정 외(2009), 오혜정(2015), 이지현 외(2013)를 확인할 수 있었다. 권순희(2009)는 국제결혼에 의한 이주민자녀가 안고 있는 언어적 문제점을 이주민자녀를 대상으로 한 학습 지도 과정 및 이주민자녀가 작성한 일기를 분석하여 밝히고 있다. 주요 문제점으로는 특정 음소 관련 발음의 오류, 어휘 지식의 절대적 부족 등을 제시하였다. 김승희 · 손은남(2013)은 결혼이주민의 어휘 및 구문능력을 실증적으로 조사하여 정주민 여성과 비교하고 있다. 그 결과 발화 길이가 짧고 문법형태소 산출이 적은 문제, 적은 수의 어휘를 반복적으로 사용하는 문제 등을 보이고 있음을 보고하였다. 오소정 외(2009)는 결혼이주민 여성의 한국 거주 연수와 이들이 주관적으로 보고한 한국어 능숙도 간에 유의한 상관(r=.331)을 확인하고, 한국에 오래 거주할수록 한국어 능숙도가 높아짐을 보고하였다. 오혜정(2015)은 자녀를 둔 결혼이주민 6명을 대상으로 한 심층 면접과 질적 분석으로 결혼이주민이 자녀 양육과 관련하여 가장 어려워하는 문제가 자신의 언어적 장벽으로 인해 자녀와 원만한 의사소통을 할 수 없다는 점이었음을 밝히고 있다. 이지현 외(2013)는 결혼이주민 260명을 대상으로 한 설문조사를 통해 결혼이주민들의 한국어 듣기, 말하기, 읽기, 쓰기 능력의 평균 인식이 본서와 유사한 M=2.89, SD=0.97 수준으로 나타났으며(본서에서는 M=2.93, SD=0.98로 나타남.), 부부 적응, 자아 존중감, 문화 적응 스트레스 등의 다른 변인들과 함께 고려되었을 때, 한국어 능력이 가족 건강성에 유의미한 영향이 없다는 점 등을 확인하였다.

다음으로 교재 및 교수 · 학습 방안에 관한 논의로는 김수현(2008), 김현아(2011), 신주철(2012), 어수진(2011), 이윤희(2009)를 확인할 수 있었다. 김수현(2008)은 결혼이주민을 위한 기존 한국어 교재를 분석하고 개선 방안을 제안하였다. 김현아(2011)는 결혼이주민을 대상으로 멀티미디어 매체를 활용하는 한국어 교수 · 학습 방안을 구성, 제안하였다. 신주철

(2012)은 결혼이주민과 유아기의 이주민자녀를 동시에 대상으로 할 수 있는 동화를 활용한 한국어 교수 · 학습 방안에 관해 논의하였다. 이수진(2011)은 결혼이주민과 이주민자녀를 동시에 대상으로 할 수 있는 협동 학습을 활용한 한국어 교수 · 학습 방안에 관해 논의하였다. 이윤희(2009)는 결혼이주민을 대상으로 TV 드라마를 활용한 한국어 말하기 교수 · 학습 방안을 구성, 제안하였다.

### 3) 이주민 대상 한국어 교육의 현황 및 개선 방안에 관한 연구

본서에서는 최종적으로 한국어 의사소통 지원을 위한 정책적 제언 도출을 목표로 삼는다. 따라서 연구 대상으로 삼는 세 집단, 즉 이주민근로자, 결혼이민자, 이주민자녀가 어떠한 한국어 교육 지원을 받고 있는지 선행 연구를 통해 살펴볼 필요가 있다. 선행 연구에서 한국어 교육의 현황 및 개선 방안 제안을 파악하고 본서의 연구 결과와 종합하여 이에 대해 실질적인 정책적 제언을 제시할 수 있을 것이다.

김진호(2012)에서 지적하는 바처럼, 한국어 교육을 필요로 하는 다문화 구성원에게 한국어 교육 지원이 이루어지기까지의 과정에는 정부의 각 부처가 복잡하게 관여되어 있다. 먼저 여성가족부의 지원을 받는 다문화가족지원센터를 중심으로 결혼이주민 여성과 이주민자녀(중도입국자녀)에게 한국어 교육 지원이 이루어지고 있다. 여성가족부(2015)에 따르면, 다문화가족지원센터의 한국어 교육과정은 정규 한국어 교육과정, 중도입국자녀 과정, 한국어 심화과정(특별반)으로 구성되어 있다. 정규 한국어 교육과정은 1~4단계까지 4개 과정이며, 각 단계는 100시간으로 되어 있다. 정규 한국어 교육과정 참여자는 배치평가 점수에 따라 일정한 단계에 배정을 받는다. 반면에 중도입국자녀 과정과 심화과정은 다양한 한국어 교육과정을 개설할 수 있도록 되어 있다.[1)]

고용노동부에서는 이주민근로자에게 입국 전 EPS-TOPIK 점수를 요구하고 있으며, 입국 후에는 한국어 교육이 포함된 20시간의 취업 교육을 고용노동부 산하 한국산업인력공단에서 제공하고 있다. 또한 한국산업인력공단이 관할하는 외국인력지원센터에서 특별한 경우를 제외하고는 일요일에 2시간씩 한국어 교육을 실시하고 있어, 참가자 1인당 1주 1회 2시간의 교육을 받을 수 있다(조항록, 2013: 258~260).

법무부에서는 외국인 이민자를 대상으로 한국어 교육이 포함된 사회통합 프로그램을 실시하여 이민자를 포함한 국내 거주 외국인이 우리나라에 좀 더 빨리 적응할 수 있도록 돕고 있다. 법무부의 사회 통합 프로그

---

1) 단, 중도입국자녀과정에서 사용해야 하는 교재는 명시되어 있다. 다문화가족지원센터에서 사용해야 하는 교재는 다음과 같다.(여성가족부, 2015: 253)

| 단계 | 교재명 |
|---|---|
| 정규 한국어 교육과정 | 결혼이민자와 함께하는 한국어 1~4(국립국어원)<br>이민자를 위한 한국어와 한국문화 초급1~2, 중급1~2(법무부, 국립국어원) |
| 중도입국자녀 과정 | 초등학생을 위한 표준한국어1~2(국립국어원)<br>중학생을 위한 표준한국어1~2(국립국어원)<br>고등학생을 위한 표준한국어1~2(국립국어원) |
| 심화과정 | 운영기관 선정 교재 활용 |

램은 기존의 전문 한국어 교육 기관을 활용하여 이루어지고 있기 때문에 일정 기준을 충족하는 다문화가족지원센터나 외국인력지원센터 같은 기구에서도 사회 통합 프로그램이 제공되고 있다. 또한 사회 통합 프로그램을 이수하면 국적 필기시험 면제 및 국적 면접 심사 면제 등과 같은 혜택을 제공한다는 점에서 다른 한국어 교육 프로그램과 구별된다.

정부 각 부처에서 제공하는 한국어 교육에 대해 선행 연구에서 여러 비판이 이루어졌다. 먼저 정해숙 외(2012)는 결혼이주민을 대상으로 이루어지는 한국어 교육의 효율성을 제고하고자 결혼이주민에게 제공되는 한국어 교육 지원을 종합적으로 검토하였다. 결혼이주민 대상 한국어 교육은 크게 집합 교육과 방문 교육[2]으로 구분할 수 있다. 집합 교육은 다문화가족지원센터에서 자체적으로 이루어지는 한국어 교육과 법무부의 사회 통합 프로그램으로 나누어 볼 수 있다.[3] 이 연구에서는 다문화가족지원센터 자체의 한국어 교육과 사회 통합 프로그램의 한국어 교육이 유사하여 결혼이주민이 사회 통합 프로그램을 이수할 수 있도록 제도적으

2) 여성가족부(2015)에 따르면, 방문 교육으로 한국어 교육 서비스, 부모교육 서비스, 자녀생활 서비스를 제공한다. 한국어 교육 서비스로 1~4단계의 한국어 교육이 이루어지며, 여성 결혼이민자와 함께하는 한국어 1~4단계를 교재로 사용한다. 주 2회, 회당 2시간 서비스를 제공하며, 한국어 교육 서비스는 최대 10개월까지 1회만 서비스하는 것이 원칙이다.

3) 김종세(2013)에 따르면 정부는 관계 부처 간의 협의를 통하여 결혼이민자의 한국어 교육의 체계 및 내용 등을 사회 통합 프로그램으로 표준화하는 데 노력을 기울여 왔다. 그러나 2012년 기준 전국 204개 다문화가족지원센터 중 63개만이 운영기관으로 참여하여 사회 통합 프로그램의 접근성에 장애를 초래하고 있음을 지적하고 있다. 사회통합정보망(http://www.socinet.go.kr/)의 전국 운영기관 현황에서 다문화가족지원센터를 검색해 보았을 때, 2016년 7월 현재 일반 70개소, 거점 3개소만이 지정되어 있음을 확인할 수 있다.

로 보완할 것을 제안하고 있다. 이외에 집합 교육에서 활용할 수 있는 교수 · 학습 자료의 개발, 학사 관리 및 교육성취도 평가 강화, 방문 교육의 수요 분석 및 선정 기준 강화, 어휘력 강화를 위한 교육 내용 보완 등의 정책적 제안을 내놓고 있다.

조항록(2013)은 한국어 교육 실시 체계를 검토하고 개선 방안을 제시하였다. 여기에서는 한국어 교육이 운영되는 체제를 결혼이주민을 대상으로 하는 다문화가족지원센터의 한국어 교육, 이주민 전체를 대상으로 하는 사회 통합 프로그램, 이주민근로자를 대상으로 하는 외국인력지원센터의 한국어 교육으로 구분하였다. 이 연구에서는 이주민 대상 한국어 교육 기관에서 지속적으로 한국어 교육 공급을 확대해 오면서 제도화해 왔다는 점, 한국어 교육 기관이 국립국어원, 한국어 교육 전문가들과 협력하면서 교수 · 학습 수준을 높여 왔다는 점을 들었다.

이와 더불어 개선해야 할 점 또한 제시하였는데, 이 중 본서와 관련하여 눈여겨 볼 점은 프로그램의 다양화를 지적한 점이다. 2012년 다문화가족지원센터의 한국어 교육과정을 개편하면서 사회 통합 프로그램의 한국어 교육 내용과 연계하였는데, 이로 인하여 다문화 가족의 다양한 요구를 수용할 여지가 없어졌다고 평가하였다. 사회 통합 프로그램에서도 이주민 집단 전체를 대상으로 하는 만큼 이주민 변인을 고려하여 다양한 프로그램을 개발해야 함을 지적하였다. 외국인력지원센터의 경우에는 한국어 교육 프로그램 상설화로 수요를 창출하고, 수요자의 편의를 고려하여 사업장별로 고용주의 도움을 이끌어 내 찾아가는 한국어 교실 등의 프로그램을 운영할 것을 제안하였다. 이외에도 다문화가족지원센터와 외국인력

지원센터를 대상으로 한 교육과정의 개발, 교육 프로그램에 대한 요구 조사 및 오지까지 한국어 교육 기회 확대 등도 해결해야 할 과제로 제시하였다.

구체적인 교육 내용과 관련하여 정호선(2015)은 사회 통합 프로그램에서 사용되는 한국어 교재 중『이민자를 위한 한국어와 한국문화』를 의사소통 상황을 중심으로 분석하고 개선 방향을 제시하였다.[4] 전반적으로 2012년 사회 통합 프로그램 한국어 교육과정 개편 연구 이후, '체류기간 연장 신청'과 같이 교재에서 이민자의 실제 생활과 관련된 내용을 잘 다루고 있다고 보았다. 그러나 이러한 내용이 중급 과정에 편중되어 있어, 이민자가 겪는 상황을 초급부터 단계적으로 제시해 줄 필요가 있음을 지

4) 사회 통합 프로그램에서 사용되고 있는 교재는 다음과 같다. (http://www.socinet.go.kr/soci/contents/PgmTecrBook.jsp?q_global_menu_id=S_SIP_SUB05)

| 과정 | 단계 | 지정 교재 |
|---|---|---|
| 한국어와 한국문화 | 0단계 | 이민자를 위한 한국어와 한국문화 기초(법무부) |
| | 1단계 | 이민자를 위한 한국어와 한국문화 초급1(법무부)<br>결혼이민자와 함께하는 한국어 1(국립국어원) |
| | 2단계 | 이민자를 위한 한국어와 한국문화 초급2(법무부)<br>결혼이민자와 함께하는 한국어 2(국립국어원) |
| | 3단계 | 이민자를 위한 한국어와 한국문화 중급1(법무부)<br>결혼이민자와 함께하는 한국어 3(국립국어원) |
| | 4단계 | 이민자를 위한 한국어와 한국문화 중급2(법무부)<br>결혼이민자와 함께하는 한국어 4(국립국어원)<br>결혼이민자와 함께하는 한국어 5(국립국어원) |
| 한국사회이해 | 5단계 | 사회 통합 프로그램[KIIP]을 위한 한국사회이해(법무부) |
| 기타 과정 | | 법무부장관이 따로 지정하는 교재 |

적하였다. 또한 교재에서 제시된 대화 상황에서 대화 참여자가 불분명한 경우를 분석했는데, 이를 대화의 실제성이나 인물 간 긴밀성이 떨어져 발생한 문제로 보고, 이민자의 상황에 맞는 대화 상황을 실제적으로 제시해야 한다는 점을 지적하였다.

최권진 · 송경옥(2014)은 다문화가족지원센터에서 교재로 사용되고 있는『여성 결혼이민자와 함께하는 한국어』의 쓰기 교육 내용과 인천 남동구 다문화가족지원센터의 쓰기 교육의 실제를 조사하고 개선 방안을 제안하였다. 쓰기 교육에 국한된 연구이기는 하나 학습자 수준에 맞는 변화가 교재에 반영되어야 한다는 지적은 유념할 만하다. 결혼이주민이 접하는 일상생활 위주로 내용이 구성되어 있고, 자녀 양육과 성공적인 직장생활을 할 수 있도록 실질적인 도움을 줄 수 있는 내용이 필요하다는 점은 쓰기 교육뿐만 아니라 의사소통 교육 전반에 시사하는 바가 크다.

한편 이주민자녀의 경우, 다문화가족지원센터에서 중도입국자녀 대상 한국어 교육을 지원하고 있기도 하지만, 일단 취학하여 정규 교육과정을 밟게 되면 한국어(KSL) 교육과정에 따른 한국어 교육 지원을 받게 된다. 따라서 한국어 교육과정에 따른 한국어 교육 현황 분석이 별도로 요구된다.

원진숙(2015)은 한국어(KSL) 교육과정의 개념, 한국어 교육과정의 대상, 한국어 교육과정의 성격과 목표 및 구성 원리 등을 설명하고, 한국어 교육과정을 운영하고 있는 8개 학교를 방문하여 운영상의 문제점을 조사하고 분석하였다. 이 연구에서는 한국어 교육과정이 처음 도입되면서 한국어 교육과정 자체에 대한 시도 교육청 관계자나 학교 현장 교사들의 이해가 부족하여 제대로 된 학교 선정 및 수업이 제대로 이루어지지 못하고 있는 문제, 한국어 교육 대상 학생을 선정하고 관리하는 데 어려움을 겪고 있는 문제, 한국어 교육과정 담당 교원의 양성 문제 등 한국어 교육과정이 안정적으로 정착되기 위해 해결되어야 할 문제들을 지적하고, 정책적인 지원 방안을 모색하였다.

홍종명(2015)은 서울의 다문화 예비학교 4곳을 대상으로 한국어(KSL) 교육과정을 직접 운영한 교사 4명과 한국어 강사 4명을 대상으로 면담 조사를 실시하여 한국어 교육과정 운영 실태를 살피고 개선 방안을 제시하였다. 이 연구는 면담 조사를 통해 교사들이 생활 한국어와 학습 한국어의 통합 제시보다는 생활 한국어를 향상시킨 후 이를 바탕으로 학습 한국어를 해결해야 한다고 생각한다는 점을 확인하고, 개선 방향의 하나로 생활 한국어와 학습 한국어를 통합하여 교수 · 학습할 수 있는 방안이 필요하다고 진단하였다. 한국어가 부족하다는 이유로 다문화 배경 학습자에게 그 학년에서 꼭 배워야 할 교과 학습의 기회를 제공하지 않는다면, 학업 결손으로 인한 학업 부진아가 될 가능성이 높기 때문이다.

전은주(2014)는 '학습 한국어 능력'에 좀 더 초점을 맞추었다. 이는 '학습 한국어 능력'의 신장을 위한 교육은 일반적인 외국인 성인 한국어 학습자와 다문화 배경 학습자의 한국어 교육이 변별성을 띠는 가장 특징적인 부분이기 때문이다. 이 연구에서는 학습 한국어 능력의 향상을 목표로 하는 교수 · 학습의 방법으로 상호 문화적 내용 중심 교수-학습 모형, 학습 의사소통 기능 교수-학습 모형을 제시하고 있다.

김윤주(2015)는 한국어(KSL) 교육과정이 도입된 13개 학교를 대상으로 수업 참관과 담당 교사 면담을 실시하여 한국어 교육과정 운영 사례를 조사하였다. 이 연구에서는 현재 한국어 교육과정 운영에서 개선할 점의 하나로 다문화 배경 학습자의 다양한 범주를 고려한 교육과정 운영을 꼽았다. 일선 학교에서 다문화 가정 자녀로 분류되는 학생의 개별성을 고려하지 않은 채, '다문화 가정 자녀'라는 이름으로 일괄적으로 한국어 교육을 시행하는 경우가 대다수 발견되었는데, 한국어 교육 대상인 다문화 배경 학생의 한국어 숙달도가 세부 집단별로 다르다는 점을 고려하여 한국어 교육이 이루어져야 함을 지적하였다.

민병곤(2014)은 다문화 배경 학습자의 한국어 교육에 쓰이는 교재인 『표준 한국어』를 분석하고 특성을 분석하고 결과를 근거로 교재의 개선 방향을 제시하고 있다. 구체적으로 살펴보면, 교재에서 대상 학습자의 특성이 고려되고 있지만 학교급에 따른 학습자 구분이 좀 더 세분되어야 한다는 점, 한국어를 모르는 학습자를 상대해야 하는 교사에게 교수법적 시사점을 제시해야 한다는 점, 대화 상황에 등장하는 문법 중심의 부자연스러운 언어 표현을 수정해야 한다는 점, 한국어 교육과 교과 교육을 연결할 수 있는 고급 교재를 개발해야 한다는 점 등을 지적하고 있다.

윤여탁 외(2014)도 『표준 한국어』를 분석하고 문제점을 진단하였다. 여기에서는 읽기 제재 수록 현황을 분석한 결과 대부분 사실적 이해에 국한된 제재가 수록되어 내용 교과 학습으로 이어지기 어렵다는 점을 지적하고 있는데, 생활 한국어와 학습 한국어를 구분하는 것이 이러한 경향을 심화시키고 있다고 진단하였다. 이는 앞서 생활 한국어와 학습 한국어의 통합적인 교수 · 학습이 필요하다고 지적한 선행 연구들과 맥을 같이한다.

# II. 이론적 배경

# Ⅱ. 이론적 배경

## 1. 다문화 시대의 한국 사회에 대한 언어 정책적 접근

다문화 시대로 진입해 가고 있는 한국 사회에서 한국어 의사소통의 실태 파악과 지원으로 사회 통합을 도모하고자 하는 노력에는 언어를 통제하거나 관리할 수 있다는 가치관이 전제되어 있다. 언어에 대한 이같은 접근 방식은 언어 정책적인 측면에서 생각해야 하는 문제이므로 언어 정책에 관한 이론적 고찰이 선행될 필요가 있다.

### 1) 언어 정책의 개념과 다문화 사회에서의 언어 문제

#### (1) 언어 정책의 개념

언어는 인간의 삶에서 매우 중요한 위상을 차지하고 있다. 언어는 의사소통을 가능하게 하는 매개이자, 정신과 문화가 담겨 있는 그릇이기도 하다. 언어는 시간의 흐름이나 성별, 세대, 지역 등의 요인에 따라 균질하지 않게 변화하면서 한 국가 내에 각종 언어 문제를 일으킨다. 일찍이 김민수(1973)는 시대에 따라 변천하고 다른 언어와 교섭하여 혼란해지는 언어의 종적, 횡적 부조화에 대한 여러 가지 과제를 국어 문제라고 규정하고, 이러한 국어 문제가 국가 정책의 직접 대상이 된다고 설명하였다.

안병희(2000)는 좀 더 구체적으로 정부의 관계 기관에서 국어 운동을 지원 또는 통제하거나 계획적인 대책을 강구하여 집행함으로써 국어 문제를 해결하는 과정에서 이루어지는 정부 시책이 그 나라의 언어 정책 또는 국어 정책이라고 개념화하였다. 즉, 언어 일반으로 보면 언어 정책은 한 국가 내에서 발생하는 언어 문제에 대한 국가 차원의 대응책이라고 할 수 있다.

언어 정책에 대한 관심은 서구 사회에서 LPLP 또는 LPP로 약칭되며 특정 학문 분야를 형성하기도 하였다. Wright(2004)에 따르면, 서구 사회에서 언어 정책과 계획(Language Policy and Planning, LPP)연구가 형성되기 시작한 것은 근대 민족주의 또는 국가주의가 발흥한 시기까지 거슬러 올라간다. 이 시기에는 성립 요소로서 단일 언어의 사용이 필수적인 것으로 인식되면서 한 국가의 표준어 제정이 시급히 해결해야 할 언어 문제로 부각되었다. 이러한 상황에서 문제의 합리적이고 체계적인 해결을 위해 언어 정책 연구가 수행되기 시작하였다.

그러나 Tollefson(2008)에서 지적하는 바처럼 서구 사회에서 언어 정책과 계획이 독자적인 연구 분야로 등장한 것은 1960년대에 이르러서였다. 이 시기의 연구 문제는 LPP의 개념적인 체계를 수립하고, 근대화 및 발전과 맞물린 개발도상국의 언어 문제를 해결하는 것과 밀접한 관련이 있었다. 당시에는 LPP를 통해 언어 문제를 해결할 수 있을 것이라는 낙관론이 지배적이었으나 1980년대에 이르러 LPP에 대한 각종 비판이 제기되면서 초기 LPP 연구의 한계가 지적되기 시작했다. 이후 LPP의 관심은 이데올로기와 불평등 문제로 옮겨 갔다. 1990년대 이후 LPP에 대한 관심이 증폭되었는데 최근의 연구들에서는 세계화에 따른 언어 손실, 언어의 지속과 재활성화, 언어를 사용할 권리 등으로 관심이 확장되고 있다.

언어 정책을 수립하는 과정은 크게 지위 계획(status planning), 언어 자료 계획(corpus planning), 언어 습득 계획(language acquisition planning)의 세 활동으로 나누어 살펴볼 수 있다. 지위 계획은 두 개 이상의 언어가 한 사회에서 사용될 때 어떤 언어를 어떤 상황에서 사용해야 하는지 그 기준과 규칙을 설정하는 활동이다(이승연, 2012: 251). 언어 자료 계획은 철자법의 정비와 같이 지위 계획을 통해 공용어의 지위를 확보한 언어를 표준화하는 활동이며, 언어습득 계획은 표준화된 공용어를 교육하기 위한 정책을 마련하는 활동이다. 다문화 사회에서의 언어 문제에 정책적으로 접근할 때, 정책에서 세 활동이 차지하는 비중은 각 사회가 처해 있는 언어 상황에 따라 달라질 수밖에 없다.

### (2) 다문화 사회에서의 언어 문제

언어 정책이 필요한 언어 문제는 매우 다양하다. 우리나라 또한 언어 문제가 없는 것은 아니지만, 역사적으로 오랜 기간에 걸쳐 국어를 사용하는 민족으로서의 정체성을 형성해 왔기 때문에, 두 개 이상의 언어를 사용하는 국가에서 발생하는 언어 문제에서는 자유로울 수 있었다. 그러나 이민자 및 외국인의 유입이 급증하면서 국어 문제는 더욱 복잡한 양상을 띠고 있다. 전 세계의 다문화 사회에서 발생하는 언어 문제가 이제 국어 문제에서도 나타나고 있는 것이다.

전 세계적으로 이민자 또는 외국인이 증가함에 따라서 다문화 사회가 형성되고, 그로 인해 사회적 마찰이 빚어지는 현상을 찾아볼 수 있다. 언어 문제는 사회적 갈등을 증폭시키며 사회 통합을 저해하기 때문에 다문화 사회에서 비롯된 언어 문제를 겪고 있는 각국은 이를 해결하기 위해 정책적으로 언어 문제에 접근하고 있다.

다문화 사회에서 대표적 언어 문제로 언급할 수 있는 것은 이민자에 대한 공용어 교육이다. 한 사회에 성공적으로 적응하기 위해서는 그 사회의 주류 언어를 학습하는 것이 필수적이다. 대표적인 이민 국가인 호주에서도 이민자에게 공용어인 영어를 교육하는 일은 중차대한 사안이다. 권순희(2011)에 따르면 호주에서는 이민으로 인한 인구 급증 및 세계 진출에 적극적으로 대응하기 위하여 1992년부터 다문화 교육 정책을 강화하였다. 국가 미래를 고려하여 아시아 언어를 진흥함으로써 국가의 인적자원을 개발하기 위해 제2언어 교육을 강화하였으며, 다양한 언어 문화적 배경에서 온 학생들이 성공적으로 학교생활에 적응하고 학업을 성취할 수 있도록 언어적, 문화적으로 다양한 프로그램을 마련하고 있다. 그러면서도 한편으로는 영어 교육을 매우 중시하고 있는데, 이민자와 외국인을 위한 언어 교육 프로그램을 연령별로 구분하여 운영하는 한편, 국가에서 관리하는 제도화된 기관에서 영어교육을 실시하고 있다.

한편 이민자의 급증은 공용어와 이민자의 모어 간 갈등을 야기한다. 아무리 이민자에게 공용어 교육 프로그램을 제공한다고 하더라도, 이민자의 모어를 어떻게 바라볼 것인가에 대한 정책적 관점은 언어 정책의 계획과 실행에 큰 영향을 미친다. 이는 대표적으로 이중 언어 사용의 문제로 귀결되는데, 미국의 사례는 이민자의 급증이 가져오는 이러한 이중 언어 문제의 단면을 보여 준다.

미국의 다문화 정책 기조는 지속적으로 변화해 왔다. 최근 연구들에서는 언어 문제와 관련하여 이중 언어 정책을 둘러싼 미국 내 갈등에 주목하고 있다. 강휘원(2010)에 따르면, 미국 내 사회 통합의 원리가 동화주의, 통합주의, 문화 다원주의 등으로 다양하게 제시되어 왔지만, 20세기 후반에 이르러서도 미국의 소수 인종 통합 정책은 여전히 백인 중심 주류 사회로의 동화를 요구하는 동화주의적 성격이 강한 것으로 판단된다. 그러나 이와 같은 동화주의적 정책은 급증하는 이민자에게 거부감을 일으키며 또 다른 사회적 문제를 야기하는데, 언어정책과 관련하여서는 공용어 교육정책과 이중 언어 교육정책의 대립으로 나타날 수 있다.

이와 관련하여 오영인(2015)에서 제시한 미국의 이중 언어 사용 환경을 살펴보면 사태의 양상을 좀 더 자세히 이해할 수 있다. 이 연구는 미국의 이중 언어 교육 정책을 고찰함으로써 미국 내 영어 공용화 운동 세력이 주장하는 이중 언어 교육 정책 폐지론을 비판하고 있다. 미국이 이민자가 늘어나는 20세기 전환기 상황에서 자국의 정체성을 강화하기 위하여 언어를 사회 통합 인자로 활용하기 시작했다고 지적하며, 1968년 통과된 이중 언어 교육법도 미국 내 다른 언어를 인정하는 것이 아니라 영어가 모국어가 아닌 학생들이 빠른 시간 내에 학교 교육에 적응하고 영어 화자로 전환하기 위한 것이었다는 점을 강조하였다.

이처럼 동화주의적 관점에 기반을 둔 이중 언어 교육 정책은 자연스럽게 이민자들의 소수 언어를 배제한다. 이중 언어 사용은 교육의 도달점이 아닌 과정이기 때문에 결국 교육의 결과는 공용어 사용으로 귀결된다. 이에 대해 소수 언어 사용자의 불만이 제기되고 있는 상황의 원인과 관련하여 오영인(2015)은 이중 언어 교육에 문제가 있어서가 아니라 이중 언어 교육 자체가 본래의 취지대로 이루어진 적이 없었기 때문임을 지적하며, 이중 언어 교육 정책 자체가 폐기 대상이 아님을 말하고 있다.

이중 언어 정책을 둘러싸고 사회의 기존 주류 세력과 이민으로 유입된 세력 간의 마찰이 일어나면서, 미국의 기존 주류 사회는 국가적 정체성을 거론하며 동화주의적 입장을 더 지지하는 것으로 보인다. 그러나 이민자의 유입이 가속화되고 미국 인구의 상당수를 차지하는 상황에서 주류 세력 중심으로 미국의 정체성을 공공히 하고자 하는 시도가 얼마나 설득력이 있을지는 예측하기 어렵다. 이처럼 언어 정책 문제는 다문화 사회에 대한 관점과 긴밀히 관련되어 있으며, 사회 구성원을 설득하고 합의를 이끌어 내야 하는 사안이기도 하다.

미국과는 달리 유럽연합(EU)이라는 거대 공동체를 탄생시킨 유럽에서는 다언어 정책의 기조로부터 발생되는 사회 문제를 겪고 있다. 이복남(2010)에 따르면, 유럽연합은 언어 다양성과 문화 간 대화를 강화해 나가는 것을 목표로 하여 고비용에도 불구하고 20개가 넘는 공용어를 유지하고 있다. 또한 유럽연합에 소속되어 있는 시민들이 서로 소통하며 활발히 교류할 수 있도록 외국어교육을 적극적으로 지원하고 있다. 그러나 유럽연합의 다언어주의 정책의 기조에도 불구하고, 소수 언어의 약진은 또 다른 언어 갈등의 조짐으로 이어지기도 한다. 조혜진(2009)은 스페인 카탈루냐 지방에서 쓰이는 언어인 카탈루냐어의 역사를 개관하고, 소수 언어에서 EU 공용어의 지위를 노리는 언어로까지 성장한 카탈루냐어의 언어 정책을 살폈다. 카탈루냐는 1983년 6월 '카탈루냐 언어상용화법(Ley de Normalización Lingüística de Cataluña)', 1998년 1월 '언어정책법(Ley de Política Lingüística)'을 제정하고 카탈루냐어를 활발히 장려하였고, 이러한 적극적인 정부의 정책적인 지원에 힘입어 카탈루냐어는 소수 언어의 위기에서 벗어날 수 있었다. 이 연구에서 눈여겨볼 점은 카탈루냐 지역에서 새롭게 대두되는 언어 문제에 대한 지적이다. 여기에서는 카탈루냐어 정책과 관련하여 다른 지역에서 카탈루냐어를 문제 있는 언어로 인식하는 경향이 있다는 점, 카탈루냐 지역으로 유입되는 이주민의 증가로 카탈루냐어 사용 지역의 문화적 다양성이 증가하고 있다는 점 등을 앞으로의 언어 정책에서 고려해야 함을 지적하였다.

이처럼 유럽 연합의 다언어 정책 또한 다문화 사회의 해법이 될 수 없다. 앞서 살펴보았다시피 다언어 정책 기조 아래에서도 언어 간 각축은 여전히 진행 중이며, 그 결과 카탈루냐어처럼 국가 내 지방어로 존재하는 언어를 공용어로 격상해 달라는 요구가 제기되기도 하는 것이다.

### 2) 다문화 시대의 국어 및 한국어 정책의 관점

우리나라의 국어 문제는 역사적으로 살펴보면 국어의 문자화와 관련되어 제기되었다(안병희, 2000). 한국어의 문자 생활에서 발생하는 문제는 국어 정책에서 주된 논의 대상이었다. 한국어를 문자로 적는 데 필요한 규범을 확립하는 일은 국어 정책의 핵심 과제로서, 한글 전용의 문제, 소위 4대 규범의 확립 문제 등이 국어 정책에서 중요한 사안으로 다루어져 왔다. 현대 사회에 이르러 국어 문제는 더욱 다양한 지점에서 발생하고 있는데, 외래어 순화의 문제, 남북 분단에 따른 언어 차이의 문제 등이 국어 정책의 대상으로 포섭되어 왔다.

이처럼 급변하는 사회 속에서 국어사용 환경이 변화하면서 국어 정책 또한 그에 맞춰 발전해 왔다. 이제는 다문화 사회로의 진입이 가속화되는 사회적 환경의 변화 또한 국어 정책에 영향을 미치는 중요한 요인이 되었다. 2012년부터 2016년까지 추진된 제2차 국어 발전 기본 계획에는 '결혼이민자, 외국인 근로자, 새터민 등 언어 소외 계층이 급속하게 늘고 있어 우리 사회가 다언어 · 다문화 사회로 변모 중'이라고 진단하고, '결혼이민자, 외국인 근로자 등 한국어 구사 능력 미비로 언어적 소외 계층화되어 사회적 불이익을 받는 상황'이 존재함을 언어 문제 상황으로 규정하고 있다.

이와 같은 언어 문제를 인식하고, 이민자에게 한국 사회에 적응할 수 있도록 한국어 교육을 제공하는 것은 정책적으로 매우 중요한 사안이다. 이주민들이 한국에 거주하면서 겪게 될 가장 기본적인 어려움은 단연 언어 문제일 것이다. 실제로 전기택 외(2013)에 따르면, 결혼이민자나 귀화자들은 매 조사에서 한국 생활에서 가장 힘든 점이 언어 문제라고 응답하고 있다.[1] 따라서 이주민의 언어 사용 어려움을 해소하기 위한 방안을 마련하는 일은 다문화 시대 한국사회의 통합을 위해 선결되어야 할 가장 기본적인 언어 문제라 할 수 있다.

그러나 이주민을 대상으로 하는 한국어 교육 정책이 강력한 동화주의

1) 2009년 조사에서는 21.7%(1위)가, 2012년 조사에서는 21.1%(1위)가 한국 생활에서 가장 힘든 점으로 언어 문제를 꼽았다.

관점을 기반으로 한다면, 이주민이 모어로써 형성해 온 언어적 정체성을 인정하지 않아 언어적 소수자를 다시 차별하는 결과를 불러올 가능성이 높다. 성인이 되어 한국 사회로 이주해 온 사람이 한국어를 모어로 하는 사람만큼 한국어 능력을 갖추는 것은 매우 어려운 일이다. 대신에 이들은 자신의 모어로써 형성해 온 정체성과 한국어를 배움으로써 형성한 정체성을 조화시켜 나감으로써 우리 사회에서 새로운 언어적 정체성을 만들어 나갈 것이다. 그러나 동화주의 관점을 견지하며 이주민의 모어는 배척하고 한국어 능력 향상만을 강조하다면, 이들의 언어적 정체성은 우리 사회에서 불완전하고 미완성된 형태로밖에 존재할 수 없다.

특히 결혼이주민은 대한민국 국민으로서 우리 사회에 정착해야 하는 사람들이다. 그럼에도 모어에 대한 배려 없이 결혼이주민에게 한국어 능력의 향상만을 요구한다면, 결혼이주민이 모어로써 지니고 있는 언어적 정체성을 우리 사회에서 온전히 받아들이지 못할 것이며, 이는 언어적으로 차별받는 집단을 다시 만들어 내는 일로 이어질 공산이 크다.

물론 다문화 사회로서의 한국에서 공용어로서 한국어의 지위는 큰 변함이 없을 것이다. 다른 다문화 국가와 달리 우리나라는 오랜 기간에 걸친 역사를 공유하며 한국어로써 국가 정체성을 공고히 다져 왔기 때문이다. 그러나 한국어가 공용어로서 제 기능을 발휘하기 위해서는 한국어의 다양한 변이형이 공존할 수 있다는 점을 고려하여야 한다. 표준어와 방언의 차이, 남북한의 언어 차이뿐만 아니라 이주민 집단이 구사하는 한국어 또한 한국어의 또다른 모습이 될 것이기 때문이다. 김희숙(2011)은 한국어가 전 세계에 전파됨으로써 발생할 수 있는 한국어의 정체성 문제를 제기하고 있다. 외부로의 전파로 인해 발생하는 변이뿐만 아니라 내부에서 나타나는 변이 또한 한국어의 정체성 문제를 야기한다. 이주민 대상의 국어 및 한국어 정책은 이러한 한국어 변이의 생산 가능성을 염두에 두어야 한다.

결국 다문화 시대의 국어 및 한국어 정책은 이원적으로 접근해야 한다. 이주민이 의사소통을 하는 데 큰 지장이 없는 적정 수준의 한국어 능력을 획득하더라도 이주민을 바라보는 기존 자국민의 시각이 일방적인 동화 수준에만 머물러 있다면 우리 사회의 진정한 통합을 기대하기 어렵다. 소수집단을 일방적으로 주류집단의 문화에 동화시키려 하는 것은 설령 의도하지 않더라도 소수집단의 문화를 배제 혹은 억압하는 결과로 이어질 수 있어 더 큰 갈등의 여지를 만들 수 있기 때문이다.

이주민의 한국어 능력은 우리 사회에 적응하기 위한 한 요건일 뿐이며, 기존 자국민이 이주민의 언어적 · 문화적 정체성을 이해하거나 수용하지 못한다면 한국어 의사소통 상황에서 언제든 갈등 상황이 발생할 수 있다. 이러한 추정은 이주민들에게 한국어 소통 능력을 효과적으로 증진시켜 줄 수 있는 방안을 모색함과 동시에 기존 자국민에게는 다양한 문화에 대한 관용과 이해를 길러 줄 수 있는 정책이 필요함을 시사한다.

## 2. 다문화 시대의 한국어 의사소통

### 1) 사회 통합 기제로서의 한국어 의사소통

Adler와 Proctor(2015)에서는 우리가 의사소통을 하는 이유로 신체적 욕구, 정체성 욕구, 사회적 욕구, 현실적 목표를 들고 있다. 원활한 의사소통으로 다른 사람과 긍정적 관계를 형성함으로써 우리는 신체적으로 더 건강한 삶을 살아갈 수 있다. 그리고 의사소통을 통해 자기에 대한 타인의 반응을 알게 됨으로써 우리의 정체성을 형성해 나간다. 또한 의사소통은 꼭 필요한 사회적 관계를 맺는 데 도움을 주고, 현실적으로는 우리가 원하는 방식대로 다른 사람을 행동하게 만들 때 손쉽게 사용할 수 있는 방법이다. 이와 같이 의사소통의 효용을 충분히 활용할 때 우리는 건강한 개인으로서 조화로운 사회를 이룩할 수 있다.

현재 우리나라에서는 의사소통의 중요성을 인식하고, 이주민에게 일정 수준의 한국어 능력을 요구하고 있다. 이주민근로자의 경우 2005년 8월부터 외국인 고용허가제 한국어능력시험(Employment Permit System-Test of Proficiency in Korean, EPS-TOPIK)을 실시하고 있으며, 2014년 4월부터 결혼이민 비자 발급 심사 기준을 강화하여 결혼이민자에게 한국어능력시험(TOPIK) 1급 이상의 기초 한국어 실력을 요구하고 있다.

조항록(2015)은 이처럼 입국 전 외국인에게 일정 수준의 한국어 능력을 제도적으로 요구하게 된 까닭을 외국인에 대한 정책 기조로 '통합'이

강조되고 있기 때문이라고 분석하고, 한국에 체류하거나 살게 되는 외국인이 한국어 능력을 갖출 수 있도록 하는 것의 궁극적인 목표는 한국 사회의 새로운 구성원으로서 평균적인 생활이 가능하도록 하는 것이라고 보았다. 이 같은 분석 역시 앞서 언급한 의사소통의 효용에 부합한다.

이처럼 기초적인 한국어 능력은 다문화 사회로 진입하고 있는 우리 사회 통합을 가능하게 하는 핵심 요인으로서 인식되고 있다. 그러나 한국어 의사소통 능력이 곧바로 사회 통합 기제로서 기능할 수 있는 것은 아니다. 기초적 한국어 능력으로 성취할 수 있는 바는 의사소통의 도구적인 목표 정도일 것이다. 이주민이 한국어로써 정체성을 형성하고, 사회적 관계를 맺어 나가며 결과적으로 자신의 삶을 만족스럽게 영위해 나갈 수 있기 위해서는 지속적으로 한국어 교육이 제공되어야 할 것이다.

한편 정주민은 이주민을 기존의 한국어 공동체에 수용하는 자세를 가져야 한다. 우리나라의 언어 공동체는 그동안 민족 공동체와 동일시되어 왔다. 일제 강점기 우리말을 지키고자 했던 숭고한 노력들은 언어 공동체의 존속이 곧 민족의 생존과 직결되었다는 생각에서 비롯된 것이다. 이와 같은 언어 공동체의 개념이 우리말의 발전에 기여한 바가 적지 않지만, 다문화 사회로의 급속한 변화는 이제 우리 사회가 공유하는 언어 공동체의 개념이 바뀌어야 함을 시사한다.

한국 사회가 다문화 사회로 진입하더라도 한국어로써 이룩한 국가적 정체성이 쉽게 퇴색하지는 않을 것이다. 이는 오랫동안 역사와 언어를 공유하면서 형성해 온 우리 사회의 민족의식을 기반으로 하기 때문이다. 그러나 다문화 사회를 맞이하여 배타적인 민족주의는 좀 더 유연하고 개방적인 공동체 의식으로 변모해야 할 필요가 있다. 즉, 한국어 의사소통이 사회 통합 기제로서 기능하기 위해서는 이주민이 만족할 만한 한국어 능력에 도달할 수 있도록 충분한 교육을 제공해 줌과 동시에 이주민이 구사하는 한국어에 대한 정주민의 인식 전환이 함께 요구된다.

## 2) 한국어 의사소통 지원을 위한 고려 요인

### (1) 언어 학습에 영향을 미치는 변인

학습 연령

학습 연령이 언어 습득에 영향을 미치는 변인이라는 생각은 소위 '결정적 시기 가설(critical period hypothesis)'이라는 이름으로 많은 학자들에게 주목받아 왔다. 이는 Penfield와 Roberts(1959)에서 최초로 제안된 이후, Lenneberg(1967)을 통해 알려진 가설로서 생물학적 이유로 인해 언어 습득을 위한 중요한 시기가 사춘기 이전에 존재하며, 이 시기를 지나면 언어 습득이 원활히 이루어지기 어렵다는 생각이다. 이러한 가설은 처음에는 주로 모어 습득과 관련하여 논의되었으나, 여러 후속 논의(Johnson & Newport, 1989; Oyama, 1976; Patkowski, 1980)를 거치면서 지금은 제2언어 습득으로까지 확장되어 논의되고 있다.

이처럼 제2언어 습득에서 결정적 시기가 존재한다는 직접적인 증거들은 주로 제2언어에 최초로 노출되기 시작한 연령이 제2언어 구사력 혹은 유창성에 영향을 미치는지의 여부를 검증함으로써 확인된다. 이때 제2언어에 최초로 노출되기 시작한 연령은 주로 '학습 연령'(age of learning)(Flege, 1988), '시작 연령'(age at onset)(Stevens, 2006), '입국 연령'(age of arrival)(Johnson & Newport, 1989)과 같은 명칭의 변인으로 처리되어 왔다.

제2언어 습득이 원활히 이루어질 수 있는 결정적 시기가 구체적으로 언제까지인지는 적게는 5세(Krashen, 1973)나 6세(Pinker, 1994)부터 많게는 12세(Lenneberg, 1967; Scovel, 1969)나 15세(Johnson & Newport, 1989)까지 의견이 분분하다. 그러나 대략 청소년기가 끝나기 전 학습이 시작된 경우가 성인기 진입 후 학습이 시작된 경우보다 제2언어 습득과 학습이 빠르게 이루어진다는 점은 대부분이 동의하는 것으로 보인다.

이러한 결정적 시기의 영향력이 얼마나 큰지를 잘 알려 주는 연구로는 Oyama(1978)를 들 수 있다. 그는 성인이 아동보다 언어를 완전히 학습하려는 동기가 부족하다는 점, 말하기(즉, 연습과 실수)에 관해 자의식이 강하다는 점, 목표 국가의 문화적 정체성을 자신의 정체성으로 수용하지 못한다는 점, 언어 습득이 일어나는 데 필요한 개방적 태도 및 정서적 상태를 달성하지 못한다는 점 등이 결과적으로 제2언어 능력에 영향을 미칠 것이라는 가정에 대한 검증을 시도하였다. 단순 상관에서는 정의적 변인들이 언어 능력 테스트 결과와 양호한 상관을 보였지만, 입국 연령(age of arrival)의 효과를 함께 고려했을 때에는 정의적 변인들의 효과가 모두 유의하지 않은 것으로 나타났다. 이는 정의적 변인들의 효과보다도 언어 학습 및 습득이 시작되는 연령의 효과가 강력하다는 점을 시사한다.

목표 언어에의 노출 기간

일반적으로 제2언어 입력의 양은 문자 그대로 제2언어 환경에서 보낸 햇수에 따라 증가하는 것으로 간주된다(Flege, 1988: 71). 따라서 목표 언어에 노출되는 기간이 길수록 제2언어 습득이 심화될 것이라는 점은 경험적 상식에 가까워 보이지만, 이에 관해 정밀하게 검증한 연구를 찾아보기는 어렵다. 이는 많은 연구들이 애초에 목표 언어에 노출되는 기간을 변인으로 고려하지 않고 있기 때문이기도 하지만, 피험자의 생물학적 연령과 목표 언어에 노출된 기간을 동시에 고려하기 어려웠던 문제[2]에서 비롯한 것으로도 보인다.

Johnson과 Newport(1989)에서는 주로 결정적 시기가 언어 수행 능력에 미치는 영향에 초점을 두고 거주 기간(length of residence)과 언어 수행 능력 간 상관을 점검한 결과 상관계수(r=.16)가 낮게 나타난 것으로 보고하고 있다. 이들은 상관이 낮은 이유를 분석하면서 거주 기간이 중요하지 않은 것으로 보인다고 결론 내리고 있으나, 이는 입국 연령과 비교할 때 효과가 상대적으로 미약하다는 것일 뿐, 제2언어 능력에 미치는 효과가 전혀 없다는 의미는 아니다. 특히, 본서에서는 언어능력 외에도 언어 사용에서 겪는 어려움을 변인으로 고려하고 있으므로 거주 기간을 반드시 고려해 볼 필요가 있다.

---

2) 이와 관련하여 Stevens(2006)에서는 이주민의 연령과 이주민이 L2 환경에서 살아온 시간의 길이를 안다면, 그의 이주 연령(즉, 시작 연령)을 알 수 있으므로 연령, 거주 기간, 시작 연령의 세 변인이 선형 종속 관계에 놓이게 되는 통계상의 난점이 있음을 지적하고 있다.

### 목표 언어의 학습 기간

목표 언어에 노출된 기간이 주로 목표 언어 사용 환경에서 거주하는 기간과 같은 자연적인 변인을 가리키는 것이라면, 목표 언어의 학습 기간은 주로 전문적인 교육 기관을 통해 의도적으로 목표 언어 습득을 위해 노력한 기간을 가리킨다. 제2언어 습득은 제2언어에 대한 자연적인 노출을 통해서도 이루어질 수 있겠으나 학습을 매개로 할 경우 보다 빠른 습득이 가능할 것이므로 노출 기간과 학습 기간을 별개의 변인으로 구별할 필요가 있다. 특히 한국어 '교육'의 관점에서는 공식적 학습이 이루어진 기간이 실제 한국어 능력 향상이나 한국어 의사소통에서 느끼는 어려움 해소에 어느 정도 영향을 미치는지에 더 관심을 가질 필요가 있을 것이다.

제2언어로서의 한국어 습득에 필요한 학습 기간에 관한 자료는 미국 국방외국어전문대학교(DLI)의 연구 결과를 참조해 볼 수 있다(김인석, 2001: 281). DLI는 세계 주요 50개 언어를 교육하는 미국 최대 언어교육 전문기관으로서, 한국어 교육 또한 이루어지고 있다. DLI에서 몇 년간 수집된 자료를 토대로 도출된 결과에 따르면, 한국어는 일본어와 함께 미국인이 배우기 가장 어려운 언어이다. 미국인이 하루 6시간씩 매주 5일 즉, 주당 30시간씩 한국어를 학습할 경우, 온전한 언어 구사에 이르기 위해서 92주(2년, 3,689시간)가 소요된다고 한다.

DLI 자료는 한국에 거주하지 않으면서 학습만 수행하는 경우를 가정한 결과이며 미국인만을 대상으로 하고 있다는 점에서 본서에서 직접 참고하기는 어렵지만, 가령 주당 학습 시간을 4시간으로 가정해 본다면[3] 온전한 한국어 습득을 위해 대략 19년(922주) 정도가 소요됨을 짐작해 볼 수 있다. 그러나 이는 어디까지나 대략적인 참고치일 뿐, 국적 배경과 학습 시작 연령이 다양한 이주민이 한국에 거주하면서 학습하는 상황에서는 어느 정도의 학습 기간이 필요할지를 가늠하게 해 주지 못한다. 따라서 이에 관하여는 실제 한국 사회에 거주하는 이주민을 대상으로 한 조사로 실증적인 결과를 도출해야 할 것이다.

#### 성별

성별과 언어 습득 간의 관계와 관련하여, 아동의 모어 발달에 관한 국외 연구들(Nelson, 1973; Ramer, 1976; Mills, Coffey-Corina, & Neville, 1993)에서 일반적으로 여아가 남아보다 더 나은 언어 능력을 보인다는 견해가 지배적인 것으로 보인다. 국내의 논의에서도 김태경 · 이필영 · 장경희(2006)는 5~19세 아동 및 청소년의 평균 발화 길이(MLU)에서 여자가 남자보다 길게 나타남을 보고하였고, 이필영 · 김정선(2008)은 초등학생의 어휘 수(NDW, TNW)가 남학생보다 여학생에게서 높게 나타나 여자가 남자보다 언어 발달이 쉽게 이루어진다는 점을 시사하고 있다.

반면 성인 유학생의 한국어 어휘 습득 및 어휘 표현력에 영향을 미치는 변인을 탐색한 김유림(2015)은 성별이 이해 어휘, 표현 어휘 및 어휘 표현력 모두와 유의한 단순 상관을 지니지 않음을 보고하고 있다. 이 연구는 비록 함께 조사한 연령, 한국 거주 기간, 한국어 학습 기간의 영향력

---

3) 설문에 참여한 이들 중 일부의 인터뷰 결과에 따르면, 이들 대다수가 일주일에 적게는 2시간, 많게는 6시간 정도 한국어를 학습하는 것으로 보인다. 이에 한국 내에 거주하는 이주민의 평균 학습 시간을 4시간으로 가정해 보았다.

을 제거한 상태에서 성별의 영향력을 검증하지 않았으며, 소표본(n=70)을 대상으로 한 결과라는 점에서 참고에 제약이 있으나, 모어가 아닌 제2언어로서의 한국어 습득 상황, 혹은 미성년이 아닌 성년의 언어 습득 상황에서는 성별의 영향력이 없을 수도 있음을 시사하고 있어 주목할 만하다. 따라서 이주민근로자, 결혼이주민, 이주민자녀의 한국어 능력 및 어려움 인식에서 과연 성별에 따른 효과가 확인되는지 점검해 볼 필요가 있다.

### (2) 학습자의 요구

한국어 의사소통을 실질적으로 지원하기 위해서는 이주민이 당장 필요로 하는 교육 내용이 무엇인지에 대한 조사도 함께 이루어져야 한다. 초급 단계의 한국어 능력을 가지고 한국 사회에서 의사소통을 해 나가면서, 이주민은 구체적인 장소와 상황에서 한국어 의사소통의 문제를 경험하게 된다. 이주민이 어떠한 어려움을 겪고 있는지, 한국어 의사소통에서 성취하고자 하는 바가 무엇인지 파악해 보아야 어려움을 해소할 수 있는 적절한 교육 내용을 마련할 수 있을 것이다. 이를 위해 학습자의 요구를 파악하는 일은 한국어 의사소통을 효과적으로 지원하기 위해 꼭 필요한 작업이라고 할 수 있다.

이주민의 한국어 교육에 대한 요구는 한국어 학습의 목적, 필요로 하는 한국어 의사소통 기능, 의사소통의 어려움을 겪는 구체적인 상황 등 다양한 항목을 통해 조사될 수 있다. 류영석(2008)은 베트남 20명, 캄보디아 17명, 인도네시아 9명, 중국 3명, 몽골 2명, 필리핀 2명 등 한국어를 학습하고 있는 총 53명의 이주민근로자를 대상으로 한국어 교육에 대한 요구 조사를 실시하였다. 이 연구에서는 선행 연구를 참조하여 요구 조사의 영역을 '한국어 학습 전반', '일상생활에서의 의사소통 상황 및 기능', '작업 현장 및 직장 생활에서의 의사소통 상황 및 기능', '한국 문화생활'로 나누어 연구를 진행하였다.

이와 유사하게 이용화(2015)는 이주민근로자는 한국어 학습에 할애할 수 있는 시간이 절대적으로 부족하므로 이주민근로자를 대상으로 하는 한국어 교육은 단시간에 의사소통 능력을 최대한 효과적으로 향상시킬 수 있는 방안을 모색해야 한다고 지적한다. 이를 위하여 상황 중심 교수요목을 설계하기 위하여 캄보디아 17명, 태국 16명, 필리핀 7명, 파키스탄 2명 등 총 42명의 이주민근로자를 대상으로 한국어 교육 전반 및 한국어 교재에 대한 요구 조사를 실시하였다. 실제 요구 조사 문항은 류영석(2008)과 유사한데, 류영석(2008)과 이용화(2015)에서 모두 이주민근로자는 주로 직장 및 직장 외에서 동료와 의사소통하거나 직장에서 일을 수행하기 위해 한국어를 배우고 있고, 가장 필요로 하는 한국어 영역은 '말하기'로 나타났다.

허용 외(2009)에서는 여성 결혼이주민을 대상으로 한 한국어 교육 교재 개발을 위하여 요구 조사를 실시하였다. 이 연구는 한국어 학습 이유, 도달하고자 하는 한국어 수준 등 일반적인 요구뿐만 아니라 학습자가 한국어를 필요로 하는 장소, 학습자가 한국어로 주로 의사소통하는 주제도 조사하여 결과를 제시하고 있다. 여성 결혼이주민이 주로 어느 장소에서 한국어를 필요로 하며, 그 장소에서 얼마나 자주 한국어로 이야기하는가에 대한 설문 결과는 '집 〉 가게/시장 〉 식당/대중교통' 순으로 나타났다.

학습자가 어떤 주제를 얼마나 자주 한국어로 이야기하는지에 대한 설문 결과는 '하루 일과 〉 취미와 생활 〉 한국 사람 〉 주말 계획 〉 가족과 친척' 순이었다.

현재 취업이나 결혼을 위해 한국에 오려는 외국인은 초급 수준의 한국어 능력을 갖추어야만 한다. 그러나 초급 단계의 한국어 능력으로 맞닥뜨리게 되는 실제 의사소통 상황에서 이주민은 어려움을 겪을 수밖에 없다. 당장 의사소통으로써 현실적으로 필요한 목표를 달성할 수 있도록 이주민의 실제적인 요구를 확인하고 교육 내용에 반영하는 작업이 이루어져야 할 것이다.

# Ⅲ. 이주민의 한국어 의사소통 실태 조사

# Ⅲ. 이주민의 한국어 의사소통 실태 조사

Ⅲ장에서는 이주민근로자, 결혼이주민, 이주민자녀 세 집단에서 얻은 설문조사 결과를 각 문항별로 정리하였다. 설문조사는 각 집단별 단독문항(6문항)과 세 집단 공통문항(11문항)이 포함된 설문지를 읽고 이에 응답하는 형식으로 이루어졌으며, 설문지의 문항은 대부분 선다형 혹은 5점 척도 평정으로 응답을 하도록 설계되었다. 조사 대상 중 한국어를 읽고 쓰는 데 미숙한 이들이 다수 포함되어 있어, 설문지는 한국어 이외에도 영어, 중국어, 일본어, 러시아 어, 베트남 어, 우즈베크 어, 캄보디아 어 등 7개 외국어로 번역하였고, 응답자가 사용하기에 가장 편리한 언어의 설문지를 선택하여 작성할 수 있도록 조치하였다.

설문조사에 참여한 최종 인원은 이주민근로자가 246명, 결혼이주민이 217명, 이주민자녀가 265명으로 총 728명이었다.

**표 3** 표집 인원 분포(집단별)

| | 인원(명) | 비율(%) |
|---|---|---|
| 이주민근로자 | 246 | 33.8 |
| 결혼이주민 | 217 | 29.8 |
| 이주민자녀 | 265 | 36.4 |
| 계 | 728 | 100.0 |

그림1 표집 인원 분포(집단별)

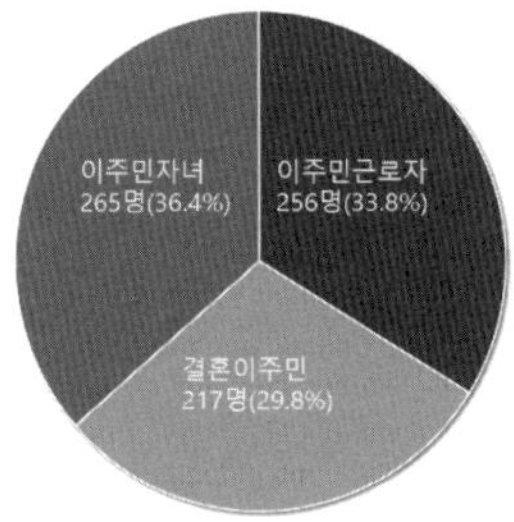


## 1. 이주민 표본 기초 인구학적 정보

### 1) 성별

표집된 전체 인원 728명 중, 성별 문항에 응답한 인원은 총 711명이고 결측 인원은 17명이었다. 전체적인 분포에서는 남성이 257명(36.1%), 여성이 454명(63.9%)로 여성이 수적으로 우세하였다. 이는 본 연구에서 표집한 3개 이주민집단 중, 결혼이주민을 여성으로 한정한 데서 기인하였다.

이주민집단별로는 먼저, 이주민근로자 중에서는 남성이 149명(62.6%), 여성이 89명(37.4%)으로 남성이 수적으로 우세하였다. 결혼이주민은 217명 전체(100.0%)가 여성이었다. 이주민자녀는 남성이 108명(42.2%), 여성이 148명(57.8%)으로 여성이 수적으로 상대적 우위를 보였다.

**표 4** 표집 인원 분포(성별)

| | 전체 | | 이주민근로자 | | 결혼이주민 | | 이주민자녀 | |
|---|---|---|---|---|---|---|---|---|
| | 인원(명) | 비율(%) | 인원(명) | 비율(%) | 인원(명) | 비율(%) | 인원(명) | 비율(%) |
| 남성 | 257 | 36.1 | 149 | 62.6 | 0 | 0.0 | 108 | 42.2 |
| 여성 | 454 | 63.9 | 89 | 37.4 | 217 | 100.0 | 148 | 57.8 |
| 계 | 711 | 100.0 | 238 | 100.0 | 217 | 100.0 | 256 | 100.0 |

**그림 2** 표집 인원 분포(성별)

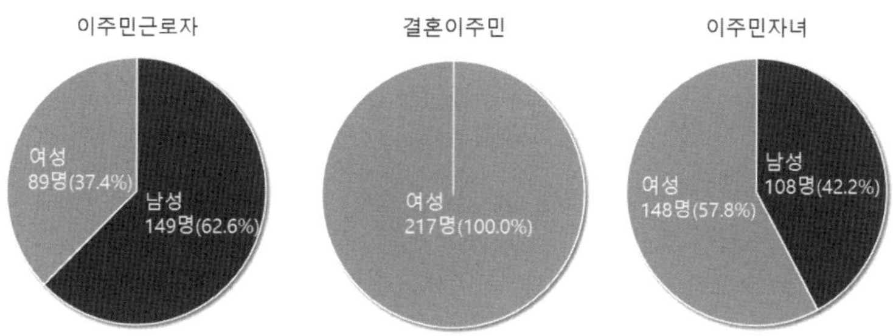


## 2) 모어

전체 응답자 742명을 모어에 따라 살펴보면 '표 5'와 같다. 모어가 한국어인 경우가 168명(22.6%)으로 가장 많았고, 중국어 140 명(18.9%), 베트남 어 138명(18.6%), 타갈로그 어 66명(8.9%), 러시아 어 61명(8.2%), 캄보디아 어 56명(7.5%) 순으로 나타났다.

이주민 집단별로는 먼저, 이주민근로자 중 모어가 캄보디아 어인 경우가 48명(19.4%), 베트남 어 47명(19.0%), 타갈로그 어 32명(12.9%), 중국어

31명(12.5%), 러시아 어 21명(8.5%) 순으로 많은 것으로 나타났다. 결혼이주의 모어는 베트남 어 87명(38.5%), 중국어 56명(24.8%), 타갈로그 어 29명(12.8%), 한국어 13명(5.8%) 영어 9명(4.0%), 일본어 9명(4.0%) 순으로 나타났다. 이주민자녀의 경우, 모어가 한국어인 경우가 148명(55.2%)으로 수적으로 가장 우세하였고, 중국어 53명(19.8%), 러시아 어 38명(14.2%), 영어 6명(2.2%) 순으로 나타났다.

이주민근로자의 경우, 국적별 분포(법무부 출입국 · 외국인정책본부, 2014)에서 절대 다수(56.4%)를 이루는 조선족을 제외하면, 베트남 9%, 필리핀(타갈로그 어) 5%, 태국 4%, 인도네시아 4%, 중국(조선족 제외) 4% 등 아시아계가 다수를 차지하고 있는 것을 참고해 볼 때, 표집된 이주민근로자의 모어 분포는 대체로 모집단의 분포에서 크게 벗어나지 않는 비율로 표집되었음을 확인할 수 있다.

결혼이주민의 경우, 국적별 분포(변수정 외, 2014)에서 중국(한국계 제외) 24%, 베트남 19%, 필리핀(타갈로그 어) 6%, 일본 4% 등이 다수를 차지하고 있는 것을 참고해 볼 때, 표집된 결혼이주민의 모어 분포는 대체로 모집단의 분포에서 크게 벗어나지 않는 비율로 표집되었음을 확인할 수 있다.

이주민자녀의 경우, 그 유형별 분포(교육과학기술부, 2012)에서 국내출생(한국어)이 85%로 절대 다수를 차지하며, 부모의 국적별 분포(교육과학기술부, 2012)에서는 중국어가 34%로 1위로 나타난 점을 참고해 볼 때 표집된 이주민자녀의 모어 분포는 대체로 모집단의 분포에서 크게 벗어나지 않는 비율로 표집되었음을 확인할 수 있다.

## 표 5 표집 인원 분포(모어별)

| | 전체 | | 이주민근로자 | | 결혼이주민 | | 이주민자녀 | |
|---|---|---|---|---|---|---|---|---|
| | 인원(명) | 비율(%) | 인원(명) | 비율(%) | 인원(명) | 비율(%) | 인원(명) | 비율(%) |
| 한국어 | 168 | 22.6 | 7 | 2.8 | 13 | 5.8 | 148 | 55.2 |
| 중국어 | 140 | 18.9 | 31 | 12.5 | 56 | 24.8 | 53 | 19.8 |
| 베트남 어 | 138 | 18.6 | 47 | 19.0 | 87 | 38.5 | 4 | 1.5 |
| 타갈로그 어 | 66 | 8.9 | 32 | 12.9 | 29 | 12.8 | 5 | 1.9 |
| 러시아 어 | 61 | 8.2 | 21 | 8.5 | 2 | 0.9 | 38 | 14.2 |
| 캄보디아 어 | 56 | 7.5 | 48 | 19.4 | 7 | 3.1 | 1 | 0.4 |
| 영어 | 25 | 3.4 | 10 | 4.0 | 9 | 4.0 | 6 | 2.2 |
| 일본어 | 13 | 1.8 | 1 | 0.4 | 9 | 4.0 | 3 | 1.1 |
| 인도네시아 어 | 9 | 1.2 | 9 | 3.6 | 0 | 0.0 | 0 | 0.0 |
| 우즈베크 어 | 9 | 1.2 | 4 | 1.6 | 3 | 1.3 | 2 | 0.7 |
| 몽골 어 | 7 | 0.9 | 2 | 0.8 | 2 | 0.9 | 3 | 1.1 |
| 태국어 | 6 | 0.8 | 2 | 0.8 | 4 | 1.8 | 0 | 0.0 |
| 기타 | 44 | 6.0 | 34 | 13.7 | 5 | 2.2 | 5 | 1.9 |
| 계 | 742 | 100 | 248 | 100 | 226 | 100 | 268 | 100 |

## 그림 3 표집 인원 분포(모어별)

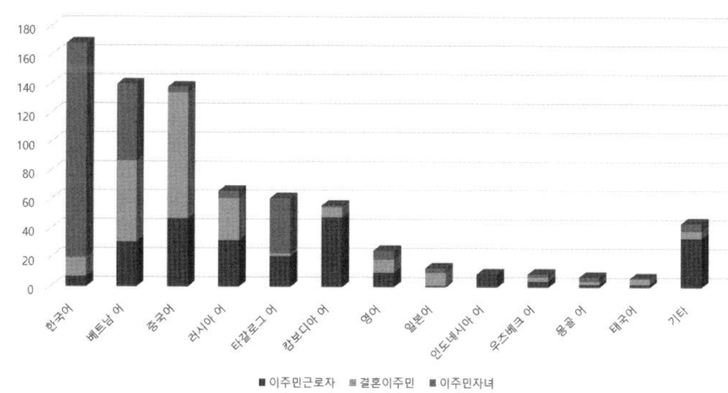

### 3) 최종학력/학교급

이주민근로자 중에서는 최종학력이 대학교 졸업 이상인 인원이 108명(51.2%)으로 가장 많았고, 고등학교 졸업이 79명(37.4%), 중학교 졸업이 23명(10.9%), 초등학교 졸업 이하가 1명(0.5%)의 순으로 나타났다. 결혼이주민 중에서는 최종학력이 고등학교 졸업이 88명(44.2%)으로 가장 많았고, 대학교 졸업 이상이 72명(36.2%), 중학교 졸업이 34명(17.1%), 초등학교 졸업 이하가 5명(2.5%) 순으로 나타났다.

이주민자녀의 경우 총 258명 중 학교급에 따라 초등학교가 156명(60.5%)으로 가장 많았고, 중학교 95명(36.8%), 고등학교 7명(2.7%) 순으로 나타났다.

**표 6** 표집 인원 분포(최종학력/학교급별)

| 최종학력 | 이주민근로자 | | 결혼이주민 | | 학교급 | 이주민자녀 | |
|---|---|---|---|---|---|---|---|
| | 인원(명) | 비율(%) | 인원(명) | 비율(%) | | 인원(명) | 비율(%) |
| 초등학교 졸업 이하 | 1 | 0.5 | 5 | 2.5 | 초등학교 | 156 | 60.5 |
| 중학교 졸업 | 23 | 10.9 | 34 | 17.1 | 중학교 | 95 | 36.8 |
| 고등학교 졸업 | 79 | 37.4 | 88 | 44.2 | 고등학교 | 7 | 2.7 |
| 대학교 졸업 이상 | 108 | 51.2 | 72 | 36.2 | | | |
| 계 | 211 | 100 | 199 | 100 | | 258 | 100 |

**그림 4** 표집 인원 분포(최종학력/학교급별)

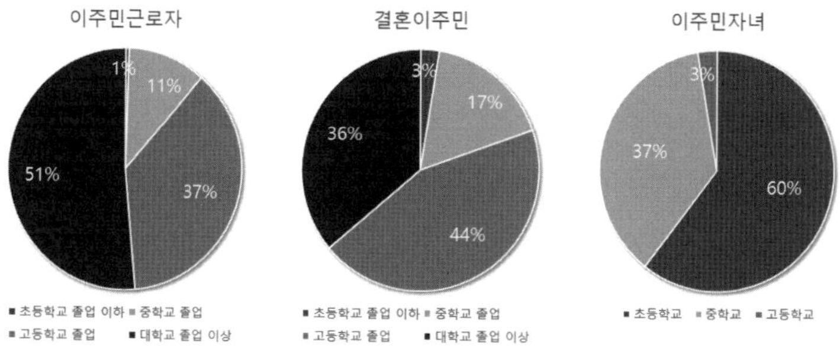


## 4) 연령/학년

표집 인원의 연령 평균은 이주민근로자가 만 30.59세, 결혼이주민이 만 30.67세, 이주민자녀가 만 13.64세로 나타났다(표 7).

연령 및 학년별 분포의 경우이주민근로자 중 20대가 131명(55.0%)으로 가장 많았고, 30대 75명(31.5%), 40대 20명(8.4%), 50대 8명(3.4%) 순으로 나타났다. 결혼이주민 중에서는 역시 20대가 102명(45.3%)으로 가장 많았고, 30대 90명(40.0%), 40대 26명(11.6%), 10대 6명(2.7%) 순으로 나타났다. 이주민자녀는 총 252명 중 2학년부터 12학년 중에서 6학년이 75명(29.8%)으로 가장 많았고, 5학년이 73명(29.0%), 7학년 33명(13.1%), 8학년 29명(11.5%), 9학년 27명(10.7%) 순으로 나타났다.

**표 7** 표집 인원 연령

| | 이주민근로자 | 결혼이주민 | 이주민자녀 |
|---|---|---|---|
| 평균(표준편차) | 30.59(8.23) | 30.67(7.13) | 13.64(1.71) |

* 단위: 세(만)

**표 8** 표집 인원 분포(연령/학년별)

| 연령 | 이주민근로자 | | 결혼이주민 | | 학년 | 이주민자녀 | |
|---|---|---|---|---|---|---|---|
| | 인원(명) | 비율(%) | 인원(명) | 비율(%) | | 인원(명) | 비율(%) |
| 10대 | 2 | 0.8 | 6 | 2.7 | 2 | 1 | 0.4 |
| 20대 | 131 | 55.0 | 102 | 45.3 | 3 | 2 | 0.8 |
| 30대 | 75 | 31.5 | 90 | 40.0 | 4 | 5 | 2.0 |
| 40대 | 20 | 8.4 | 26 | 11.6 | 5 | 73 | 29.0 |
| 50대 | 8 | 3.4 | 1 | 0.4 | 6 | 75 | 29.8 |
| 60대 | 2 | 0.8 | | | 7 | 33 | 13.1 |
| | | | | | 8 | 29 | 11.5 |
| | | | | | 9 | 27 | 10.7 |
| | | | | | 10 | 0 | 0.0 |
| | | | | | 11 | 4 | 1.6 |
| | | | | | 12 | 3 | 1.2 |
| 계 | 238 | 100 | 225 | 100 | 계 | 252 | 100.0 |

**그림 5** 표집 인원 분포(연령/학년별)

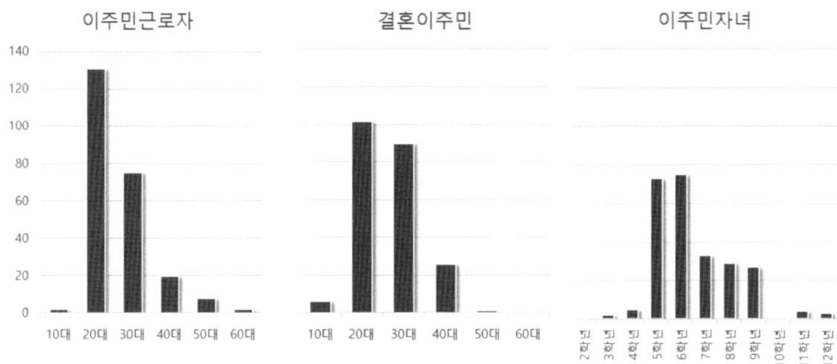


## 5) 거주지역

거주지역별 표집 인원 분포는 '표 9'와 같다. 전체 응답자 612명 중, 서울/인천/경기 지역에 거주하는 인원이 304명(49.7%)으로 가장 많았고, 대전/충북/충남 164명(26.8%), 강원/대구/경북 75명(12.3%), 광주/전북/전남 45명(7.4%), 부산/울산/경남 24명(3.9%) 순으로 나타났다. 이주민 집단별로는 먼저, 이주민근로자 총 178명 중 거주지역이 서울/인천/경기인 경우가 110명(61.8%)으로 가장 많았고, 대전/충북/충남 37명(20.8%), 광주/전북/전남 18명(10.1%), 강원/대구/경북 10명 (5.6%), 부산/울산/경남 3명(1.7%) 순으로 나타났다. 결혼이주민의 경우에는 총 174명 중 서울/인천/경기 지역이 103명(59.2%)으로 가장 많았고, 대전/충북/충남 48명(27.6%), 부산/울산/경남 11명(6.3%), 광주/전북/전남 9명(5.2%), 강원/대구/경북 3명(1.7%) 순으로 나타났다. 이주민자녀는 총 260명 중 서울/인천/경기 지역이 91명(35.0%)으로 가장 많았고, 대전/충북/충남 79명(30.4%), 강원/대구/경북 62명(23.8%), 광주/전북/전남 18명 (6.9%), 부산/울산/경남

**표 9** 표집 인원 분포(거주지역별)

| 지역 | 전체 | | 이주민근로자 | | 결혼이주민 | | 이주민자녀 | |
|---|---|---|---|---|---|---|---|---|
| | 인원(명) | 비율(%) | 인원(명) | 비율(%) | 인원(명) | 비율(%) | 인원(명) | 비율(%) |
| 서울/인천/경기 | 304 | 49.7 | 110 | 61.8 | 103 | 59.2 | 91 | 35.0 |
| 대전/충북/충남 | 164 | 26.8 | 37 | 20.8 | 48 | 27.6 | 79 | 30.4 |
| 강원/대구/경북 | 75 | 12.3 | 10 | 5.6 | 3 | 1.7 | 62 | 23.8 |
| 광주/전북/전남 | 45 | 7.4 | 18 | 10.1 | 9 | 5.2 | 18 | 6.9 |
| 부산/울산/경남 | 24 | 3.9 | 3 | 1.7 | 11 | 6.3 | 10 | 3.8 |
| 계 | 612 | 100 | 178 | 100 | 174 | 100 | 260 | 100 |

**그림 6** 표집 인원 분포(거주지역별)

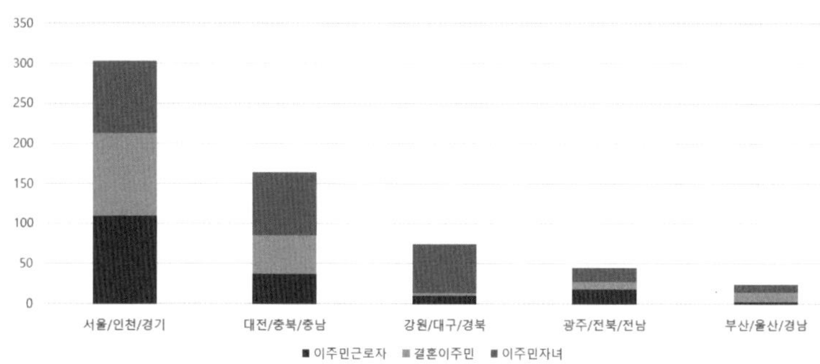


10명(3.8%) 순으로 나타났다.

### 6) 한국에 거주한 기간

한국에 거주한 기간의 경우 이주민자녀가 평균 8.25년으로 가장 오래 거주한 것으로 나타났고, 결혼이주민이 5.48년, 이주민근로자가 4.18년 거주한 것으로 나타났다.

전체 응답자 701명 중 한국에 거주한 기간이 1년 이상~5년 미만인 인원이 275명(39.2%)으로 가장 많았고, 5년 이상~10년 미만이 147명(21.0%), 10년 이상~15년 미만이 129명(18.4%), 1년 미만이 118명(16.8%), 15년 이상이 32명(4.6%) 순으로 나타났다.

이주민 집단별로는 먼저, 이주민근로자 총 237명 중 한국에 거주한 기간이 1년 이상~5년 미만인 인원이 134명(56.5%)으로 가장 많았고, 5년 이상~10년 미만 53명(22.4%), 1년 미만 40명(16.9%) 순으로 나타났다. 결혼이주민 총 225명 중 한국에 거주한 기간이 1년 이상~5년 미만인 인원이 85명(37.8%)으로 가장 많았고, 5년 이상~10년 미만 75명(33.3%), 1년 미만 40명(17.8%) 순으로 나타났다. 이주민자녀 총 260명 중 한국에 거주한 기간이 10년 이상~15년 미만인 인원이 110명(46.0%)으로 가장 많았고, 1년 이상~5년 미만 56명(23.4%), 1년 미만 38명(15.9%), 5년 이상~10년 미만 19명(7.9%), 15년 이상 16명(6.7%) 순으로 나타났다.

**표 10** 표집 인원 한국 거주 기간

| | 이주민근로자 | 결혼이주민 | 이주민자녀 |
|---|---|---|---|
| 평균(표준편차) | 4.18(3.57) | 5.48(4.89) | 8.25(5.77) |

* 단위: 년

**표 11** 표집 인원 분포(한국 거주 기간별)

| | 전체 | | 이주민근로자 | | 결혼이주민 | | 이주민자녀 | |
|---|---|---|---|---|---|---|---|---|
| | 인원(명) | 비율(%) | 인원(명) | 비율(%) | 인원(명) | 비율(%) | 인원(명) | 비율(%) |
| 1년 미만 | 118 | 16.8 | 40 | 16.9 | 40 | 17.8 | 38 | 15.9 |
| 1년 이상 ~5년 미만 | 275 | 39.2 | 134 | 56.5 | 85 | 37.8 | 56 | 23.4 |
| 5년 이상 ~10년 미만 | 147 | 21.0 | 53 | 22.4 | 75 | 33.3 | 19 | 7.9 |
| 10년 이상 ~15년 미만 | 129 | 18.4 | 4 | 1.7 | 15 | 6.7 | 110 | 46.0 |
| 15년 이상 | 32 | 4.6 | 6 | 2.5 | 10 | 4.4 | 16 | 6.7 |
| 계 | 701 | 100 | 237 | 100 | 225 | 100 | 239 | 100 |

**그림 7** 표집 인원 분포(한국 거주 기간별)

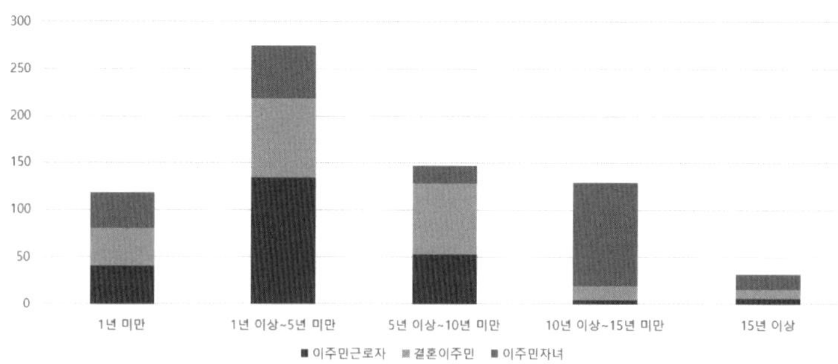

### 7) 교육기관을 통해 한국어를 배운 기간

교육기관을 통해 한국어를 배운 기간의 경우 이주민자녀가 평균 5.23년으로 가장 오래 한국어를 학습한 것으로 나타났고, 결혼이주민이 1.93년, 이주민근로자가 1.51년 한국어를 학습한 것으로 나타났다.

전체 응답자 609명 중 한국어를 학습한 기간이 1년 미만인 인원이 265명(43.5%)으로 가장 많았고, 1년 이상~5년 미만이 232명(38.1%), 5년 이상~10년 미만이 70명(11.5%), 10년 이상~15년 미만이 39명(6.4%), 15년 이상이 3명(0.5%) 순으로 나타났다.

이주민집단별로는 먼저, 이주민근로자 총 209명 중 한국어를 학습한 기간이 1년 미만인 인원이 114명(54.5%)으로 가장 많았고, 1년 이상~5년 미만 82명(39.2%), 5년 이상~10년 미만 11명(5.3%), 10년 이상~15년 미만 2명(1.0%) 순으로 나타났다. 결혼이주민의 경우에는 총 197명 중 한국어를 학습한 기간이 1년 이상~5년 미만인 인원이 96명(48.7%)으로 가장 많았고, 1년 미만 91명(46.2%), 5년 이상~10년 미만 9명(4.6%), 10년 이상~15년 미만 1명(0.5%) 순으로 나타났다. 이주민자녀는 총 203명 중 한국어를 학습한 기간이 1년 미만인 인원이 60명(29.6%)으로 가장 많았고, 1년 이상~5년 미만 54명(26.6%), 5년 이상~10년 미만 50명(24.6%), 10년 이상~15년 미만 36명(17.7%), 15년 이상 3명(1.5%) 순으로 나타났다.

**표 12** 표집 인원 한국어 학습 기간

| | 이주민근로자 | 결혼이주민 | 이주민자녀 |
|---|---|---|---|
| 평균(표준편차) | 1.51(1.97) | 1.93(1.89) | 5.23(4.88) |

* 단위: 년

**표 13** 표집 인원 분포(한국어 학습 기간별)

| 한국어 학습 기간 | 전체 | | 이주민근로자 | | 결혼이주민 | | 이주민자녀 | |
|---|---|---|---|---|---|---|---|---|
| | 인원(명) | 비율(%) | 인원(명) | 비율(%) | 인원(명) | 비율(%) | 인원(명) | 비율(%) |
| 1년 미만 | 265 | 43.5 | 114 | 54.5 | 91 | 46.2 | 60 | 29.6 |
| 1년 이상 ~5년 미만 | 232 | 38.1 | 82 | 39.2 | 96 | 48.7 | 54 | 26.6 |
| 5년 이상 ~10년 미만 | 70 | 11.5 | 11 | 5.3 | 9 | 4.6 | 50 | 24.6 |
| 10년 이상 ~15년 미만 | 39 | 6.4 | 2 | 1.0 | 1 | 0.5 | 36 | 17.7 |
| 15년 이상 | 3 | 0.5 | | | | | 3 | 1.5 |
| 계 | 609 | 100 | 209 | 100 | 197 | 100 | 203 | 100 |

**그림 8** 표집 인원 분포(한국어 학습 기간별)

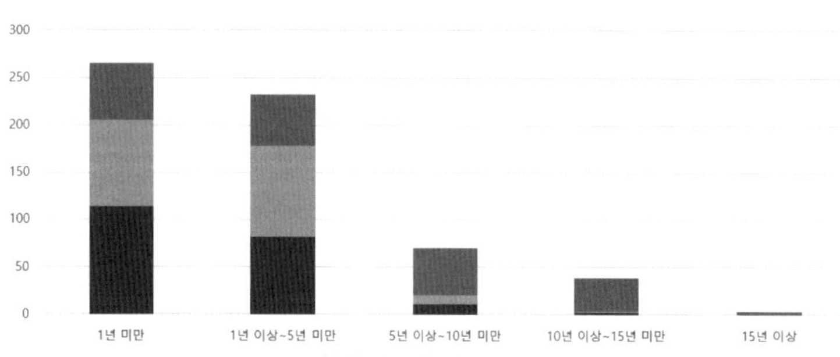

## 8) 본인이 생각하는 자신의 한국어 능력

본인이 생각하는 자신의 한국어 능력의 경우 응답 방식을 1='매우 부족하다', 2='조금 부족하다', 3='보통이다', 4='조금 잘한다', 5='매우 잘한다'로 했을 때, 이주민근로자 평균 2.63, 결혼이주민 평균 2.87, 이주민자녀 평균 4.03 순으로 높아지는 것으로 나타났다.

**표 14** 한국어 능력 인식

| | | 이주민근로자 | 결혼이주민 | 이주민자녀 |
|---|---|---|---|---|
| 평균<br>(표준편차) | 듣기 | 2.67(1.22) | 2.99(1.13) | 4.14(1.15) |
| | 말하기 | 2.52(1.13) | 2.77(1.17) | 4.06(1.23) |
| | 읽기 | 2.83(1.07) | 3.06(1.05) | 4.02(1.19) |
| | 쓰기 | 2.45(1.09) | 2.66(1.06) | 3.90(1.29) |
| | 전체 | 2.63(0.98) | 2.87(0.98) | 4.03(1.13) |

※ 응답 방식: 1='매우 부족하다', 2='조금 부족하다', 3='보통이다', 4='조금 잘한다', 5='매우 잘한다'

**그림 9** 이주민 집단별, 의사소통 기능별 한국어 능력 인식

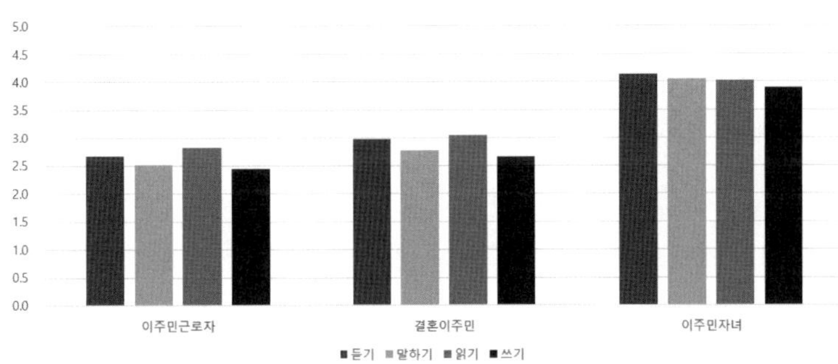

이주민근로자의 경우 쓰기 능력 평균이 2.45로 가장 낮았고, 말하기 2.52, 듣기 2.67, 읽기 2.83 순으로 높아지는 것으로 나타났다. 결혼이주민의 경우 역시 쓰기 능력 평균이 2.66으로 가장 낮았고, 말하기 2.77, 듣기 2.99, 읽기 3.06 순으로 높아지는 것으로 나타났다. 이주민자녀의 경우도 역시 쓰기 능력 평균이 3.90로 가장 낮았고, 읽기 4.02, 말하기 4.06, 읽기 4.14 순으로 높아지는 것으로 나타났다.

## 2. 핵심 의사소통 상황에서의 한국어 사용 실태

### 1) 한국어 대화 시간 및 어려움 인식

이주민근로자의 핵심 의사소통 상황에서 한국어 대화 시간 분포의 경우 상사와 하루 평균 대화 시간을 1시간 미만이라고 응답한 인원이 83명(45.4%)으로 가장 많았고, 없음이 48명(26.2%), 3시간 이상이 26명(14.2%), 1~2시간이 19명(10.4%), 2~3시간이 7명(3.8%) 순으로 나타났다. 동료와의 대화에서도 역시 하루 평균 대화 시간이 1시간 미만이라고 응답한 인원이 62명(33.7%)으로 가장 많았고, 3시간 이상이 50명(27.2%), 없음이 36명(19.6%), 1~2시간이 25명(13.6%), 2~3시간이 11명(6.0%) 순으로 나타났다. 부하와의 대화에서는 하루 평균 대화 시간이 없다고 응답한 인원이 78명(50.3%)으로 가장 많았고, 1시간 미만 40명(25.8%), 3시간 이상 24명

**표 15** 한국어 대화 시간 분포[핵심 의사소통 상황-이주민근로자/직장]

| | ① 상사 | | ② 동료 | | ③ 부하 | |
|---|---|---|---|---|---|---|
| | 인원(명) | 비율(%) | 인원(명) | 비율(%) | 인원(명) | 비율(%) |
| 없음 | 48 | 26.2 | 36 | 19.6 | 78 | 50.3 |
| 1시간 미만 | 83 | 45.4 | 62 | 33.7 | 40 | 25.8 |
| 1~2시간 | 19 | 10.4 | 25 | 13.6 | 9 | 5.8 |
| 2~3시간 | 7 | 3.8 | 11 | 6.0 | 4 | 2.6 |
| 3시간 이상 | 26 | 14.2 | 50 | 27.2 | 24 | 15.5 |
| 계 | 183 | 100 | 184 | 100 | 155 | 100 |

**그림 10** 한국어 대화 시간 분포[핵심 의사소통 상황-이주민근로자/직장]

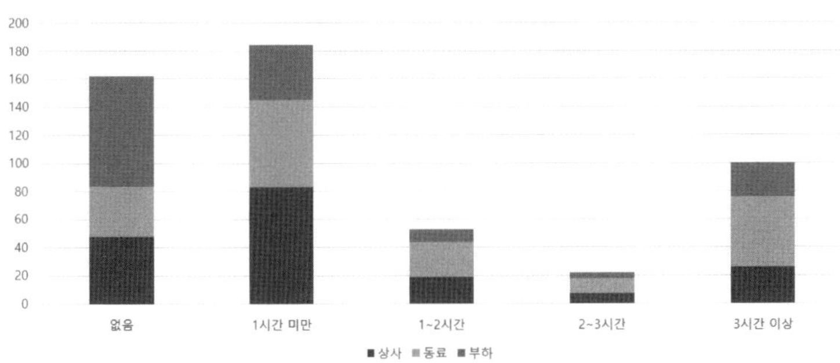


(15.5%), 1~2시간 9명(5.8%), 2~3시간 4명(2.6%) 순으로 나타났다.

결혼이주민의 핵심 의사소통 상황에서 한국어 대화 시간 분포의 경우 시부모와 하루 평균 대화 시간이 없다고 응답한 인원이 46명(38.0%)으로 가장 많았고, 1시간 미만 43명(35.5%), 1~2시간 13명(10.7%), 3시간 이상 11명(9.1%), 2~3시간 8명(6.6%) 순으로 나타났다. 배우자와의 하루 평균

**표 16** 한국어 대화 시간 분포[핵심 의사소통 상황-결혼이주민/가정]

| | ① 시부모 | | ② 배우자 | | ③ 자녀 | |
|---|---|---|---|---|---|---|
| | 인원(명) | 비율(%) | 인원(명) | 비율(%) | 인원(명) | 비율(%) |
| 없음 | 46 | 38.0 | 18 | 12.2 | 23 | 20.9 |
| 1시간 미만 | 43 | 35.5 | 47 | 32.0 | 20 | 18.2 |
| 1~2시간 | 13 | 10.7 | 28 | 19.0 | 10 | 9.1 |
| 2~3시간 | 8 | 6.6 | 19 | 12.9 | 13 | 11.8 |
| 3시간 이상 | 11 | 9.1 | 35 | 23.8 | 44 | 40.0 |
| 계 | 121 | 100 | 147 | 100 | 110 | 100 |

**그림 11** 한국어 대화 시간 분포[핵심 의사소통 상황-결혼이주민/가정]

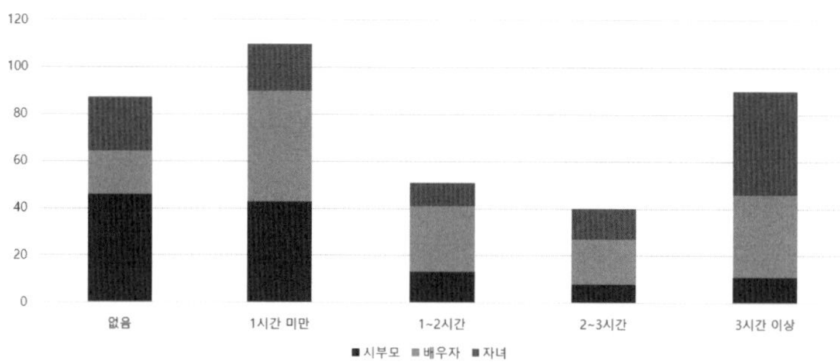


대화 시간은 1시간 미만이라고 응답한 인원이 47명(32.0%)으로 가장 많았고, 3시간 이상 35명(23.8%), 1~2시간 28명(19.0%), 2~3시간 19명(12.9%), 없음 18명(12.2%) 순으로 나타났다. 자녀와의 하루 평균 대화은 시간은 3시간 이상이라고 응답한 인원이 44명(40.0%)으로 가장 많았고, 없음 23명(20.9%), 1시간 미만 20명(18.2%), 2~3시간 13명(11.8%), 1~2시

**표 17** 한국어 대화 시간 분포[핵심 의사소통 상황-이주민자녀/학교]

| | ① 친구 | | ② 선생님 | |
|---|---|---|---|---|
| | 인원(명) | 비율(%) | 인원(명) | 비율(%) |
| 없음 | 22 | 8.3 | 31 | 11.7 |
| 1시간 미만 | 48 | 18.1 | 99 | 37.4 |
| 1~2시간 | 25 | 9.4 | 35 | 13.2 |
| 2~3시간 | 27 | 10.2 | 11 | 4.2 |
| 3시간 이상 | 143 | 54.0 | 89 | 33.6 |
| 계 | 265 | 100.0 | 265 | 100.0 |

**그림 12** 한국어 대화 시간 분포[핵심 의사소통 상황-이주민자녀/학교]

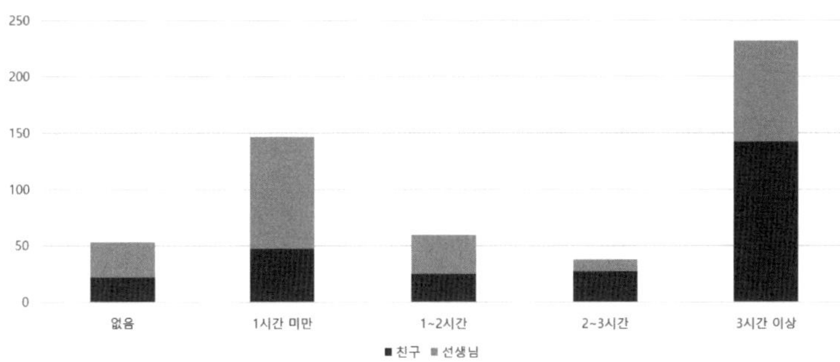


간 10명(9.1%) 순으로 나타났다.

이주민자녀의 핵심 의사소통 상황에서 한국어 대화 시간 분포의 경우 친구와 하루 평균 대화 시간이 3시간 이상이라고 응답한 인원이 143명(54.0%)으로 가장 많았고, 1시간 미만 48명(18.1%), 2~3시간 27명(10.2%), 1~2시간 25명(9.4%), 없음 22명(8.3%) 순으로 나타났다. 선생님과의 하루

표 18 한국어 대화의 어려움[핵심 의사소통 상황]

| | 대화 상대 | 이주민근로자 | 대화 상대 | 결혼이주민 | 대화 상대 | 이주민자녀 |
|---|---|---|---|---|---|---|
| 평균<br>(표준편차) | 상사 | 3.27(1.19) | 시부모 | 2.95(1.16) | 친구 | 1.70(0.99) |
| | 동료 | 3.01(1.13) | 배우자 | 2.48(1.10) | 선생님 | 1.86(1.11) |
| | 부하 | 2.89(1.14) | 자녀 | 2.36(1.12) | | |
| | 전체 | 3.00(1.12) | 전체 | 2.46(1.01) | 전체 | 1.78(1.00) |

※ 응답 방식: 1='전혀 어렵지 않다', 2='별로 어렵지 않다', 3='보통이다', 4='조금 어렵다', 5='매우 어렵다'

그림 13 한국어 대화의 어려움

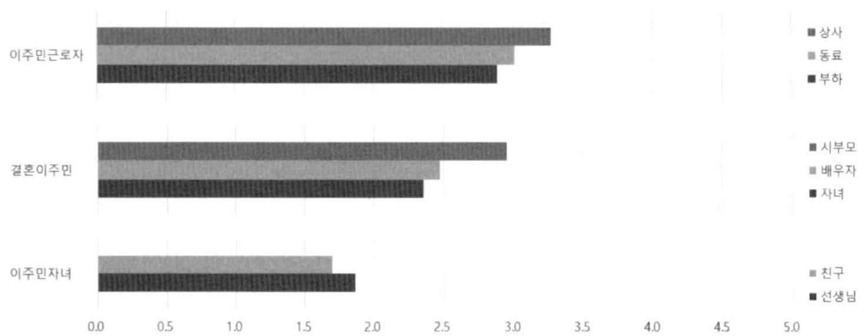


평균 대화 시간의 경우 1시간 미만이라고 응답한 인원이 99명(37.4%)으로 가장 많았고, 3시간 이상 89명(33.6%), 1~2시간 35명(13.2%), 없음 31명(11.7%), 2~3시간 11명(4.2%) 순으로 나타났다.

핵심 의사소통 상황에서 한국어 대화의 어려움의 경우 응답 방식을 1='전혀 어렵지 않다', 2='별로 어렵지 않다', 3='보통이다', 4='조금 어렵다', 5='매우 어렵다'로 했을 때, 이주민근로자는 평균 3.00, 결혼이주민은 평균 2.46, 이주민자녀는 평균 1.78로 나타났다.

이주민근로자의 경우 대화 상대가 상사일 때 평균이 3.27로 대화의 어려움이 가장 높게 나타났고, 동료 3.01, 부하 2.89 순으로 낮아지는 것으로 나타났다. 결혼이주민의 경우 대화 상대가 시부모일 때 평균이 2.95로 대화의 어려움이 가장 높게 나타났고, 배우자 2.48, 자녀 2.36 순으로 낮아지는 것으로 나타났다. 이주민자녀의 경우 대화 상대가 선생님일 때 평균이 1.86으로 친구 1.70에 비해 한국어 대화가 어려운 것으로 나타났다.

### 2) 한국어 읽기 · 쓰기 시간 및 어려움 인식

핵심 의사소통 상황 중 한국어 읽기 시간과 관련하여, 이주민근로자 총 184명 중에서는 읽기 시간이 없다고 응답한 인원이 64명(34.8%)으로 가장 많았고, 1시간 미만 51명(27.7%), 1~2시간 41명(22.3%), 3시간 이상 16명(8.7%), 2~3시간 12명(6.5%) 순으로 나타났다. 결혼이주민 총 157명 중에서는 한국어를 1~2시간 읽는다고 응답한 인원이 57명(36.3%)으로 가장 많았고, 1시간 미만 45명(28.7%), 2~3시간 26명(16.6%), 없음 16명(10.2%), 3시간 이상 13명(8.3%) 순으로 나타났다. 이주민자녀 총 243명 중에서는 한국어를 3시간 이상 읽는다고 응답한 인원이 120명(49.4%)으로 가장 많았고, 2~3시간 46명(18.9%), 1~2시간 40명(16.5%), 1시간 미만 23명(9.5%), 없음 14명(5.8%) 순으로 나타났다.

핵심 의사소통 상황 중 한국어 쓰기 시간과 관련하여, 이주민근로자 총 180명 중에서는 쓰기 시간이 없다고 응답한 인원이 83명(46.1%)으로 가장 많았고, 1시간 미만 54명(30.0%), 1~2시간 27명(15.0%), 3시간 이상 9명(5.0%), 2~3시간 7명(3.9%) 순으로 나타났다. 결혼이주민 총 153명 중

**표 19** 한국어 읽기 시간 분포[핵심 의사소통 상황]

| | 이주민근로자 | | 결혼이주민 | | 이주민자녀 | |
|---|---|---|---|---|---|---|
| | 인원(명) | 비율(%) | 인원(명) | 비율(%) | 인원(명) | 비율(%) |
| 없음 | 64 | 34.8 | 16 | 10.2 | 14 | 5.8 |
| 1시간 미만 | 51 | 27.7 | 45 | 28.7 | 23 | 9.5 |
| 1~2시간 | 41 | 22.3 | 57 | 36.3 | 40 | 16.5 |
| 2~3시간 | 12 | 6.5 | 26 | 16.6 | 46 | 18.9 |
| 3시간 이상 | 16 | 8.7 | 13 | 8.3 | 120 | 49.4 |
| 계 | 184 | 100 | 157 | 100 | 243 | 100 |

**표 20** 한국어 쓰기 시간 분포[핵심 의사소통 상황]

| | 이주민근로자 | | 결혼이주민 | | 이주민자녀 | |
|---|---|---|---|---|---|---|
| | 인원(명) | 비율(%) | 인원(명) | 비율(%) | 인원(명) | 비율(%) |
| 없음 | 83 | 46.1 | 35 | 22.9 | 14 | 5.7 |
| 1시간 미만 | 54 | 30.0 | 60 | 39.2 | 33 | 13.5 |
| 1~2시간 | 27 | 15.0 | 33 | 21.6 | 51 | 20.9 |
| 2~3시간 | 7 | 3.9 | 17 | 11.1 | 36 | 14.8 |
| 3시간 이상 | 9 | 5.0 | 8 | 5.2 | 110 | 45.1 |
| 계 | 180 | 100 | 153 | 100 | 244 | 100 |

한국어 쓰기를 1시간 미만으로 한다고 응답한 인원이 60명(39.2%)으로 가장 많았고, 없음 35명(22.9%), 1~2시간 33명(21.6%), 2~3시간 17명(11.1%), 3시간 이상 8명(5.2%) 순으로 나타났다. 이주민자녀 총 244명 중에서는 한국어 쓰기를 3시간 이상 한다고 응답한 인원이 110명(45.1%)으로 가장

그림 14 이주민근로자의 직장 읽기 · 쓰기 시간 분포

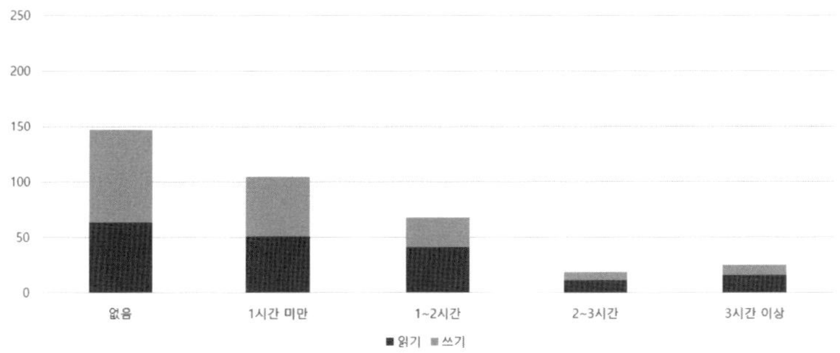


그림 15 결혼이주민의 가정 읽기 · 쓰기 시간 분포

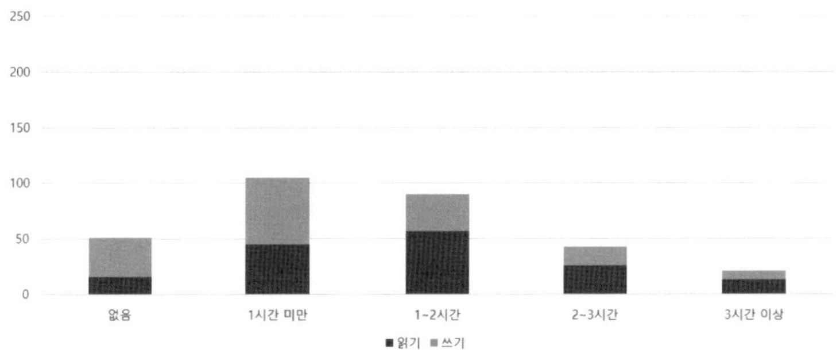


그림 16 이주민자녀의 학교 읽기 · 쓰기 시간 분포

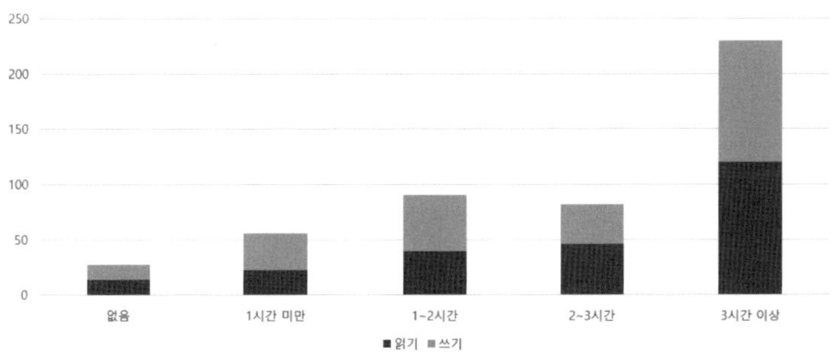

표 21 한국어 읽기 · 쓰기의 어려움[핵심 의사소통 상황]

| | | 이주민근로자 | 결혼이주민 | 이주민자녀 |
|---|---|---|---|---|
| 평균 (표준편차) | 읽기 | 3.04(1.13) | 2.85(1.02) | 1.80(1.02) |
| | 쓰기 | 3.35(1.13) | 3.18(1.07) | 1.90(1.13) |

※ 응답 방식: 1='전혀 어렵지 않다', 2='별로 어렵지 않다', 3='보통이다', 4='조금 어렵다', 5='매우 어렵다'

그림 17 한국어 읽기 · 쓰기의 어려움[핵심 의사소통 상황]

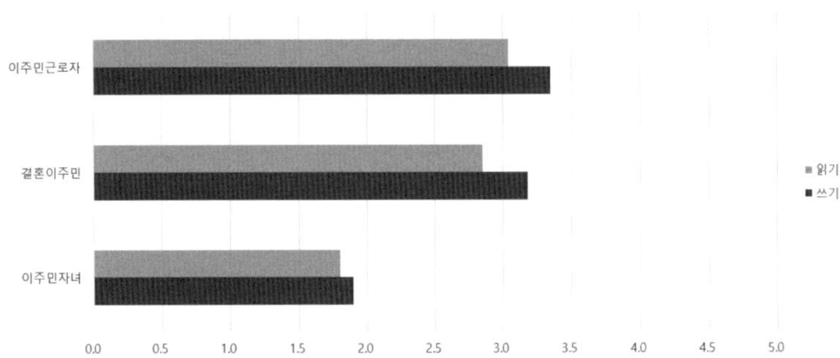


많았고, 1~2시간 51명(20.9%), 2~3시간 36명(14.8%), 1시간 미만 33명(13.5%), 없음 14명(5.7%) 순으로 나타났다.

한국어 읽기 어려움의 경우 응답 방식을 1='전혀 어렵지 않다', 2='별로 어렵지 않다', 3='보통이다', 4='조금 어렵다', 5='매우 어렵다'로 했을 때, 이주민근로자 평균 3.04, 결혼이주민 평균 2.85, 이주민자녀 평균 1.80 순으로 낮아지는 것으로 나타났다.

한국어 쓰기 어려움의 경우 응답 방식을 1='전혀 어렵지 않다', 2='별로 어렵지 않다', 3='보통이다', 4='조금 어렵다', 5='매우 어렵다'로 했을 때,

이주민근로자 평균 3.35, 결혼이주민 평균 3.18, 이주민자녀 평균 1.90 순으로 낮아지는 것으로 나타났다.

### 3) 의사소통 유형별 사용 빈도 및 어려움 인식

#### (1) 이주민근로자의 직장 의사소통

이주민근로자의 직장 의사소통 유형별 사용 빈도의 경우 응답 방식을 1='거의 안 한다', 2='가끔 한다', 3='보통이다', 4='자주 한다', 5='매우 자주 한다'로 했을 때, ③ 상사/동료/부하와 친해지기 위해 대화하기가 2.71로 가장 높게 나타났고, ② 상사/동료/부하와 업무에 필요한 지시를 전달하거나 전달받기 위해 대화하기 2.70, ① 상사/동료/부하에게 부탁이나 요청하기 2.51, ⑦ 업무에 필요한 문서, 작업 표지판 등 읽기 2.30, ④ 채용, 계약 등을 위한 계약서 읽기 2.05의 순으로 나타났다.

이주민근로자의 직장 의사소통 유형별 어려움의 경우 응답 방식을 1='전혀 어렵지 않다', 2='별로 어렵지 않다', 3='보통이다', 4='조금 어렵다', 5='매우 어렵다'로 했을 때, ⑧ 업무에 필요한 문서 작성하기가 3.58로 가장 어려운 것으로 나타났고, ⑨ 업무에 필요한 한국어 웹사이트 게시 글 읽기 3.69, ④ 채용, 계약 등을 위한 계약서 읽기 3.48, ⑤ 업무에 필요한 전화를 걸거나 받기 3.40, ⑥ 업무에 필요한 휴대전화 메시지를 읽거나 쓰기 3.31의 순으로 나타났다.

**표 22** 의사소통 유형별 사용 빈도 및 어려움[핵심 의사소통 상황-직장]

| 직장 의사소통 유형 | 평균(표준편차) | |
|---|---|---|
| | 사용 빈도 | 어려움 |
| ① 상사/동료/부하에게 부탁이나 요청하기 | 2.51(0.99) | 3.08(1.13) |
| ② 상사/동료/부하와 업무에 필요한 지시를 전달하거나 전달받기 위해 대화하기 | 2.70(1.12) | 3.14(1.11) |
| ③ 상사/동료/부하와 친해지기 위해 대화하기 | 2.71(1.10) | 3.04(1.10) |
| ④ 채용, 계약 등을 위한 계약서 읽기 | 2.05(1.03) | 3.49(1.16) |
| ⑤ 업무에 필요한 전화를 걸거나 받기 | 2.02(1.13) | 3.40(1.23) |
| ⑥ 업무에 필요한 휴대전화 메시지를 읽거나 쓰기 | 2.04(1.11) | 3.31(1.27) |
| ⑦ 업무에 필요한 문서, 작업 표지판 등을 읽기 | 2.30(1.23) | 3.30(1.27) |
| ⑧ 업무에 필요한 문서 작성하기 | 1.88(1.19) | 3.58(1.27) |
| ⑨ 업무에 필요한 한국어 웹사이트 게시 글 읽기 | 1.94(1.19) | 3.48(1.33) |
| 전체 | 2.22(0.85) | 3.30(1.02) |

※ '사용 빈도' 응답 방식: 1='거의 안 한다', 2='가끔 한다', 3='보통이다', 4='자주 한다', 5='매우 자주 한다'
※ '어려움' 응답 방식: 1='전혀 어렵지 않다', 2='별로 어렵지 않다', 3='보통이다', 4='조금 어렵다', 5='매우 어렵다'

**그림 18** 의사소통 유형별 사용 빈도 및 어려움[핵심 의사소통 상황-직장]

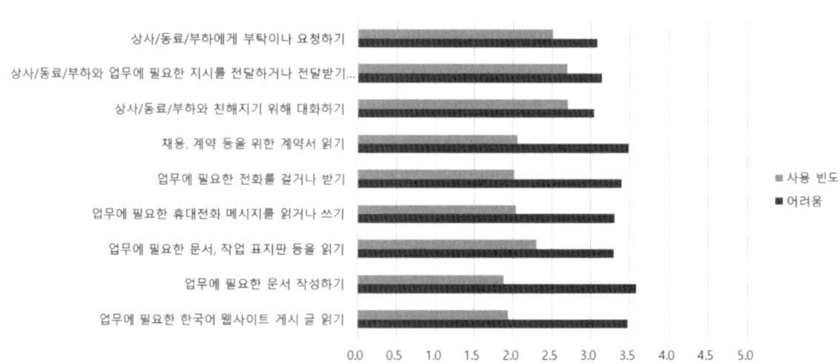

### (2) 결혼이주민의 가정 의사소통

결혼이주민의 가정 의사소통 유형별 사용 빈도의 경우 응답 방식을 1='거의 안 한다', 2='가끔 한다', 3='보통이다', 4='자주 한다', 5='매우 자주 한다'로 했을 때, ⑦ 가족에게 전화를 걸거나 가족으로부터 전화 받기가 3.06으로 가장 높게 나타났고, ④ 배우자와 자녀의 교육 문제를 의논하기 3.04, ⑧ 가족에게 휴대전화로 메시지를 쓰거나 가족으로부터 온 휴대전화 메시지 읽기 2.93, ⑤ 집안에 필요한 물건을 사기 위해 한국어 웹사

**표 23** 의사소통 유형별 사용 빈도 및 어려움[핵심 의사소통 상황-가정]

| 가정 의사소통 유형 | 평균(표준편차) | |
|---|---|---|
| | 사용 빈도 | 어려움 |
| ① 시부모가 불편한 감정을 표현하는 말 듣기 | 2.07(1.15) | 2.74(1.26) |
| ② 시부모에게 자신의 의견 표현하기 | 2.37(1.14) | 2.80(1.25) |
| ③ 시부모/배우자와 집안일을 의논하기 | 2.56(1.19) | 2.65(1.11) |
| ④ 배우자와 자녀의 교육 문제를 의논하기 | 3.04(1.35) | 2.70(1.22) |
| ⑤ 집안에 필요한 물건을 사기 위해 한국어 웹사이트 게시 글 읽기 | 2.92(1.43) | 2.82(1.27) |
| ⑥ 자녀의 학교 홈페이지에 올라온 게시 글 읽기 | 2.73(1.40) | 2.80(1.24) |
| ⑦ 가족에게 전화를 걸거나 가족으로부터 전화 받기 | 3.06(1.22) | 2.59(1.09) |
| ⑧ 가족에게 휴대전화로 메시지를 쓰거나 가족으로부터 온 휴대전화 메시지 읽기 | 2.93(1.31) | 2.66(1.17) |
| ⑨ 자녀의 숙제를 도와주기 위해 한국어를 읽거나 쓰기 | 2.76(1.37) | 2.93(1.32) |
| ⑩ 자녀의 학교에서 온 가정 통신문을 읽거나 담임선생님께 편지 쓰기 | 2.82(1.50) | 2.93(1.37) |
| 전체 | 2.74(0.98) | 2.71(1.03) |

※ '사용 빈도' 응답 방식: 1='거의 안 한다', 2='가끔 한다', 3='보통이다', 4='자주 한다', 5='매우 자주 한다'
※ '어려움' 응답 방식: 1='전혀 어렵지 않다', 2='별로 어렵지 않다', 3='보통이다', 4='조금 어렵다', 5='매우 어렵다'

그림 19 의사소통 유형별 사용 빈도 및 어려움[핵심 의사소통 상황-가정]

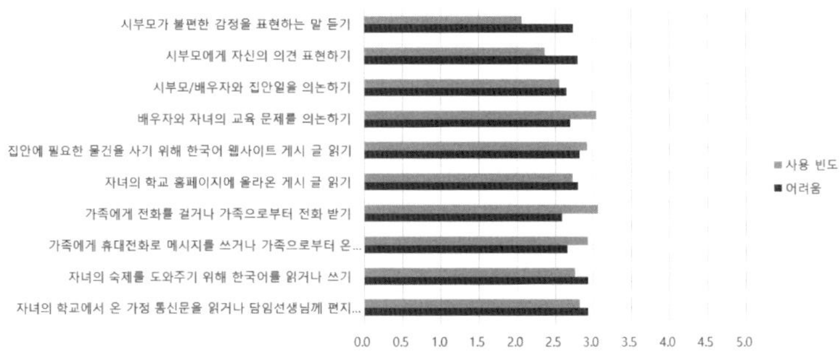


이트 게시 글 읽기 2.92, ⑩ 자녀의 학교에서 온 가정 통신문을 읽거나 담임선생님께 편지 쓰기 2.82의 순으로 나타났다.

결혼이주민의 가정 의사소통 유형별 어려움의 경우 응답 방식을 1='전혀 어렵지 않다', 2='별로 어렵지 않다', 3='보통이다', 4='조금 어렵다', 5='매우 어렵다'로 했을 때, ⑨ 자녀의 숙제를 도와주기 위해 한국어를 읽거나 쓰기와 ⑩ 자녀의 학교에서 온 가정 통신문을 읽거나 담임선생님께 편지 쓰기가 2.93으로 가장 높게 나타났고, ⑤ 집안에 필요한 물건을 사기 위해 한국어 웹사이트 게시 글 읽기 2.82, ② 시부모에게 자신의 의견 표현하기 2.80, ⑥ 자녀의 학교 홈페이지에 올라온 게시 글 읽기 2.80의 순으로 나타났다.

### (3) 이주민자녀의 학교 의사소통

이주민자녀의 학교 의사소통 유형별 사용 빈도의 경우 응답 방식을 1='거의 안 한다', 2='가끔 한다', 3='보통이다', 4='자주 한다', 5='매우 자

**표 24** 의사소통 유형별 사용 빈도 및 어려움[핵심 의사소통 상황-학교]

| 학교 의사소통 유형 | 평균(표준편차) | |
|---|---|---|
| | 사용 빈도 | 어려움 |
| ① 쉬는 시간이나 점심시간에 친구들과 일상적인 대화하기 | 4.08(1.12) | 1.65(1.00) |
| ② 잘 모르는 친구와 친해지기 위해 대화하기 | 3.49(1.27) | 1.98(1.13) |
| ③ 수업 시간에 선생님께 질문하거나 선생님의 질문에 대답하기 | 3.66(1.15) | 2.01(1.14) |
| ④ 수업 시간에 교실 앞에 나와서 발표하기 | 3.12(1.35) | 2.21(1.25) |
| ⑤ 친구들과 공부 내용에 관해서 대화하기 | 3.38(1.29) | 1.98(1.13) |
| ⑥ 쉬는 시간이나 점심시간에 선생님께 모르는 내용 질문하기 | 3.14(1.38) | 2.00(1.10) |
| ⑦ 공부에 필요한 책 읽기 | 3.28(1.30) | 1.96(1.11) |
| ⑧ 선생님께서 내 주신 과제를 위해 글쓰기 | 3.60(1.22) | 2.02(1.14) |
| ⑨ 과제나 학습을 위해 웹사이트 게시 글 읽기 | 3.15(1.39) | 2.02(1.14) |
| 전체 | 3.44(1.01) | 1.97(1.00) |

※ '사용 빈도' 응답 방식: 1='거의 안 한다', 2='가끔 한다', 3='보통이다', 4='자주 한다', 5='매우 자주 한다'
※ '어려움' 응답 방식: 1='전혀 어렵지 않다', 2='별로 어렵지 않다', 3='보통이다', 4='조금 어렵다', 5='매우 어렵다'

주 한다'로 했을 때, ① 쉬는 시간이나 점심시간에 친구들과 일상적인 대화하기가 4.08로 가장 높게 나타났고, ③ 수업 시간에 선생님께 질문하거나 선생님의 질문에 대답하기 3.66, ⑧ 선생님께서 내 주신 과제를 위해 글쓰기 3.60, ② 잘 모르는 친구와 친해지기 위해 대화하기 3.49, ⑤ 친구들과 공부 내용에 관해서 대화하기 3.38의 순으로 나타났다.

이주민자녀의 학교 의사소통 유형별 어려움의 경우 응답 방식을 1='전혀 어렵지 않다', 2='별로 어렵지 않다', 3='보통이다', 4='조금 어렵다', 5='매우 어렵다'로 했을 때, ④ 수업 시간에 교실 앞에 나와서 발표하기가 2.21로 가장 어려운 것으로 나타났고, ⑧ 선생님께서 내 주신 과제를 위해

그림 20 의사소통 유형별 사용 빈도 및 어려움[핵심 의사소통 상황-학교]

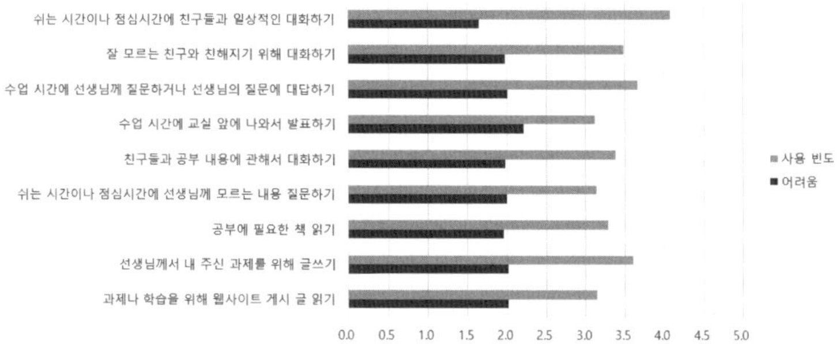


글쓰기와 ⑨ 과제나 학습을 위해 웹사이트 게시 글 읽기가 2.02, ③ 수업 시간에 선생님께 질문하거나 선생님의 질문에 대답하기 2.01, ⑥ 쉬는 시간이나 점심시간에 선생님께 모르는 내용 질문하기 2.00의 순으로 나타났다.

## 3. 일반 의사소통 상황에서의 한국어 사용 실태

### 1) 한국어 대화 시간 및 어려움

이주민근로자가 일반 의사소통 상황에서 한국어로 대화하는 시간의 경우, 한국인 친구, 가족, 이웃 및 외국인 친구, 가족과 대화하는 시간이 없다고 응답한 비율이 가장 높게 나타났다. 외국인 가족(76.5%)이 가장 높고, 한국인 가족(71.8%), 외국인 이웃(68.0%), 한국인 이웃(65.4%), 한국인 친구(38.9%), 외국인 친구(33.5%)의 순이었다. 그 밖에는 대화 시간이 길수록 응답 인원이 대체로 줄어드는 경향을 보였다(표 25, 그림 21).

결혼이주민이 일반 의사소통 상황에서 한국어로 대화하는 시간의 경우, 한국인 친구, 이웃 및 외국인 친구, 이웃과 대화하는 시간이 없다고 응답한 비율이 가장 높게 나타났다. 대화 상대에 따라서 살펴보면 외국인 이웃과의 대화 시간이 없다고 응답한 비율이 상대적으로 가장 높았고(72명, 61.5%), 그 다음으로는 한국인 이웃(46명, 37.4%), 외국인 친구(44명, 32.8%), 한국인 친구(35명, 25.9%)의 순이었다. 그밖에는 대화 시간이 길수록 응답 인원이 대체로 줄어드는 경향을 보였다(표 26, 그림 22).

이주민자녀가 일반 의사소통 상황에서 한국어로 대화하는 시간은 친구와 대화 시간의 경우 3시간 이상이라고 응답한 인원이 94명(35.5%)으로 가장 많았고, 1시간 미만 68명(25.7%), 없음 41명(15.5%), 1~2시간 35명(13.2%), 2~3시간 27명(10.2%) 순으로 나타났다. 가족과 대화 시간의 경우 3시간 이상이라고 응답한 인원이 107명(40.4%)으로 가장 많았고, 1시간 미만 60명(22.6%), 없음 46명(17.4%), 1~2시간 27명(10.2%), 2~3시간 25명(9.4%) 순으로 나타났다. 선생님과의 대화 시간의 경우 1시간 미만이라고 응답한 인원이 106명(40.0%)으로 가장 많았고, 없음 64명(24.2%), 3시간 이상 59명(22.3%), 1~2시간 23명(8.7%), 2~3시간 13명(4.5%) 순으로 나타났다(표 27, 그림 23).

한국어 대화 어려움의 경우 응답 방식을 1='전혀 어렵지 않다', 2='별로 어렵지 않다', 3='보통이다', 4='조금 어렵다', 5='매우 어렵다'로 했을 때,

**표 25** 한국어 대화 시간 분포[일반 의사소통 상황-이주민근로자]

| | ① 한국인 친구 | | ② 한국인 가족 | | ③ 한국인 이웃 | |
|---|---|---|---|---|---|---|
| | 인원(명) | 비율(%) | 인원(명) | 비율(%) | 인원(명) | 비율(%) |
| 없음 | 72 | 38.9 | 112 | 71.8 | 106 | 65.4 |
| 1시간 미만 | 43 | 23.2 | 16 | 10.3 | 27 | 16.7 |
| 1~2시간 | 44 | 23.8 | 14 | 9.0 | 21 | 13.0 |
| 2~3시간 | 7 | 3.8 | 5 | 3.2 | 7 | 4.3 |
| 3시간 이상 | 19 | 10.3 | 9 | 5.8 | 1 | 0.6 |
| 계 | 185 | 100 | 156 | 100 | 162 | 100 |
| | ④ 외국인 친구 | | ⑤ 외국인 가족 | | ⑥ 외국인 이웃 | |
| | 인원(명) | 비율(%) | 인원(명) | 비율(%) | 인원(명) | 비율(%) |
| 없음 | 53 | 33.5 | 114 | 76.5 | 102 | 68.0 |
| 1시간 미만 | 41 | 25.9 | 14 | 9.4 | 27 | 18.0 |
| 1~2시간 | 27 | 17.1 | 12 | 8.1 | 12 | 8.0 |
| 2~3시간 | 18 | 11.4 | 5 | 3.4 | 3 | 2.0 |
| 3시간 이상 | 19 | 12.0 | 4 | 2.7 | 6 | 4.0 |
| 계 | 158 | 100 | 149 | 100 | 150 | 100 |

**그림 21** 한국어 대화 시간 분포[일반 의사소통 상황-이주민근로자]

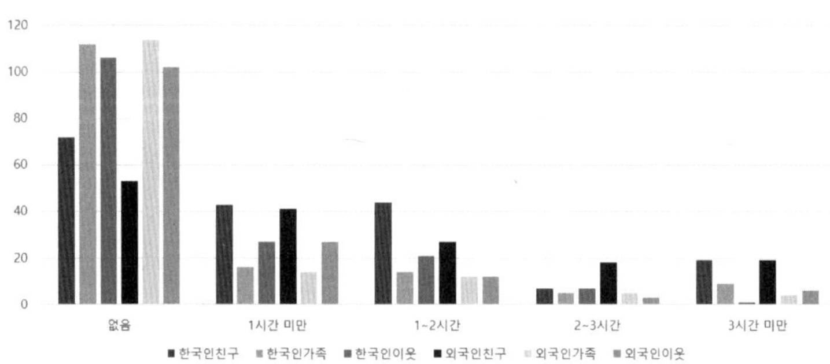

**표 26** 한국어 대화 시간 분포[일반 의사소통 상황-결혼이주민]

| | ① 한국인 친구 | | ② 한국인 이웃 | | ③ 외국인 친구 | | ③ 외국인 이웃 | |
|---|---|---|---|---|---|---|---|---|
| | 인원(명) | 비율(%) | 인원(명) | 비율(%) | 인원(명) | 비율(%) | 인원(명) | 비율(%) |
| 없음 | 35 | 25.9 | 46 | 37.4 | 44 | 33.8 | 72 | 61.5 |
| 1시간 미만 | 31 | 23.0 | 44 | 35.8 | 39 | 30.0 | 27 | 23.1 |
| 1~2시간 | 34 | 25.2 | 26 | 21.1 | 24 | 18.5 | 11 | 9.4 |
| 2~3시간 | 14 | 10.4 | 1 | 0.8 | 16 | 12.3 | 5 | 4.3 |
| 3시간 이상 | 21 | 15.6 | 6 | 4.9 | 7 | 5.4 | 2 | 1.7 |
| 계 | 135 | 100 | 123 | 100 | 130 | 100 | 117 | 100 |

**그림 22** 한국어 대화 시간 분포[일반 의사소통 상황-결혼이주민]

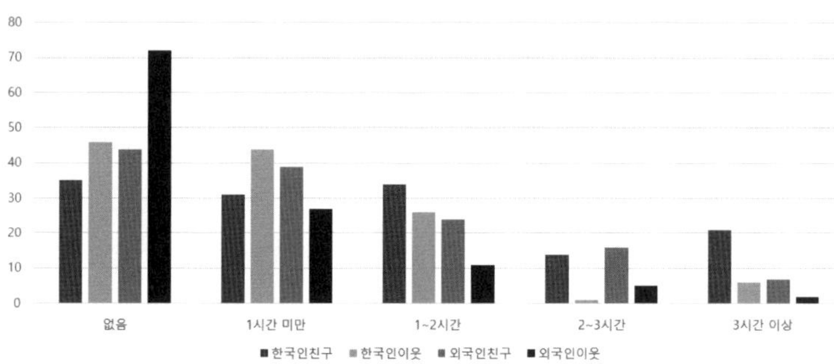


이주민근로자가 평균 3.15로 가장 한국어 대화를 어려워하는 것으로 나타났으며, 결혼이주민이 평균 2.80, 이주민자녀가 평균 1.51로 한국어 대화를 어려워하는 것으로 나타났다(표 28, 그림 24).

이주민근로자는 한국인 가족과의 대화가 어렵다고 응답한 경우가 평균 3.28로 가장 높게 나타났고, 그 다음으로 한국인 이웃 3.13, 외국인 이

**표 27** 한국어 대화 시간 분포[일반 의사소통 상황-이주민자녀]

| | ① 친구 | | ② 가족 | | ③ 선생님 | |
|---|---|---|---|---|---|---|
| | 인원(명) | 비율(%) | 인원(명) | 비율(%) | 인원(명) | 비율(%) |
| 없음 | 41 | 15.5 | 46 | 17.4 | 64 | 24.2 |
| 1시간 미만 | 68 | 25.7 | 60 | 22.6 | 106 | 40.0 |
| 1~2시간 | 35 | 13.2 | 27 | 10.2 | 23 | 8.7 |
| 2~3시간 | 27 | 10.2 | 25 | 9.4 | 13 | 4.9 |
| 3시간 이상 | 94 | 35.5 | 107 | 40.4 | 59 | 22.3 |
| 계 | 265 | 100.0 | 265 | 100.0 | 265 | 100.0 |

**그림 23** 한국어 대화 시간 분포[일반 의사소통 상황-이주민자녀]

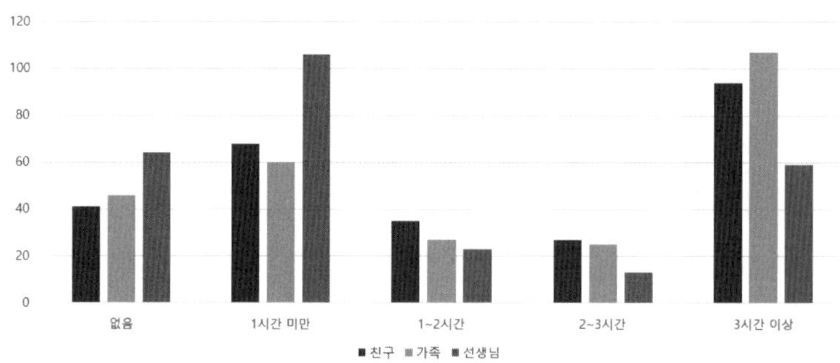


웃 3.03, 외국인 가족 2.96, 한국인 친구 2.92, 외국인 친구 2.86 순이었다. 결혼이주민은 한국인 친구와의 대화가 어렵다고 응답한 경우가 평균 2.89로 가장 높았으며 그 다음으로 외국인 이웃 2.88, 한국인 이웃 2.87, 외국인 친구 2.77의 순이었다. 이주민자녀의 경우는 한국어 대화에 별로 어려움을 느끼지 않는 것으로 나타났는데, 선생님과의 대화가 어렵다고

**표 28** 한국어 대화의 어려움[일반 의사소통 상황]

| | 대화 상대 | 이주민근로자 | 대화 상대 | 결혼이주민 | 대화 상대 | 이주민자녀 |
|---|---|---|---|---|---|---|
| 평균(표준편차) | 한국인 친구 | 2.92(1.19) | 한국인 친구 | 2.89(1.18) | 친구 | 1.51(0.85) |
| | 한국인 가족 | 3.28(1.25) | 한국인 이웃 | 2.87(1.17) | 가족 | 1.42(0.77) |
| | 한국인 이웃 | 3.13(1.23) | 외국인 친구 | 2.77(1.18) | 선생님 | 1.68(0.98) |
| | 외국인 친구 | 2.86(1.16) | 외국인 이웃 | 2.88(1.17) | | |
| | 외국인 가족 | 2.96(1.35) | | | | |
| | 외국인 이웃 | 3.03(1.23) | | | | |
| | 전체 | 3.15(1.09) | 전체 | 2.80(1.09) | 전체 | 1.51(0.78) |

※ 응답 방식: 1='전혀 어렵지 않다', 2='별로 어렵지 않다', 3='보통이다', 4='조금 어렵다', 5='매우 어렵다'

**그림 24** 한국어 대화의 어려움[일반 의사소통 상황]

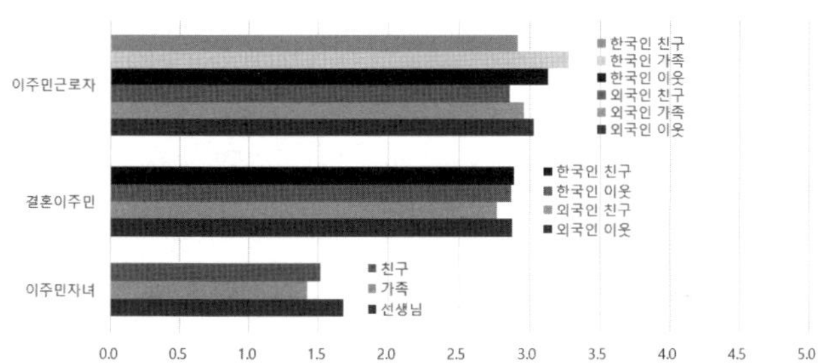


응답한 경우가 평균 1.68로 상대적으로 가장 높게 나타났고, 그 다음으로는 친구 1.51, 가족 1.42 순이었다.

### 2) 한국어 대중매체 이용 시간 및 어려움

이주민의 한국어 텔레비전 이용 시간을 집단별로 살펴보면 이주민근로자의 경우 보지 않는다(없음)고 응답한 인원이 가장 많은 데 비해, 결혼이주민과 이주민자녀의 경우 3시간 이상 본다고 응답한 인원이 가장 많았다(표 29). 이주민근로자 총 187명 중에서는 한국어 대중매체 중 TV 이용 시간이 없다고 응답한 인원이 68명(36.4%)으로 가장 많았고, 1~2시간 52명(27.8%), 2~3시간 27명(14.4%), 1시간 미만 24명(12.8%), 3시간 이상 16명(8.6%) 순으로 나타났다. 결혼이주민 총 165명 중에서는 한국어 대중매체 중 TV 이용 시간이 3시간 이상이라고 응답한 인원이 64명(38.8%)으로 가장 많았고, 1~2시간 39명(23.6%), 2~3시간 28명(17.0%), 1시간 미만 23명(13.9%), 없음 11명(6.7%) 순으로 나타났다. 이주민자녀 총 236명 중에서는 한국어 대중매체 중 TV 이용 시간이 3시간 이상이라고 응답한 인원이 89명(37.7%)으로 가장 많았고, 2~3시간 50명(21.2%), 1~2시간 46명(19.5%), 없음 32명(13.6%), 1시간 미만 19명(8.1%) 순으로 나타났다.

이주민의 한국어 라디오 이용 시간은 듣지 않는다(없음)고 응답한 인원이 모두 60%를 넘을 정도로 라디오 청취율이 낮은 것으로 나타났다(표 30). 이주민근로자 총 185명 중에서는 한국어 대중매체 중 라디오 이용 시간이 없다고 응답한 인원이 124명(73.4%)으로 가장 많았고, 1~2시간 18명 (10.7%), 1시간 미만 14명(8.3%), 2~3시간 8명(4.7%), 3시간 이상 5명(3.0%) 순이었다. 결혼이주민 총 133명 중에서는 한국어 대중매체 중 라디오 이용 시간이 없다고 응답한 인원이 81명(60.9%)으로 가장 많았고,

**표 29** 한국어 대중매체 이용 시간 분포[TV]

| | 이주민근로자 | | 결혼이주민 | | 이주민자녀 | |
|---|---|---|---|---|---|---|
| | 인원(명) | 비율(%) | 인원(명) | 비율(%) | 인원(명) | 비율(%) |
| 없음 | 68 | 36.4 | 11 | 6.7 | 32 | 13.6 |
| 1시간 미만 | 24 | 12.8 | 23 | 13.9 | 19 | 8.1 |
| 1~2시간 | 52 | 27.8 | 39 | 23.6 | 46 | 19.5 |
| 2~3시간 | 27 | 14.4 | 28 | 17.0 | 50 | 21.2 |
| 3시간 이상 | 16 | 8.6 | 64 | 38.8 | 89 | 37.7 |
| 계 | 187 | 100 | 165 | 100 | 236 | 100 |

**표 30** 한국어 대중매체 이용 시간 분포[라디오]

| | 이주민근로자 | | 결혼이주민 | | 이주민자녀 | |
|---|---|---|---|---|---|---|
| | 인원(명) | 비율(%) | 인원(명) | 비율(%) | 인원(명) | 비율(%) |
| 없음 | 124 | 73.4 | 81 | 60.9 | 164 | 70.4 |
| 1시간 미만 | 14 | 8.3 | 25 | 18.8 | 29 | 12.4 |
| 1~2시간 | 18 | 10.7 | 19 | 14.3 | 26 | 11.2 |
| 2~3시간 | 8 | 4.7 | 3 | 2.3 | 6 | 2.6 |
| 3시간 이상 | 5 | 3.0 | 5 | 3.8 | 8 | 3.4 |
| 계 | 169 | 100 | 133 | 100 | 233 | 100 |

1시간 미만 25명(18.8%), 1~2시간 19명(14.3%), 3시간 이상 5명(3.8%), 2~3시간 3명(2.3%) 순이었다. 이주민자녀 총 233명 중 한국어 대중매체 중 라디오 이용 시간이 없다고 응답한 인원은 164명(70.4%)이었고, 1시간 미만 29명(12.4%), 1~2시간 26명(11.2%), 3시간 이상 8명(3.4%), 2~3시간

**표 31** 한국어 대중매체 이용 시간 분포[인터넷]

| | 이주민근로자 | | 결혼이주민 | | 이주민자녀 | |
|---|---|---|---|---|---|---|
| | 인원(명) | 비율(%) | 인원(명) | 비율(%) | 인원(명) | 비율(%) |
| 없음 | 77 | 44.3 | 43 | 30.7 | 65 | 28.0 |
| 1시간 미만 | 44 | 25.3 | 34 | 24.3 | 45 | 19.4 |
| 1~2시간 | 32 | 18.4 | 42 | 30.0 | 55 | 23.7 |
| 2~3시간 | 11 | 6.3 | 9 | 6.4 | 27 | 11.6 |
| 3시간 이상 | 10 | 5.7 | 12 | 8.6 | 40 | 17.2 |
| 계 | 174 | 100 | 140 | 100 | 232 | 100 |

6명(2.6%) 순이었다.

이주민의 한국어 인터넷 이용시간의 경우, 없다고 응답한 인원이 전체적으로 많았으며, 집단별로는 이주민근로자의 비율이 결혼이주민이나 이주민자녀의 비율보다 더 높았다(표 31).이주민근로자 총 174명 중 한국어 대중매체 중 인터넷 이용 시간이 없다고 응답한 인원 77명(44.3%)으로 가장 많았고, 1시간 미만 44명(25.3%), 1~2시간 32명(18.4%), 2~3시간 11명(6.3%), 3시간 이상 10명(5.75%) 순이었다. 결혼이주민 총 140명 중에서는 한국어 대중매체 중 인터넷 이용 시간이 없다고 응답한 인원이 43명(30.7%)으로 가장 많았고, 1~2시간 42명(30.0%), 1시간 미만 34명(24.3%), 3시간 이상 12명(8.6%), 2~3시간 9명(6.4%) 순이었다. 이주민자녀 총 232명 중에서는 한국어 대중매체 중 인터넷 이용 시간이 없다고 응답한 인원이 65명(28.0%)으로 가장 많았고, 1~2시간이 55명(23.7%), 1시간 미만이 45명(19.4%), 3시간 이상 40명(17.2%), 2~3시간 27명(11.6%) 순이었다.

**표 32** 한국어 대중매체 이용 시간 분포[신문 · 잡지]

| | 이주민근로자 | | 결혼이주민 | | 이주민자녀 | |
|---|---|---|---|---|---|---|
| | 인원(명) | 비율(%) | 인원(명) | 비율(%) | 인원(명) | 비율(%) |
| 없음 | 124 | 75.2 | 60 | 47.2 | 123 | 53.2 |
| 1시간 미만 | 26 | 15.8 | 39 | 30.7 | 59 | 25.5 |
| 1~2시간 | 13 | 7.9 | 23 | 18.1 | 30 | 13.0 |
| 2~3시간 | 2 | 1.2 | 3 | 2.4 | 11 | 4.8 |
| 3시간 이상 | | | 2 | 1.6 | 8 | 3.5 |
| 계 | 165 | 100 | 127 | 100 | 231 | 100 |

**그림 25** 이주민근로자의 대중매체 이용 시간 분포

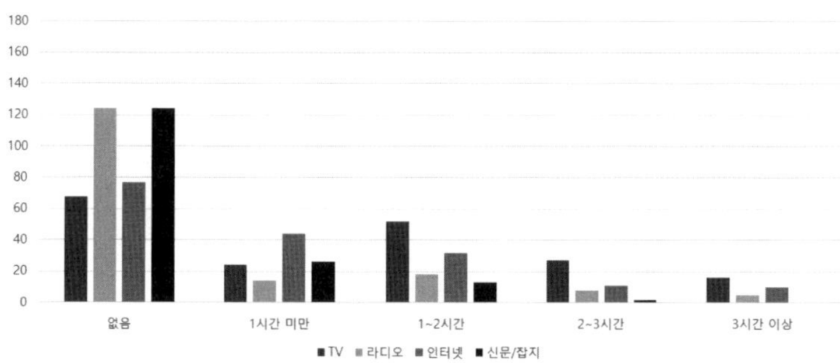


이주민의 한국어 신문 · 잡지 이용시간의 경우, 없다고 응답한 인원이 전체적으로 많았으며, 집단별로는 이주민근로자 〉 이주민자녀 〉 결혼이주민의 순이었다(표 32). 이주민근로자 총 165명 중 한국어 대중매체 중 신문 · 잡지 이용 시간이 없다고 응답한 인원은 124명(75.2%)으로 가장 많았고, 1시간 미만 26명(15.8%), 1~2시간 13명(7.9%), 2~3시간 2명(1.2%)

**그림 26** 결혼이주민의 대중매체 이용 시간 분포

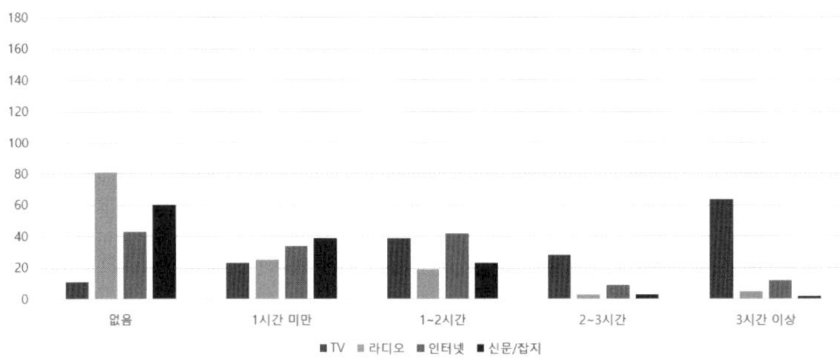


**그림 27** 이주민자녀의 대중매체 이용 시간 분포

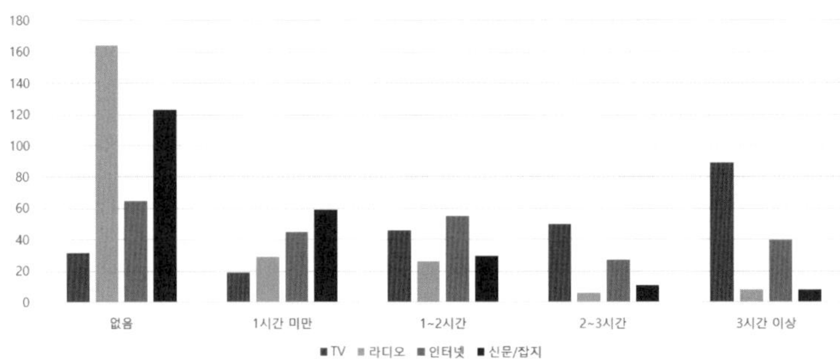


순이었다. 결혼이주민 총 127명 중에서는 한국어 대중매체 중 신문 · 잡지 이용 시간이 없다고 응답한 인원이 60명(47.2%)으로 가장 많았고, 1시간 미만 39명(30.7%), 1~2시간 23명(18.1%), 2~3시간 이상 3명(2.4%), 3시간 이상 2명(1.6%) 순이었다. 이주민자녀 총 231명 중에서는 한국어 대중매체 중 신문 · 잡지 이용 시간이 없다고 응답한 인원이 123명(53.2%)으로 가장 많았고, 1시간 미만이 59명(25.5%), 1~2시간 30명(13.0%), 2~3시간이

**표 33** 한국어 대중매체 이용의 어려움

| | | 이주민근로자 | 결혼이주민 | 이주민자녀 |
|---|---|---|---|---|
| 평균 (표준편차) | TV | 3.29(1.20) | 2.84(1.13) | 1.62(1.00) |
| | 라디오 | 3.55(1.21) | 3.12(1.28) | 1.57(0.98) |
| | 인터넷 | 3.40(1.15) | 3.04(1.21) | 1.66(1.05) |
| | 신문 · 잡지 | 3.63(1.21) | 3.30(1.25) | 1.67(1.06) |
| | 전체 | 3.53(1.14) | 3.03(1.13) | 1.56(0.95) |

※ '어려움' 응답 방식: 1='전혀 어렵지 않다', 2='별로 어렵지 않다', 3='보통이다', 4='조금 어렵다', 5='매우 어렵다'

**그림 28** 한국어 대중매체 이용의 어려움

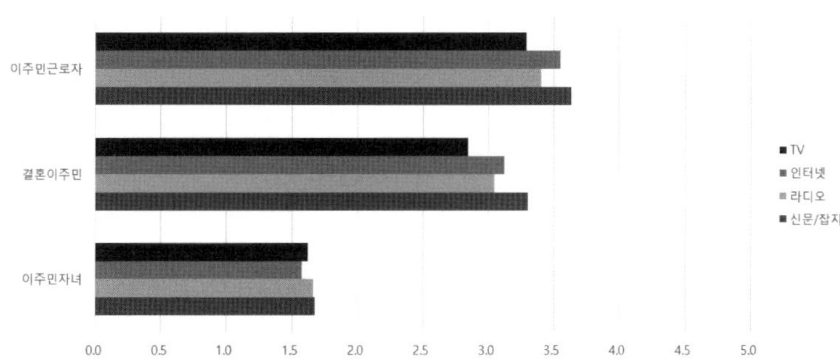


11명(4.8%), 3시간 이상 8명(3.5%) 순이었다.

한국어 대중매체 이용의 어려움을 1='전혀 어렵지 않다', 2='별로 어렵지 않다', 3='보통이다', 4='조금 어렵다', 5='매우 어렵다'로 응답하게 했을 때, 그 정도가 이주민근로자 3.53, 결혼이주민 3.03, 이주민자녀 1.56의 순으로 나타났다. 이주민 집단별로는 먼저, 이주민근로자의 경우 신문 · 잡지 3.63, 라디오 3.55, 인터넷 3.40, TV 3.29의 순으로 한국어 대중매체를 어려워하는 것으로 나타났다. 결혼이주민의 경우 신문 · 잡지 3.30, 라디오 3.12, 인터넷 3.04, TV 2.84의 순으로 한국어 대중매체를 어려워하는 것으로 나타났다. 이주민자녀의 경우는 신문 · 잡지 1.67, 인터넷 1.66, TV 1.62, 라디오 1.57의 순으로 나타나 한국어 대중매체 이용을 별로 어려워하는 것으로 나타났다(표 33, 그림 28).

### 3) 의사소통 유형별 사용 빈도 및 어려움 인식

이주민근로자민의 의사소통 유형별 사용 빈도의 경우 응답 방식을 1='거의 안 한다', 2='가끔 한다', 3='보통이다', 4='자주 한다', 5='매우 자주 한다'로 했을 때, ③ 시장, 마트, 백화점에서 물건을 사기 위해 점원과 대화하기가 2.80으로 가장 높았고 그 다음으로는 ⑩ 표지판, 간판, 광고를 읽기 2.59, ② 취미나 관심사에 관해 친구와 대화하기 2.49, ⑨ 휴대전화 메시지를 읽거나 쓰기 2.47, ① 친구에게 부탁이나 요청하기 2.39의 순이었다(표 34, 그림 29).

이주민근로자의 의사소통 유형별 어려움의 경우 응답 방식을 1='전혀 어렵지 않다', 2='별로 어렵지 않다', 3='보통이다', 4='조금 어렵다', 5='매우 어렵다'로 했을 때, ⑤ 진료나 처방을 받기 위해 의사나 약사와 대화하기가 2.96으로 가장 높게 나타났고 그 다음으로는 ⑧ 전화를 걸거나 받기 2.85, ⑦ 처음 만난 사람과 친해지기 위해 대화하기 2.83, ④ 은행이나 관공서(우체국, 주민센터, 출입국사무소 등)에서 업무 처리를 위해 직원과 대화하기 2.82, ⑥ 길을 묻거나 알려주기 위해 모르는 사람과 대화하기

2.81, ⑨ 휴대전화 메시지를 읽거나 쓰기가 2.80의 순이었다(표 34, 그림 30).

결혼이주민의 의사소통 유형별 사용 빈도의 경우 응답 방식을 1='거의 안 한다', 2='가끔 한다', 3='보통이다', 4='자주 한다', 5='매우 자주 한다'로 했을 때, ③ 시장, 마트, 백화점에서 물건을 사기 위해 점원과 대화하기가 3.09로 가장 높게 나타났고 그 다음으로는 ⑩ 표지판, 간판, 광고를 읽기 3.01, ⑧ 전화를 걸거나 받기 2.93, ⑨ 휴대전화 메시지를 읽거나 쓰기 2.91, ⑤ 진료나 처방을 받기 위해 의사나 약사와 대화하기 2.75의 순이었다(표 34, 그림 31).

결혼이주민의 의사소통 유형별 어려움의 경우 응답 방식을 1='전혀 어렵지 않다', 2='별로 어렵지 않다', 3='보통이다', 4='조금 어렵다', 5='매우 어렵다'로 했을 때, ④ 은행이나 관공서(우체국, 주민센터, 출입국사무소 등)에서 업무 처리를 위해 직원과 대화하기가 3.01로 가장 높게 나타났고, 그 다음으로는 ⑤ 진료나 처방을 받기 위해 의사나 약사와 대화하기 2.96, ⑧ 전화를 걸거나 받기 2.85, ⑦ 처음 만난 사람과 친해지기 위해 대화하기 2.83, ⑥ 길을 묻거나 알려주기 위해 모르는 사람과 대화하기 2.81의 순이었다(표 34, 그림 29).

이주민자녀의 의사소통 유형별 사용 빈도의 경우 응답 방식을 1='거의 안 한다', 2='가끔 한다', 3='보통이다', 4='자주 한다', 5='매우 자주 한다'로 했을 때, ⑧ 전화를 걸거나 받기가 3.94로 가장 높게 나타났고, 그 다음으로는 ⑨ 휴대전화 메시지를 읽거나 쓰기 3.89, ⑩ 표지판, 간판, 광고를 읽기 3.71, ② 취미나 관심사에 관해 친구와 대화하기 3.62, ③ 시장, 마트, 백화점에서 물건을 사기 위해 점원과 대화하기 3.54의 순이었다(표 34,

그림 30).

이주민자녀의 의사소통 유형별 어려움의 경우 응답 방식을 1='전혀 어렵지 않다', 2='별로 어렵지 않다', 3='보통이다', 4='조금 어렵다', 5='매우 어렵다'로 했을 때, ④ 은행이나 관공서(우체국, 주민센터, 출입국사무소 등)에서 업무 처리를 위해 직원과 대화하기가 2.00으로 가장 높았고, 그 다음으로는 ⑥ 길을 묻거나 알려주기 위해 모르는 사람과 대화하기와 ⑦ 처음 만난 사람과 친해지기 위해 대화하기가 1.93, ⑤ 진료나 처방을 받기 위해 의사나 약사와 대화하기 1.90, ③ 시장, 마트, 백화점에서 물건을 사기 위해 점원과 대화하기 1.75의 순이었다(표 34, 그림 31).

**표 34** 의사소통 유형별 사용 빈도 및 어려움[일반 의사소통 상황]

| 의사소통 유형 | 평균(표준편차) | | | | | |
|---|---|---|---|---|---|---|
| | 사용 빈도 | | | 어려움 | | |
| | 이주민 근로자 | 결혼 이주민 | 이주민 자녀 | 이주민 근로자 | 결혼 이주민 | 이주민 자녀 |
| ① 친구에게 부탁이나 요청하기 | 2.39 (0.96) | 2.39 (1.08) | 3.43 (1.30) | 2.71 (0.98) | 2.72 (1.13) | 1.65 (1.00) |
| ② 취미나 관심사에 관해 친구와 대화하기 | 2.49 (1.09) | 2.71 (1.16) | 3.62 (1.36) | 2.71 (0.99) | 2.73 (1.08) | 1.68 (1.02) |
| ③ 시장, 마트, 백화점에서 물건을 사기 위해 점원과 대화하기 | 2.80 (0.97) | 3.09 (1.13) | 3.54 (1.22) | 2.71 (0.99) | 2.69 (1.03) | 1.75 (1.01) |
| ④ 은행이나 관공서(우체국, 주민센터, 출입국사무소 등)에서 업무 처리를 위해 직원과 대화하기 | 2.22 (0.94) | 2.55 (1.19) | 3.03 (1.46) | 2.82 (1.17) | 3.01 (1.22) | 2.00 (1.20) |
| ⑤ 진료나 처방을 받기 위해 의사나 약사와 대화하기 | 2.22 (0.91) | 2.75 (1.18) | 3.33 (1.35) | 2.96 (1.17) | 2.98 (1.17) | 1.90 (1.17) |
| ⑥ 길을 묻거나 알려주기 위해 모르는 사람과 대화하기 | 2.26 (0.94) | 2.40 (1.16) | 3.20 (1.39) | 2.81 (1.07) | 2.88 (1.12) | 1.93 (1.16) |
| ⑦ 처음 만난 사람과 친해지기 위해 대화하기 | 2.14 (1.02) | 2.39 (1.20) | 3.27 (1.38) | 2.83 (1.13) | 2.91 (1.11) | 1.93 (1.16) |
| ⑧ 전화를 걸거나 받기 | 2.34 (0.97) | 2.93 (1.15) | 3.94 (1.23) | 2.85 (1.10) | 2.87 (1.10) | 1.68 (1.04) |
| ⑨ 휴대전화 메시지를 읽거나 쓰기 | 2.47 (1.14) | 2.91 (1.20) | 3.89 (1.29) | 2.80 (1.11) | 2.81 (1.09) | 1.70 (1.08) |
| ⑩ 표지판, 간판, 광고를 읽기 | 2.59 (1.13) | 3.01 (1.16) | 3.71 (1.28) | 2.77 (1.13) | 2.80 (1.10) | 1.71 (1.03) |
| 전체 | 2.39 (0.74) | 2.74 (0.98) | 3.50 (1.10) | 2.81 (0.93) | 2.80 (0.99) | 1.79 (0.97) |

※ '사용 빈도' 응답 방식: 1='거의 안 한다', 2='가끔 한다', 3='보통이다', 4='자주 한다', 5='매우 자주 한다'
※ '어려움' 응답 방식: 1='전혀 어렵지 않다', 2='별로 어렵지 않다', 3='보통이다', 4='조금 어렵다', 5='매우 어렵다'

**그림 29** 의사소통 유형별 사용 빈도 및 어려움[일반 의사소통 상황-이주민근로자]

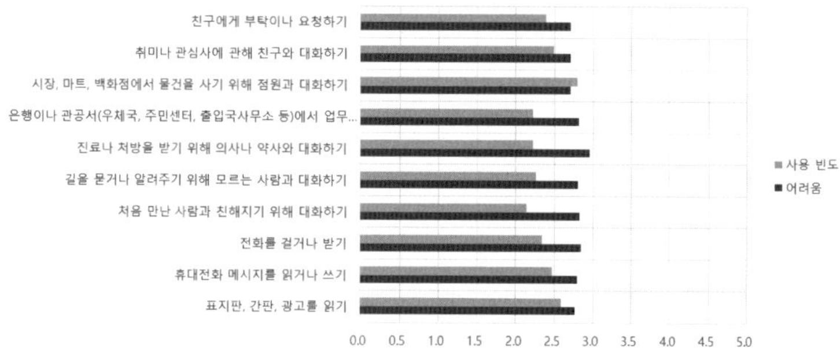


**그림 30** 의사소통 유형별 사용 빈도 및 어려움[일반 의사소통 상황-결혼이주민]

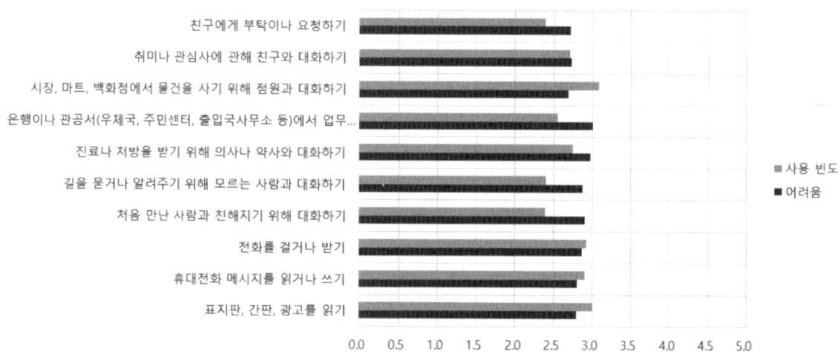


**그림 31** 의사소통 유형별 사용 빈도 및 어려움[일반 의사소통 상황-이주민자녀]

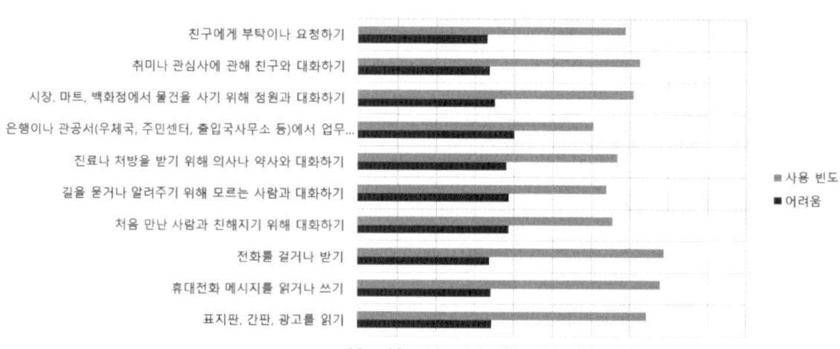

### 4. 한국어 교육에 대한 수요

이주민의 한국어 교육에 대한 수요를 언어사용 양식에 따라 살펴본 결과 대체로 듣기/말하기 교육에 대한 수요가 높은 것을 확인할 수 있었다(표 35, 그림 32). 핵심 의사소통 상황에서 한국어 교육의 유형별 수요의 경우, 이주민근로자는 듣기/말하기가 1035명(35.3%)으로 가장 높았고, 그 다음으로는 쓰기 36명(12.3%), 읽기 23명(7.9%)의 순이었다(표 35, 그림 32). 결혼이주민의 경우에도 듣기/말하기가 가장 높았으며(83명, 24.6%), 쓰기 27명(8.0%), 읽기 10명(3.0%)의 순이었다. 이주민자녀는 쓰기가 61명(22.0%)으로 가장 높았으며, 그 다음으로 듣기/말하기 51명(18.4%), 읽기 48명(17.3%)의 순이었다.

일반 의사소통 상황에서 한국어 교육의 유형별 수요의 경우, 이주민근로자는 듣기/말하기가 88명(30.1%)으로 가장 높았고, 그 다음으로는 쓰기 27명(9.2%), 읽기 15명(5.1%)의 순이었다. 결혼이주민의 경우에도 듣기/말하기 121명(35.8%), 쓰기 62명(18.3%), 읽기 35명(10.4%)의 순으로 나타났다. 이주민자녀는 듣기/말하기 58명(20.9%), 쓰기 33명(11.9%), 읽기 26명(9.4%)의 순이었다.

**표 35** 한국어 교육 유형별 수요 분포

| | | 이주민근로자 | | 결혼이주민 | | 이주민자녀 | |
|---|---|---|---|---|---|---|---|
| | | 인원(명) | 비율(%) | 인원(명) | 비율(%) | 인원(명) | 비율(%) |
| 핵심 의사소통 상황 | 듣기/말하기 | 103 | 35.3 | 83 | 24.6 | 51 | 18.4 |
| | 읽기 | 23 | 7.9 | 10 | 3.0 | 48 | 17.3 |
| | 쓰기 | 36 | 12.3 | 27 | 8.0 | 61 | 22.0 |
| 일반 의사소통 상황 | 듣기/말하기 | 88 | 30.1 | 121 | 35.8 | 58 | 20.9 |
| | 읽기 | 15 | 5.1 | 35 | 10.4 | 26 | 9.4 |
| | 쓰기 | 27 | 9.2 | 62 | 18.3 | 33 | 11.9 |
| 계 | | 292 | 100 | 338 | 100 | 277 | 100 |

※ '비율'='인원'/'계'

**그림 32** 이주민근로자의 한국어 교육 유형별 수요 분포

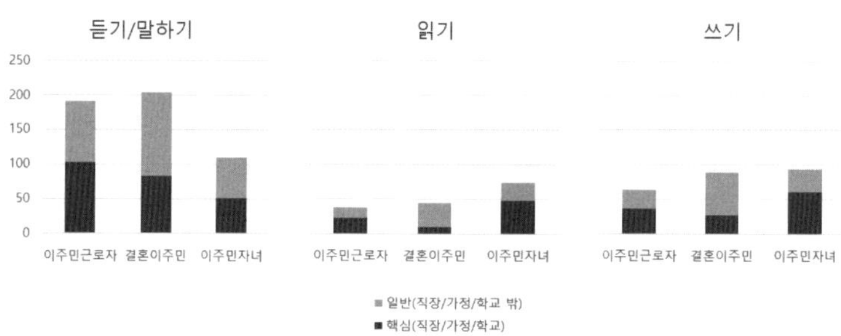

# Ⅳ. 이주민의 한국어 의사소통 문제 및 교육 방향

# Ⅳ. 이주민의 한국어 의사소통 문제 및 교육 방향

Ⅳ장에서는 다문화 시대 한국어 의사소통의 문제점과 그 해결을 위한 교육 방향에 관해 시사점을 얻기 위한 목적에서 추리통계 검증을 실시하였다. 추리통계 검증을 통해 밝히고자 한 구체적인 연구문제는 다음과 같다.

첫째, 이주민집단, 모어, 성별, 거주지역에서 서로 다른 집단 간에 '한국어 의사소통 능력' 및 '한국어 의사소통의 어려움'의 정도에 차이가 있는가?

둘째, 이주민집단이 한국어 의사소통의 어려움을 해소하기 위해 필요한 최소 학습기간은 어느 정도인가?

셋째, 한국어 의사소통 교육의 유형을 기능별(듣기 · 말하기 교육, 읽기 교육, 쓰기 교육)로 구별해 볼 때, 각 교육 유형별 수요는 어느 정도인가?

추리통계 검증에서는 총 728개 표본 중 공통문항 전체에서 결측이 없었던 463개의 표본을 사용하였다. 공통문항을 통해 측정된 변인 중, 추리통계에 사용된 변인은 '성별', '모어', '거주지역', '한국 거주기간'(이하, 거주기간), '한국어 학습기간'(이하, 학습기간), '한국어 의사소통 능력'(이

**표 36** 추리통계 검증에 사용된 변인 및 측정 문항들

| 변인명 | 척도 유형 | 측정 문항 수 | 설문지 내 측정 문항의 번호 |
|---|---|---|---|
| 성별 | 비연속 | 1개 | 1번 |
| 모어 | 비연속 | 1개 | 2번 |
| 거주지역 | 비연속 | 1개 | 5번 |
| 거주기간 | 연속 | 1개 | 6번 |
| 학습기간 | 연속 | 1개 | 7번 |
| 능력 | 연속 | 4개 | 8-①번, 8-②번, 8-③번, 8-④번 |
| 어려움 | 연속 | 10개 | 16-①번, 16-②번, 16-③번, 16-④번, 16-⑤번, 16-⑥번, 16-⑦번, 16-⑧번, 16-⑨번, 16-⑩번 |

하, 능력), '한국어 의사소통의 어려움'(이하, 어려움)등의 총 7가지이다. 이 중에서 '능력'과 '어려움' 변인은 각각 4개, 10개의 하위문항으로 측정된 결과의 평균값을 최종 변인값으로 사용하였다.

## 1. 집단 간 차이

'이주민집단', '모어', '성별', '거주지역' 각각의 집단변인에서 서로 다른 집단 간에 '능력' 및 '어려움'의 정도에서 차이가 존재하는지를 검증하기 위해, 4개 집단 변인을 독립변인으로 삼고, '능력'과 '어려움'을 각각 종속변인으로 삼으며, '능력'과 '어려움'에 영향력을 끼칠 것으로 예상되는 '거주기간'을 공변인으로 삼는 공분산분석(ANOCVA)을 실시하였다.[1] 검정 결과 해석 시 사회과학에서 일반적으로 채택하는 1종 오류 5% 미만($\alpha$=.05)

의 유의수준을 준거로 삼았다.

하나의 집단변인 내에서 세분되는 서로 다른 집단에 속한 표본들은, 표집 당시 서로 완전히 독립적인 경로로 표집된 까닭에 독립성 가정을 충족하고 있다고 할 수 있다. 한편, 서로 다른 집단 중 일부에서 정규성 가정이 충족되지 않는 경우도 존재하였으나, 중심극한정리에 따라 표본수가 충분히 많은 집단의 경우 정규성 가정을 위배하지 않는 것으로 간주하였으며, 집단의 표본이 30 미만으로 지극히 소표본일 경우에는 Sapiro-Wilk 검정 방법으로 정규성 가정을 검토하였다. 또한 모든 공분산분석 시 Levene의 검정 방법으로 등분산 가정이 충족되는지를 검토하였다.

공분산분석 실시 전 확인한 각 집단별 기술통계 요약치('능력' 및 '어려움'의 평균과 표준편차)는 '표 37'과 같다.

---

1) '거주기간'과 '능력'의 상관은 .619로 정적으로 유의하였으며(p=.000), '거주기간'과 '어려움'의 상관은 –.518로 부적으로 유의하게(p=.000) 나타났다. '학습기간'과 '능력', '학습기간'과 '어려움'의 상관 또한 유의하였으나, 상관 정도가 각각 .614, –.504로 조금씩 더 낮게 나타나 '거주기간'이 상대적으로 공변인으로서 더 적합한 것으로 판단하였다. 한편, '거주기간'과 '학습기간'의 상관은 .702(p=.000)으로 나타났다.

표 37 분산분석 기술통계 요약

| 변인명 | 집단 | 사례수 | 능력 | | 어려움 | |
|---|---|---|---|---|---|---|
| | | | 평균 | 표준편차 | 평균 | 표준편차 |
| 이주민집단 (N=461) | 이주민근로자 | 133 | 2.82 | 1.07 | 2.85 | 0.92 |
| | 결혼이주민 | 132 | 2.91 | 1.01 | 2.81 | 1.03 |
| | 이주민자녀 | 198 | 3.92 | 1.16 | 1.86 | 0.95 |
| 성별 (N=461) | 남성 | 155 | 3.23 | 1.31 | 2.39 | 1.09 |
| | 여성 | 308 | 3.36 | 1.15 | 2.42 | 1.07 |
| 모어 (N=395) | 한국어 | 111 | 4.55 | 0.85 | 1.50 | 0.89 |
| | 중국어 | 108 | 3.13 | 1.16 | 2.50 | 1.11 |
| | 베트남 어 | 67 | 2.84 | 0.76 | 2.85 | 0.83 |
| | 러시아 어 | 48 | 2.66 | 0.95 | 2.78 | 0.99 |
| | 타갈로그 어 | 45 | 2.75 | 1.01 | 2.88 | 0.80 |
| | 영어 | 20 | 3.25 | 0.95 | 2.90 | 0.61 |
| | 일본어 | 12 | 3.10 | 1.13 | 2.59 | 0.89 |
| | 캄보디아 어 | 10 | 2.13 | 0.79 | 2.10 | 0.71 |
| | 우즈베크 어 | 5 | 2.20 | 1.15 | 3.66 | 1.21 |
| | 몽골 어 | 5 | 3.05 | 1.02 | 1.98 | 0.98 |
| | 태국어 | 4 | 3.75 | 1.50 | 2.85 | 0.85 |
| | 인도네시아 어 | 2 | 2.63 | 0.53 | 3.00 | 0.00 |
| | 카자흐 어 | 1 | 2.50 | | 3.20 | |
| | 키르기스 어 | 1 | 3.75 | | 2.40 | |
| | 기타 | 24 | 3.06 | 0.98 | 2.71 | 0.98 |
| 거주지역 (N=461) | 서울 | 66 | 3.14 | 1.06 | 2.48 | 0.97 |
| | 인천 | 51 | 2.81 | 0.83 | 2.67 | 0.82 |
| | 대전 | 9 | 4.14 | 0.75 | 1.87 | 0.70 |
| | 대구 | 4 | 4.19 | 1.07 | 2.48 | 1.91 |
| | 광주 | 2 | 5.00 | 0.00 | 1.00 | 0.00 |
| | 울산 | 3 | 3.58 | 1.42 | 2.13 | 1.96 |
| | 부산 | 1 | 2.25 | | 3.40 | |
| | 강원 | 39 | 4.06 | 1.31 | 1.79 | 0.95 |
| | 경기 | 116 | 3.01 | 1.27 | 2.62 | 1.06 |
| | 충북 | 62 | 3.45 | 1.16 | 2.41 | 1.13 |
| | 충남 | 68 | 3.40 | 1.14 | 2.37 | 1.12 |
| | 경북 | 6 | 3.96 | 1.14 | 1.63 | 0.98 |
| | 경남 | 15 | 3.75 | 1.27 | 2.28 | 1.25 |
| | 전북 | 16 | 3.14 | 1.19 | 2.68 | 1.26 |
| | 전남 | 5 | 4.90 | 0.14 | 1.44 | 0.61 |

### 1) 이주민집단에 따른 차이

이주민집단 변인 즉, 이주민근로자, 결혼이주민, 이주민자녀 집단 간에 '능력'과 '어려움'에서 차이가 존재하는지를 검증하였다. 추리통계에서 사용한 463개 표본의 '능력' 평균은 이주민근로자가 2.82, 결혼이주민이 2.91, 이주민자녀가 3.92으로 나타났다. '어려움' 평균은 이주민근로자가 2.85, 결혼이주민이 2.81, 이주민자녀가 1.86으로 나타났다(표 37).

본서에서는 세 집단의 이질성을 최소화하기 위한 방안으로 각 피조사자들의 서로 다른 '거주 기간'을 통계적으로 0으로 조정하기 위해 공분산분석(ANCOVA)을 실시하였다. 공분산분석 시 독립변인은 '이주민집단', 종속변인은 '능력'과 '어려움'으로 일원배치 분산분석과 동일한 인과구조를 취하지만, 공변인으로 '거주 기간'이 추가되는 점이 다르다. 공분산분석을 시도했을 때 등분산 가정은 모두 충족되는 것으로 나타났다. ('능력': F=3.02, p=.050; '어려움': F=2.35, p=.097)

등분산 가정에 문제가 없음을 확인한 후 실시한 공분산분석의 결과는 다음과 같다.

#### (1) 한국어 의사소통 능력

한국어 의사소통 능력('능력')을 종속변인으로, '이주민집단'을 독립변인으로, '거주기간'을 공변인으로 삼는 공분산분석 결과 독립변인의 효과(F=42.61, p=.000)는 물론 공변인의 효과(F=233.45, p=.000) 또한 유의한 것으로 나타났다. 상대적인 효과 크기는 공변인이 독립변인보다 더 큰 것

**표 38** 공분산분석(ANCOVA) 결과[한국어 의사소통 능력~이주민집단]

| | 제곱합(Ⅲ-type) | 자유도 | 평균제곱 | $F$ | 유의확률 | 부분 에타 제곱 |
|---|---|---|---|---|---|---|
| 거주기간 | 184.87 | 1 | 184.87 | 233.45 | .000 | .337 |
| 이주민집단 | 67.49 | 2 | 33.75 | 42.61 | .000 | .157 |
| 오차 | 363.49 | 459 | .79 | | | |

**그림 33** 이주민집단 간 한국어 의사소통 능력 비교

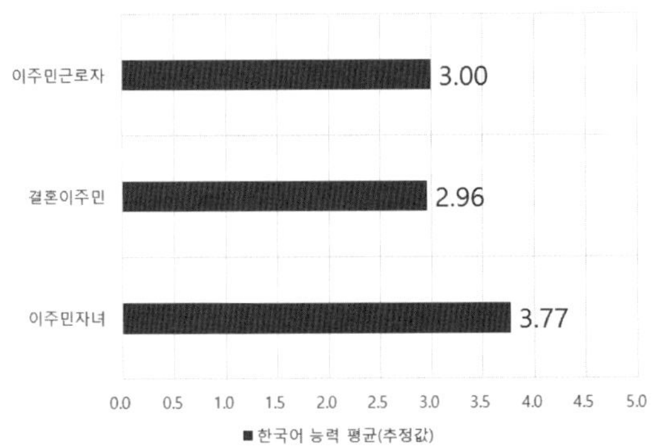


또한 확인할 수 있었다(표 38, 그림 33). 이러한 결과는 거주기간을 0으로 조정했을 때(즉, 이주민들이 모두 이제 막 한국에 거주하기 시작한 상황을 가정하는 효과가 있음)에도 이주민 세 집단 간의 '능력' 차이는 유의하다는 것을 의미한다.

구체적으로 이주민 세 집단 중 어떤 집단 간의 차이가 유의한지를 확인하기 위해 Bonferoni 방식으로 사후검정을 실시하였다. 사후검정 결과, 이주민근로자 집단과 결혼이주민 집단의 평균 차이는 유의하지 않은 반면(p=1.000), 이주민근로자와 이주민자녀의 평균 차이와 결혼이주민과

**표 39** 사후검정(Bonferroni) 결과[한국어 의사소통 능력~이주민집단]

| (J) 집단 / (I) 집단 | 결혼이주민 | | | 이주민자녀 | | |
|---|---|---|---|---|---|---|
| | 평균 차이 (I-J) | 표준오차 | 유의확률 | 평균 차이 (I-J) | 표준오차 | 유의확률 |
| 이주민근로자 | .049 | .110 | 1.000 | -.762 | .102 | .000 |
| 결혼이주민 | | | | -.811 | .101 | .000 |

이주민자녀의 평균 차이는 유의한 것으로 나타났다.(p<.001) 이러한 결과는 이주민자녀의 경우 이주민근로자나 결혼이주민에 비해 한국어능력을 스스로 높게 인식하고 있는 반면, 이주민근로자와 결혼이주민의 한국어 능력 인식에서는 차이가 없음을 의미한다.

### (2) 한국어 의사소통의 어려움

한국어 의사소통의 어려움('어려움')을 종속변인으로, '이주민집단'을 독립변인으로, '거주기간'을 공변인으로 삼는 공분산분석 결과 독립변인의 효과(F=45.41, p=.000)는 물론 공변인의 효과(F=113.05, p=.000) 또한 유의한 것으로 나타났다(표 40, 그림 34). 상대적 효과 크기는 공변인이 독립변인보다 더 큰 것 또한 확인할 수 있었다. 이러한 결과는 거주기간을 0으로 조정했을 때(즉, 이주민들이 모두 이제 막 한국에 거주하기 시작한 상황을 가정하는 효과가 있음)에도 이주민 세 집단 간의 '어려움' 차이는 유의하다는 것을 의미한다.

구체적으로 이주민 세 집단 중 어떤 집단 간의 차이가 유의한지를 확인하기 위해 Bonferoni 방식으로 사후검정을 실시하였다. 사후검정 결과,

**표 40** 공분산분석(ANCOVA) 결과[한국어 의사소통의 어려움~이주민집단]

| | 제곱합(Ⅲ-type) | 자유도 | 평균제곱 | *F* | 유의확률 | 부분 에타 제곱 |
|---|---|---|---|---|---|---|
| 한국거주기간(연) | 85.01 | 1 | 85.01 | 113.05 | .000 | .198 |
| 이주민집단 | 68.29 | 2 | 34.15 | 45.41 | .000 | .165 |
| 오차 | 345.16 | 459 | .75 | | | |

**그림 34** 이주민집단 간 한국어 의사소통의 어려움 비교

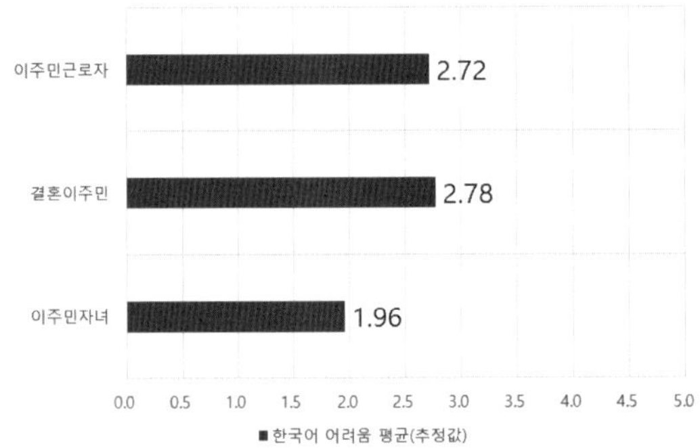


이주민근로자 집단과 결혼이주민 집단의 평균 차이는 유의하지 않은 반면(p=1.000), 이주민근로자와 이주민자녀의 평균 차이와 결혼이주민과 이주민자녀의 평균 차이는 유의한 것으로 나타났다.(p<.001) 이러한 결과는 이주민자녀의 경우 이주민근로자나 결혼이주민에 비해 한국어 의사소통에서 어려움을 덜 느끼고 있는 반면, 이주민근로자와 결혼이주민의 어려움 인식에서는 차이가 없음을 의미한다.

이상의 결과를 종합해 볼 때, 이주민 세 집단 중 이주민자녀는 이주민근로자나 결혼이주민에 비해 한국어 의사소통 능력이 높은 반면 한국어

표 41 사후검정(Bonferroni) 결과[한국어 의사소통의 어려움~이주민집단]

| (J) 집단 / (I) 집단 | 결혼이주민 | | | 이주민자녀 | | |
|---|---|---|---|---|---|---|
| | 평균차이(I–J) | 표준오차 | 유의확률 | 평균차이(I–J) | 표준오차 | 유의확률 |
| 이주민근로자 | –.056 | .107 | 1.000 | .763 | .099 | .000 |
| 결혼이주민 | | | | .819 | .098 | .000 |

의사소통에서의 어려움은 덜 느끼는 것을 알 수 있다. 한편, 이주민근로자와 결혼이주민 간에는 능력과 어려움 두 가지 측면 모두에서 차이가 없음을 알 수 있다.

이러한 실태가 나타나게 된 까닭은 여러 가지로 추정 가능하다. 가령, 미성년인 이주민자녀는 학교와 가정이라는 비교적 조력적인 환경을 중심으로 의사소통을 하게 되는 반면, 성인인 이주민근로자나 결혼이주민은 본격적인 사회생활 속에서 의사소통을 해야 하기에, 의사소통의 어려움을 느끼는 정도에 차이가 날 수 있다. 그러나 능력 인식에서 나타난 차이까지 고려해 본다면, 미성년인 이주민자녀는 성인인 이주민근로자나 결혼이주민에 비해 언어 학습 속도가 빨라 거주기간이 동일한 상황에서 더 높은 의사소통 능력을 지니고 따라서 의사소통에서의 어려움을 덜 느낀다는 해석이 더 타당할 것으로 보인다. 그러나 이러한 추정은 본서에서 수집한 자료만으로 확증하기에는 한계가 있으므로, 추후 보다 정교한 연구와 해석이 이루어져야 할 것이다.

### 2) 성별에 따른 차이

이주민을 성별에 따라 분류하였을 때 남성과 여성 집단 간에 '능력'과 '어려움'에서 차이가 존재하는지를 검증하였다. 추리통계에서 사용한 463개 표본에서 '능력' 평균은 남성이 3.23(1.31), 여성이 3.36(1.15)으로 나타났다. '어려움' 평균(표준편차)은 남성이 2.39(1.09), 여성이 2.42(1.07)로 나타났다(표 37).

독립변인을 '성별'로, 종속변인을 '능력'과 '어려움'으로, 공변인을 '거주기간'으로 하는 공분산분석을 시도하였다. 공분산분석에서 남성과 여성 집단 간 등분산 가정은 '능력'과 '어려움' 모두 충족되는 것으로 나타났다.('능력': F=.86, p=.355; '어려움': F=.00, p=.975)

등분산 가정에 문제가 없음을 확인한 후 실시한 공분산분석의 결과는 다음과 같다.

#### (1) 한국어 의사소통 능력

한국어 의사소통 능력('능력')을 종속변인으로, '성별'을 독립변인으로, '거주기간'을 공변인으로 삼는 공분산분석 결과 공변량의 효과는 유의한

**표 42** 공분산분석(ANCOVA) 결과[한국어 의사소통 능력~성별]

| | 제곱합(Ⅲ-type) | 자유도 | 평균제곱 | *F* | 유의확률 | 부분 에타 제곱 |
|---|---|---|---|---|---|---|
| 거주기간 | 241.27 | 1 | 241.27 | 257.72 | .000 | .359 |
| 성별 | .34 | 1 | .34 | .36 | .55 | .001 |
| 오차 | 430.65 | 460 | .94 | | | |

그림 35 성별 집단 간 한국어 의사소통 능력 비교

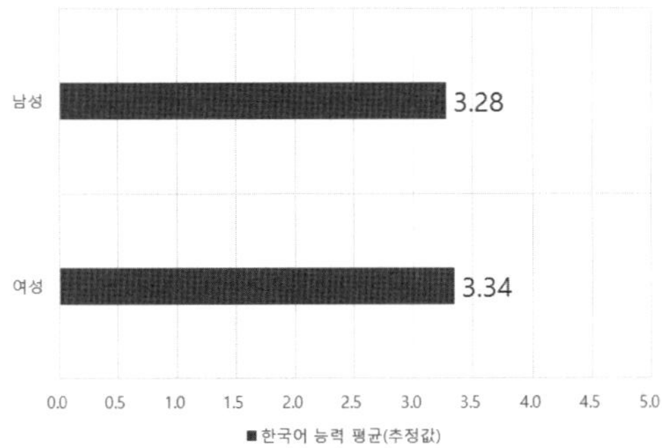


반면(F=257.72, p=.000), 독립변인의 효과는 유의하지 않은 것으로 나타났다(F=0.36, p=.55)(표 42, 그림 35). 이러한 결과는 남성과 여성 집단 간에는 거주기간을 0으로 조정했을 때(즉, 이주민들이 모두 한국에 이제 막 거주하기 시작한 상황을 가정하는 효과가 있음)에도 '능력' 차이가 유의하지 않음을 의미한다.

### (2) 한국어 의사소통의 어려움

한국어 의사소통의 어려움('어려움')을 종속변인으로, '성별'을 독립변인으로, '거주기간'을 공변인으로 삼는 공분산분석 결과 공변인의 효과는 유의한 반면(F=138.19, p=.000), 독립변인의 효과는 유의하지 않은 것으로 나타났다(F=.92, p=.339)(표 43, 그림 36). 이러한 결과는 남성과 여성 집단 간에는 거주기간을 0으로 조정했을 때(즉, 이주민들이 모두 이제 막 한국에 거주하기 시작한 상황을 가정하는 효과가 있음)에도 '어려움' 차이가 유의하지 않음을 의미한다.

**표 43** 공분산분석(ANCOVA) 결과[한국어 의사소통의 어려움~성별]

| | 제곱합(Ⅲ-type) | 자유도 | 평균제곱 | $F$ | 유의확률 | 부분 에타 제곱 |
|---|---|---|---|---|---|---|
| 거주기간 | 123.96 | 1 | 123.96 | 138.19 | .000 | .231 |
| 성별 | .82 | 1 | .82 | .92 | .339 | .002 |
| 오차 | 412.64 | 460 | .90 | | | |

**그림 36** 성별 집단 간 한국어 의사소통의 어려움 비교

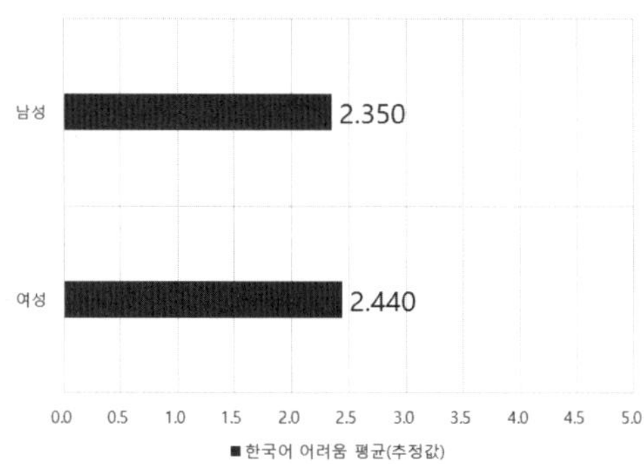


### 3) 모어에 따른 차이

이주민을 '모어'에 따라 분류하였을 때 이들 모어 집단 간에 '능력'과 '어려움'에서 차이가 존재하는지를 검증하였다. 추리통계에서 사용한 461개 표본을 모어 집단별로 구별했을 때 표본 수가 매우 적은 집단들이 존재하는 까닭에, 먼저 Sapiro-Wilk 검정을 통해 정규성 가정을 검토하였다. 그 결과 '능력'과 '어려움' 변인 모두에서 정규성 가정이 충족되는 집단은 '베

트남 어'(N=67), '러시아 어'(N=48), 일본어'(N=12), '캄보디아 어'(N=10), '우즈베크 어'(N=5), '몽골 어'(N=5), '태국어'(N=4)의 7개 집단이었다.

각 집단의 '능력' 평균(표준편차)은 '베트남 어'가 2.84(0.76), '러시아 어'가 2.66(0.95), '일본어'가 3.10(1.13), '캄보디아 어'가 2.13(0.79), '우즈베크 어'가 2.20(1.15), '몽골 어'가 3.05(1.02), '태국어'가 3.75(1.50)으로 나타났다.(표 37 참고) '어려움' 평균(표준편차)은 '베트남 어'가 2.85(0.83),'러시아 어'가 2.78(0.99), '일본어'가 2.59(0.89), '캄보디아 어'가 2.10(0.71), '우즈베크 어'가 3.66(1.21), '몽골 어'가 1.98(0.98), '태국어'가 2.85(0.85)로 나타났다.(표 37 참고)

독립변인은 '모어', 종속변인은 '능력'과 '어려움', 공변인을 '거주기간'으로 하는 공분산분석을 시도했을 때 위 집단 간의 등분산 가정은 모두 충족되는 것으로 나타났다.('능력': F=.89, p=.505; '어려움': F=1.33, p=.246)

등분산 가정에 문제가 없음을 확인한 후 실시한 공분산분석의 결과는 다음과 같다.[2]

### (1) 한국어 의사소통 능력

한국어 의사소통 능력('능력')을 종속변인으로, '모어'를 독립변인으로, '거주기간'을 공변인으로 삼는 공분산분석 결과 공변인의 효과는 유의한

---

2) 표집된 모어 전체를 비교하기 위해 일원배치 분산분석에 상응하는 비모수 검정 방법인 Kruskal-Wallis 검정을 실시한 결과는 '능력'과 '어려움' 모두에서 유의한 차이가 있는 것으로 나타났다. Mann-Whitney 검정으로 사후 검증을 실시하되, 유의수준을 Bonferoni 방식($\alpha/[k(k-1)/2]$ , $k$는 집단수)으로 보정하여 $\alpha=.001$ 수준으로 설정하여 확인한 결과, '능력'과 '어려움' 모두에서 한국어 모어 집단이 다른 집단들과 유의한 차이가 있는 것으로 나타났다. 그 밖의 모어 집단 간에는 유의한 차이가 발견되지 않았다.

**표 44** 공분산분석(ANCOVA) 결과[한국어 의사소통 능력~모어]

| | 제곱합(Ⅲ-type) | 자유도 | 평균제곱 | *F* | 유의확률 | 부분 에타 제곱 |
|---|---|---|---|---|---|---|
| 거주기간 | 15.59 | 1 | 15.59 | 22.07 | .000 | .134 |
| 모어 | 5.20 | 6 | .87 | 1.23 | .296 | .049 |
| 오차 | 101.01 | 143 | .71 | | | |

**그림 37** 모어 집단 간 한국어 의사소통 능력 비교

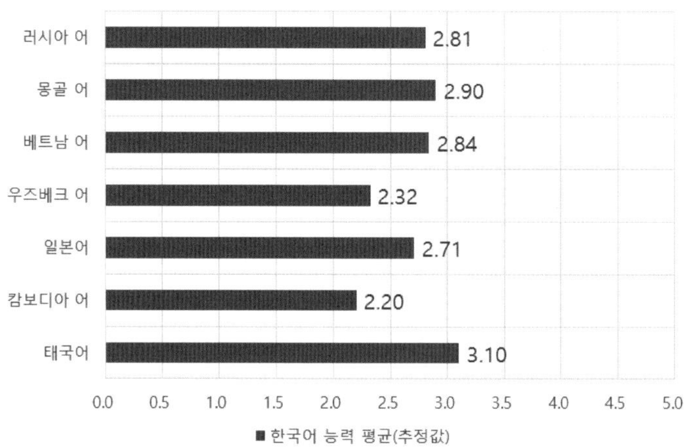


반면(F=22.07, p=.000), 독립변인의 효과는 유의하지 않은 것으로 나타났다(F=1.23, p=.296)(표 44, 그림 37). 이러한 결과는 '모어' 변인으로 포함된 '베트남 어', '러시아 어', '일본어', '캄보디아 어', '우즈베크 어', '몽골 어', '태국어' 집단 간에는 거주기간을 0으로 조정했을 때(즉, 이주민들이 모두 이제 막 한국에 거주하기 시작한 상황을 가정하는 효과가 있음)에 '능력' 차이가 유의하지 않음을 의미한다.

### (2) 한국어 의사소통의 어려움

한국어 의사소통의 어려움('어려움')을 종속변인으로, '모어'를 독립변인으로, '거주기간'을 공변인으로 삼는 공분산분석 결과 공변인의 효과가 유의할 뿐만 아니라(F=8.87, p=.003), 독립변인의 효과도 유의한 것으로 나타났다(F=2.73, p=.015)(표 45, 그림 38). 이러한 결과는 '모어' 변인으로 포함된 '러시아 어', '인도네시아 어', '캄보디아 어', '우즈베크 어', '몽골어', '일본어' 집단 간에는 거주기간을 0으로 조정했을 때(즉, 이주민들이 모두 이제 막 한국에 거주하기 시작한 상황을 가정하는 효과가 있음)에 '어려움' 차이가 유의함을 의미한다.

**표 45** 공분산분석(ANCOVA) 결과[한국어 의사소통의 어려움~모어]

| | 제곱합(Ⅲ-type) | 자유도 | 평균제곱 | *F* | 유의확률 | 부분 에타 제곱 |
|---|---|---|---|---|---|---|
| 거주기간 | 6.82 | 1 | 6.82 | 8.87 | .003 | .058 |
| 모어 | 12.59 | 6 | 2.10 | 2.73 | .015 | .103 |
| 오차 | 110.07 | 143 | .77 | | | |

**그림 38** 모어 집단 간 한국어 의사소통의 어려움 비교

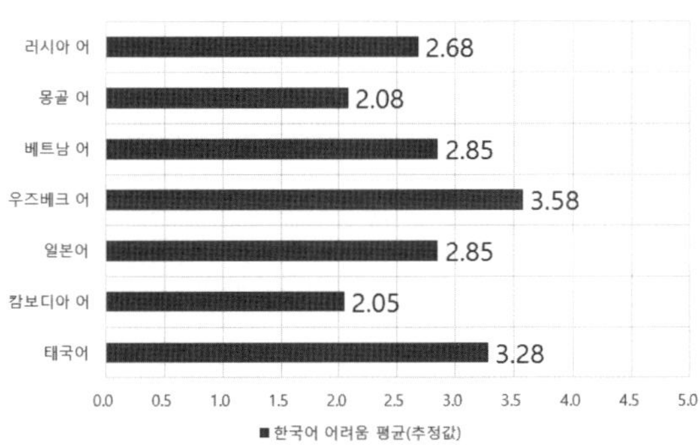

구체적으로 모어 집단들 중 어떤 집단 간의 차이가 유의한지를 확인하기 위해 Bonferoni 방식으로 사후검정을 실시하였다. 사후검정 결과, 우즈베크 어와 캄보디아 어의 차이만이 유의한 것으로 나타났다(p=.038). 그러나 이보다 더 주목할 만한 것은 이를 제외한 모든 모어 간 차이가 유의하지 않았다는 것이다.

#### 4) 거주지역에 따른 차이

이주민을 '거주지역'에 따라 분류하였을 때 이들 거주지역 집단 간에 '능력'과 '어려움'에서 차이가 존재하는지를 검증하였다. 추리통계에서 사용한 461개 표본을 거주지역 집단별로 구별했을 때 표본 수가 매우 적은 집단들이 존재하는 까닭에, 먼저 Sapiro-Wilk 검정을 통해 정규성 가정을 검토하였다. 그 결과 '능력'과 '어려움' 변인에서는 '서울'(N=66), '대전'(N=9), '대구'(N=4), 경남'(N=15), '전북'(N=16)의 5개 집단이 정규성 가정을 충족하는 것으로 나타났다.

각 집단의 '능력' 평균(표준편차)은 '서울'이 3.14(1.06), '대전'이 4.14(0.75), '대구'가 4.19(1.07), '경남'이 3.75(1.27), '전북'이 3.14(1.19)로 나타났다. '어려움' 평균(표준편차)은 '서울'이 2.48(0.97), '대전'이 1.87(0.70), '대구'가 2.48(1.91), '경남'이 2.28(1.25), '전북'이 2.68(1.26)로 나타났다(표 37).

독립변인을 '거주지역'으로, 종속변인을 '능력'과 '어려움'으로, 공변인을 '거주기간'으로 하는 공분산분석을 시도했을 때 위 집단들 간의 등분산 가정은 모두 충족되는 것으로 나타났다.('능력': F=.80, p=.527; '어려

움': F=2.24, p=.070)

등분산 가정에 문제가 없음을 확인한 후 실시한 공분산분석의 결과는 다음과 같다.

### (1) 한국어 의사소통 능력

한국어 의사소통 능력('능력')을 종속변인으로, '거주지역'을 독립변인으로, '거주기간'을 공변인으로 삼는 공분산분석 결과 공변량의 효과는 물론이고(F=29.25, p=.000), 독립변인의 효과도 유의한 것으로 나타났다(F=3.38, p=.012)(표 46, 그림 39). 이러한 결과는 '거주지역' 변인으로 포함된 '서울', '대전', '대구', '경남', '전북' 집단 간에는 거주기간을 0으로 조정했을 때(즉, 이주민들이 모두 이제 막 한국에 거주하기 시작한 상황을 가정하는 효과가 있음)에 '능력' 차이가 유의함을 의미한다.

구체적으로 '거주지역'의 5개 집단 중 어떤 집단 간의 차이가 유의한지를 확인하기 위해 Bonferoni 방식으로 사후검정을 실시하였다. 사후검정 결과, 서울과 대전, 대전과 전북 간의 차이가 유의한 것으로 나타났다.(p<.05) 이러한 결과가 나타난 까닭은 대전 지역에 거주하는 이주민들의 추정 능력은 상대적으로 높은 반면에(대전 평균 4.28), 서울, 전북 지역의 이주민의 추정 능력은 상대적으로 낮은 것으로 나타났기 때문이다.(서울 평균 3.29, 전북 평균 2.85) 그러나 높은 능력 인식을 보인 대전 지역 표본이 매우 적었던 까닭에(N=9), 이러한 결과를 신뢰할 수 있을지에 대해서는 좀 더 정밀한 검토가 필요할 것으로 보인다. 오히려 대전 지역을 제외할 경우 나머지 지역 간에서는 유의한 차이가 나타나지 않는다는 점

**표 46** 공분산분석(ANCOVA) 결과[한국어 의사소통 능력~거주지역]

| | 제곱합(Ⅲ-type) | 자유도 | 평균제곱 | $F$ | 유의확률 | 부분 에타 제곱 |
|---|---|---|---|---|---|---|
| 거주기간 | 27.40 | 1 | 27.40 | 29.25 | .000 | .220 |
| 거주지역 | 12.68 | 4 | 3.17 | 3.38 | .012 | .115 |
| 오차 | 97.42 | 104 | .94 | | | |

**그림 39** 거주지역 집단 간 한국어 의사소통 능력 비교

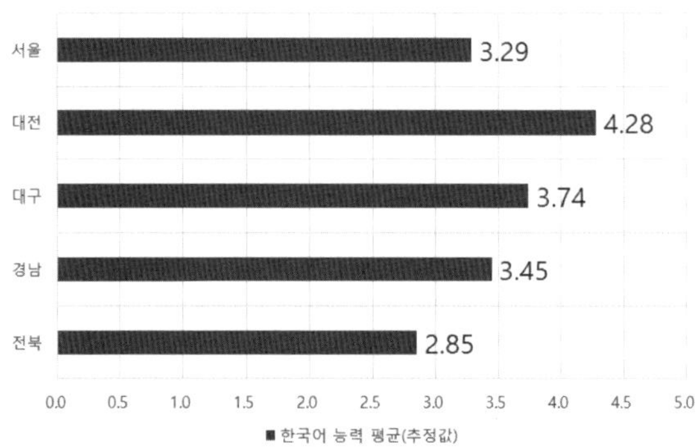


에 비추어 볼 때, 전반적으로 '거주지역'에 따른 '능력' 차이는 없는 것으로 해석하는 것이 보다 타당할 것으로 보인다.

### (2) 한국어 의사소통의 어려움

한국어 의사소통의 어려움('어려움')을 종속변인으로, '거주지역'을 독립변인으로, '거주기간'을 공변인으로 삼는 공분산분석 결과 공변인의 효과는 유의한 반면(F=23.24, p=.000), 독립변인의 효과는 유의하지 않은 것으로 나타났다(F=2.36, p=.058)(표 47, 그림 40). 이러한 결과는 '거주지역'

**표 47** 공분산분석(ANCOVA) 결과[한국어 의사소통의 어려움~거주지역]

| | 제곱합(Ⅲ-type) | 자유도 | 평균제곱 | $F$ | 유의확률 | 부분 에타 제곱 |
|---|---|---|---|---|---|---|
| 거주기간 | 22.16 | 1 | 22.16 | 23.24 | .000 | .183 |
| 거주지역 | 9.01 | 4 | 2.25 | 2.36 | .058 | .083 |
| 오차 | 99.17 | 104 | .95 | | | |

**그림 40** 모어 집단 간 한국어 의사소통 능력 비교

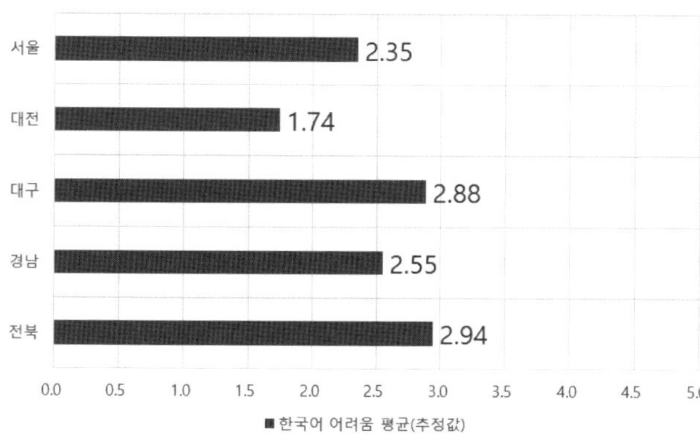


변인으로 포함된 '서울', '대전', '대구', '경남', '전북' 집단 간에는 거주기간을 0으로 조정했을 때(즉, 이주민들이 모두 이제 막 한국에 거주하기 시작한 상황을 가정하는 효과가 있음)에 '어려움' 차이가 유의하지 않음을 의미한다.

## 2. 한국어 의사소통 어려움의 요인, 경로 모형 및 어려움 해소를 위해 필요한 학습 기간[3)]

이주민의 한국어 의사소통 어려움(이하, '어려움')에 어떤 변인들이 어떤 경로로 영향을 미치는지를 설명하는 모형을 구축하고, 이러한 모형에 입각하여 이주민의 어려움 해소를 위해 필요한 학습 기간이 어느 정도인지를 도출하고자 하였다. 선행 논의들에 대한 검토를 바탕으로 본서에서는 이주민의 어려움에 영향을 미칠 수 있는 변인으로 '이주민집단', '성

**표 48** 변인 간 Pearson 상관계수

| | 성별 | 거주기간 | 학습기간 | 능력 |
|---|---|---|---|---|
| 한국거주기간 | .050 | | | |
| 한국어학습기간 | .015 | .664** | | |
| 한국어능력인식 | .052 | .600** | .590** | |
| 한국어어려움인식 | .015 | −.479** | −.464** | −.688** |

*p<.05, **p<.01, ***p<.001

**표 49** 변인 간 다연(polyserial) 상관계수

| | 거주기간 | 학습기간 | 능력 | 어려움 |
|---|---|---|---|---|
| 이주민집단 | .250* | .491* | .448* | .446* |

*p<.05, **p<.01, ***p<.001

---

3) 본 절의 내용은 민병곤 외(2016)의 내용을 본서의 체제에 맞게 수정한 것이다. 단행본 출판을 위해 자료를 재검토하는 과정에서 애초 제시된 이주민근로자와 결혼이주민의 최소 학습 기간을 수정해야 할 필요가 있음이 확인되어(1.29년 → 2.38년) 본서에서는 이를 수정하여 제시하였다.

별', 한국 거주 기간(이하, '거주기간'), 한국어 학습 기간(이하, '학습기간'), 한국어 의사소통 능력(이하, '능력')의 5가지를 가정하였다. 가정된 5가지 변인들과 '어려움' 간의 상관 정도는 '표 48'과 '표 49'에서 확인할 수 있다.

분석 방법으로는 먼저, 경로 모형 도출을 위해서 Hayes(2013)의 조건적 과정 분석의 방법을 사용하였고, 다음으로 어려움 해소에 필요한 학습 기간 도출을 위해서는 모형에서 얻은 경로 모형식을 수학적으로 해석하였다.

### 1) 한국어 의사소통 어려움에 영향을 미치는 요인과 그 경로 모형

최종 반응변인으로 삼은 '어려움'이 다른 5개 변인들과 어떤 관계를 이루고 있는지를 탐색하고자 앞서 제시한 상관분석 이외에도 중다회귀분석, 구조방정식 분석 등을 실시하였다. 그러나 단순한 경로만 분석할 수 있는 중다회귀분석으로는 본서에서 수집한 변인들의 복잡한 관계를 충분히 밝혀내기 어려웠으며, 소표본의 한계로 인해 구조방정식 분석으로도 적합한 모형이 산출되지 않았다.

이에 부트스트랩(Bootstrap)을 통해 모수 가정의 충족 여부와 상관없이 매개변인, 조절변인 등이 개입하는 복잡한 경로 관계를 한꺼번에 검증해 주는 Hayes(2013)의 여러 모형들을 탐색적으로 적용하였다. 그 결과, 8모형(Hayes, 2013: 371-384, 425, 470)이 변인들의 관계를 가장 잘 설명함을 확인할 수 있었다. 연구자들이 8모형에 입각하여 초기에 설정한 가

그림 41 초기 경로 가설

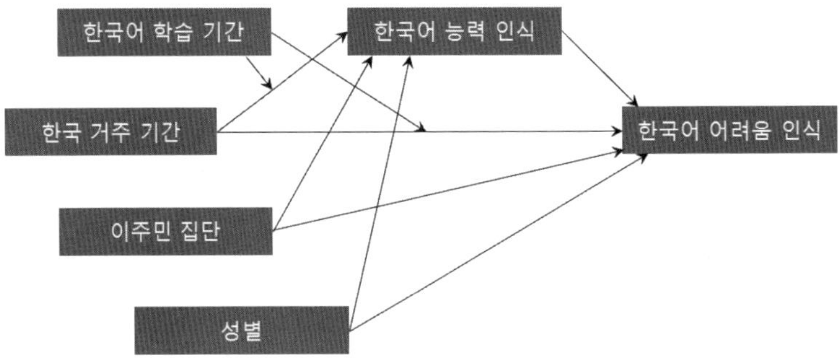


설은 '그림 41'과 같다.

8모형의 분석 틀에 수집한 모든 변인을 투입하여 분석한 결과 아래 가정된 경로 중 일부를 제외한 대부분의 경로가 '표 50'에서와 같이 $p<.05$ 수준에서 유의함을 확인하였다. 유의하지 않은 것으로 나타난 경로들은 가변인(dummy variable)[4]으로 처리한 '이주민집단(1)'과 '성별'이 '능력'과 '어려움'에 미치는 총 4가지의 영향 경로였다.

---

4) '이주민집단'의 경우 가변인 '이주민집단(1)'과 '이주민집단(2)'를 사용하여 코딩 후 투입하였다. 가변인의 코딩 방식은 다음과 같다.

| 이주민집단 \ 가변인 | 이주민집단(1) | 이주민집단(2) |
|---|---|---|
| 이주민근로자 | 0 | 0 |
| 결혼이주민 | 1 | 0 |
| 이주민자녀 | 0 | 1 |

따라서 '이주민집단(1)'은 이주민근로자와 결혼이주민의 차이를, '이주민집단(2)'는 이주민근로자와 이주민자녀의 차이를 의미한다.

**표 50** 초기 경로 가설(직접경로+간접경로)의 검증 결과

| 설명변인 | 반응변인 | | | | | |
|---|---|---|---|---|---|---|
| | 한국어 능력 인식 | | | 한국어 어려움 인식 | | |
| | 계수 | SE | p | 계수 | SE | p |
| (상수) | 1.772 | .157 | .000 | 4.422 | .156 | .000 |
| 능력 | – | – | – | –.433 | .041 | .000 |
| 거주기간 | .115 | .012 | .000 | –.049 | .011 | .000 |
| 학습기간 | .219 | .042 | .000 | –.098 | .038 | .010 |
| 거주기간*학습기간 | –.013 | .003 | .000 | .008 | .003 | .003 |
| 이주민집단(1) | –.003 | .121 | .981 | –.151 | .107 | .157 |
| 이주민집단(2) | .782 | .107 | .000 | –.615 | .100 | .000 |
| 성별 | .102 | .094 | .277 | .069 | .083 | .406 |
| | $R^2$=.539<br>$F$(6, 454)=88.573, p<.001 | | | $R^2$=.562<br>$F$(7, 453)=82.971, p<.001 | | |

**표 51** 수정된 경로 가설(직접경로+간접경로)의 검증 결과

| 설명변인 | 반응변인 | | | | | |
|---|---|---|---|---|---|---|
| | 한국어 능력 인식 | | | 한국어 어려움 인식 | | |
| | 계수 | SE | p | 계수 | SE | p |
| (상수) | 1.933 | .080 | .000 | 4.472 | .107 | .000 |
| 능력 | – | – | – | –.432 | .041 | .000 |
| 거주기간 | .116 | .012 | .000 | –.051 | .011 | .000 |
| 학습기간 | .225 | .041 | .000 | –.105 | .037 | .005 |
| 거주*학습 기간 | –.013 | .003 | .000 | .009 | .003 | .001 |
| 이주민집단(2) | .761 | .088 | .000 | –.546 | .084 | .000 |
| | $R^2$=.538<br>$F$(4, 456)=132.642, p<.001 | | | $R^2$=.560<br>$F$(5, 455)=.115.737, p<.001 | | |

그림 42 수정된 경로 가설(최종 경로 모형)

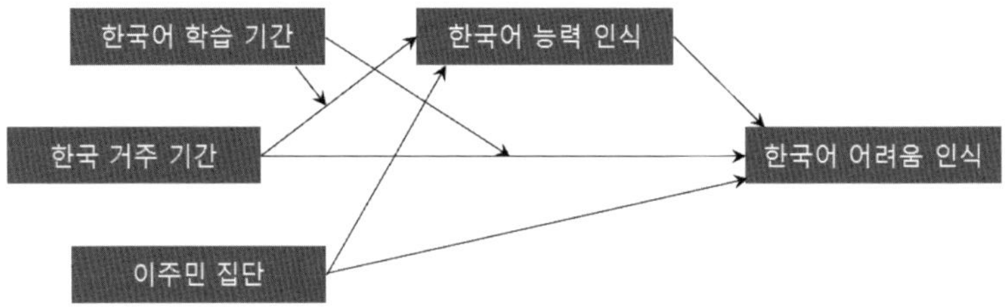


따라서 '성별'과 가변인 '이주민집단(1)'을 제외한 수정된 모형 가설을 '그림 42'와 같이 구성하고 다시금 Hayes(2013)의 8모형 틀로 분석하였다. 그 결과 '표 51'과 같이 모형에 포함된 모든 경로가 p<.05 수준에서 유의함을 확인하였다. 이에 수정된 모형 가설을 최종 경로 모형으로 채택할 수 있었다.

위 최종 경로 모형에 따르면, '거주기간'과 '이주민집단'은 각각 설명변인과 공변인으로서 '어려움'에 직접적으로 영향을 미치거나 '능력'을 매개로 간접적인 영향을 미친다는 점을 알 수 있다. 공변인으로 작용하는 '이주민집단'의 경우 '표 51'에서 볼 수 있는 바와 같이 이주민근로자와 결혼이주민의 차이는 유의하지 않은 반면, '표 50'과 '표 51'에서 확인 가능한 바와 같이 이주민근로자와 이주민자녀의 차이는 초기 모형과 최종 모형 모두에서 유의한 것을 알 수 있다. 한편, '학습기간'은 설명변인인 '거주기간'의 직접적 영향 경로에서 조절 변인으로 작용하기도 하고 매개 변인을 통한 간접적 영향 경로에서 '능력'과 함께 조절된 매개 변인으로서 작용하기도 함을 알 수 있다.

### 2) 한국어 의사소통 어려움 해소를 위해 필요한 학습 기간

앞서 얻은 최종 경로 모형에 포함된 다양한 변인들 중, 이주민의 한국어 어려움 해소를 위해 한국어 교육 종사자들이 통제할 수 있는 유일한 변인은 '학습기간'일 것이다. 다시 말해, 이주민을 위한 한국어 교육 지원 정책 담당자들이나 실제 이주민을 교육하는 한국어 교육자들이 이주민이 한국어 의사소통에서 느끼는 어려움을 해소시키기 위해 도움을 줄 수 있는 측면은 본서의 최종 모형 속에서는 '학습'이 유일하다고 할 수 있다. 이에 최종 모형에서 얻은 모형식을 수학적으로 해석하고, 이주민들이 느끼는 어려움을 '보통이다' 혹은 '별로 어렵지 않다' 수준으로 낮추기 위해 필요한 학습 기간이 어느 정도인지를 산출하였다. '표 51'에서 제시된 최종 모형의 계수들을 방정식으로 표현하면 다음과 같다. 간략한 표현을 위해 각 변인명을 알파벳 기호로 대체하여 표현하였다.[5)]

(1) $A=1.933+0.116R+0.225L-0.013RL+0.761G$

(2) $D=4.472-0.432A-0.051R-0.105L+0.009RL-0.546G$

위 두 방정식에서 (1)은 매개변인인 '능력'을 반응변인으로 하는 간접 경로 모형의 방정식이고, (2)는 최종 반응변인인 '어려움'을 반응변인으로

5) 모형식을 나타내기 위해 사용된 기호가 가리키는 변인들은 다음과 같다. $A$: 능력, $D$: 어려움, $G$: 이주민집단(2), $L$: 학습기간, $R$: 거주기간

하는 직접 경로 모형의 방정식에 해당한다. 이상의 두 식은 동시 검정되어 도출된 것이므로 이를 합성하더라도 각 변인의 효과 크기가 왜곡되지는 않는다. 따라서 (1)과 (2)를 합성하면 다음 (3)과 같은 식을 도출할 수 있다.

(3) $D=3.637-0.101R-0.202L+0.015RL-0.875G$

(3)에서 이주민자녀와 이주민근로자(그리고 결혼이주민)의 차이를 의미하는 가변인 $G$에 0을 대입한 결과는 이주민근로자(그리고 결혼이주민)의 한국어 어려움 인식을, 1을 대입한 결과는 이주민자녀의 한국어 어려움 인식을 설명하는 식이라 할 수 있다. 따라서 각각의 식은 다시 (4), (5)와 같이 나타낼 수 있다.

(4) $D=3.637-0.101R-0.202L+0.015RL$ (이주민근로자, 결혼이주민)

(5) $D=2.762-0.101R-0.202L+0.015RL$ (이주민자녀)

(4)와 (5)의 식은 이주민들의 한국어 어려움 인식($D$)을 그들의 한국어 학습 기간($R$)과 한국 거주 기간($L$)이라는 자연적 변인들만으로 설명해주는 장점이 있다. 위 두 식이 나타내는 경향성을 해석하기 위해, 본서에서는 ①이주민들이 한국에 거주하지 않은 채 한국어를 학습만 하는 상황($L$=0), ②한국에 거주하기는 하나 한국어 학습을 위한 시간을 전혀 할애하지 않는 상황($R$=0), ③한국에 거주하며 동 기간 내내 한국어를 꾸준히

학습하는 상황($L=R$)의 총 세 가지 상황을 가정하였다. 각 상황에서 앞서 제시한 (4)와 (5)의 방정식은 다시 아래의 (6)~(8)과 같이 단순화될 수 있다.

(6) $D=3.637-0.101L$(상황① | 이주민근로자, 결혼이주민)

$D=2.762-0.101L$(상황① | 이주민자녀)

(7) $D=3.637-0.202R$ (상황② | 이주민근로자 및 결혼이주민)

$D=2.762-0.202R$ (상황② | 이주민자녀)

(8) $D=3.637-0.303R+0.015R^2$ (상황③ | 이주민근로자, 결혼이주민)

$D=2.762-0.303R+0.015R^2$ (상황③ | 이주민자녀)

위 (6)~(8)의 식에서 '어려움'($D$)이 '보통이다'(3)와 '별로 어렵지 않다'(2) 수준에 이르기 위해서 '학습기간'($R$) 혹은 '거주기간'($L$)이 얼마나 소요되는지를 계산하면 '표 52'와 같다. 실제 한국에 거주하는 이주민들의 상황이 거주만 하는 경우(상황②)와 거주 기간 내내 꾸준히 학습을 하는 경우(상황③)의 양 극단 가운데 어느 지점이라고 볼 때, 성인인 이주민근로자나 결혼이주민은 한국어 학습에 시간을 할애하는 정도에 따라 최소 2.38년에서 최대 3.15년 사이에 '보통이다' 수준의 어려움에 도달하는 것으로 추정된다. 한편, '별로 어렵지 않다' 수준에 도달하기까지 이주민자녀는 최소 2.94년에서 최대 3.77년이 걸리며 이주민근로자와 결혼이주민은 도달이 어려운 것으로 추정된다.

**표 52** 한국어 의사소통 어려움 해소에 필요한 학습기간

| | 어려움 수준 | 학습 | 거주 | 학습+거주 |
|---|---|---|---|---|
| 이주민근로자, 결혼이주민 | 보통이다 | 6.31년 | 3.15년 | 2.38년 |
| | 별로 어렵지 않다 | 16.21년 | 8.10년 | – |
| 이주민자녀 | 보통이다 | – | – | – |
| | 별로 어렵지 않다 | 7.54년 | 3.77년 | 2.94년 |

그런데 한 가지 흥미로운 점은 거주와 학습이 동시에 이루어지는 상황(상황③)을 가정할 경우, 이주민의 한국어 의사소통 어려움 변화 추이가 단순한 직선 형태가 아닌, U자형 곡선 형태를 보인다는 점이다. 즉, 아래의 '그림 43'과 같이 이주민의 한국어 어려움 인식이 전환점인 10.1년 이전까지는 거주 및 학습 기간의 증가에 따라 점차 해소되다가, 10.1년을 지나면서부터는 점차 다시 높아진다는 것이다.[6] 비록 '그림 46'이 학습 기간과 거주 기간이 동일하다는 극단적 가정에 바탕을 둔 상황에서 도출된 것이기는 하나, 이주민의 대다수가 거주와 함께 일정 정도의 학습을 하고 있는 상황이라고 한다면, 거주 기간에 비해 학습 기간이 짧다하더라도 학습의 조절 효과는 똑같이 나타날 것이고, 따라서 이들의 어려움 변화 추이는 '그림 43'과 유사한 형태를 보이게 될 것으로 짐작된다.

6) 논의의 간결성을 위해 미리 밝히지 않았으나, '표 52'에서 제시된 '학습/거주' 상황에서의 어려움 해소에 필요한 학습 기간은 전환점인 10.1년 이전까지만을 고려하여 산출한 것이다.

**그림 43** 학습/거주 기간에 따른 한국어 어려움 인식 변화 추이

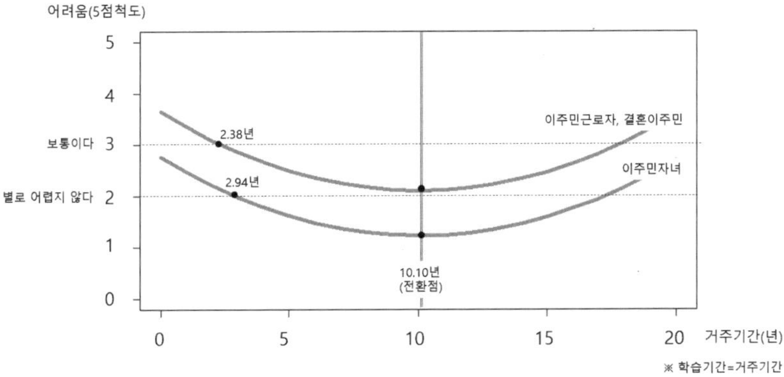


위 그림처럼 일정 기간이 지난 이후에 한국어 어려움 인식이 다시 증가하는 패턴을 보이게 된 것은 단순히 본서에서 통계적으로 가정된 2차 방정식이 지닌 단순성에서 비롯한 것일 수 있다. 즉, 고려한 변인들 외에도 더 많은 설명변인들을 포함하는 모형을 도출함으로써 3차 이상의 방정식으로 해당 현상을 설명할 필요가 있음을 시사하는 것일 수 있다는 것이다. 또 다른 가능성으로는 이주민의 한국어 수준이 일정 기간이 지나 모어 화자 수준에 근접하게 되면서 어려움 인식의 준거점이 제2언어 사용자의 관점이 아니라 모어 사용자가 지니는 준거점으로 달라지고 이에 따라 실제로 어려움이 다시 커지기 때문일 수도 있다. 그러나 횡단적으로 수집한 한정된 수의 변인 정보만으로는 전환점 이후의 패턴에 관하여 더 이상 상세히 논의하기에는 한계가 있을 것으로 보인다. 이에 관하여는 향후 종단적 연구나 추가적인 변인 탐색을 통한 연구가 이루어지기를 기대한다.

## 3. 한국어 의사소통 교육 유형별 수요

배우고 싶은 의사소통 교육 분야를 고르도록 요청한 문항(복수응답 허용)의 응답 결과는 이주민근로자, 결혼이주민, 이주민자녀 세 집단별로 다음과 같이 나타났다. 이주민근로자의 경우 핵심 의사소통 상황의 듣기/말하기와 일반 의사소통 상황에서의 듣기/말하기의 응답 비율이 가장 높았다. 상황 구별 없이 기능별로 볼 때 듣기/말하기65.4%, 읽기 13.0%, 쓰기 21.5%로 듣기/말하기 교육의 수요가 압도적으로 많음을 알 수 있었다. 결혼이주민의 경우도 이주민근로자와 마찬가지로 핵심 의사소통 상황에서의 듣기/말하기와 일반 의사소통 상황에서의 듣기/말하기의 응답 비율이 가장 높았다. 상황 구별 없이 기능별로 볼 때 듣기/말하기 60.4%, 읽기 13.4%, 쓰기 26.3%로 듣기/말하기 교육의 수요가 압도적으로 많음을 알 수 있었다. 반면, 이주민자녀의 경우, 한국어 의사소통 교육 유형별 수요 응답 분포가 대체로 큰 차이 없이 고르게 나타난 가운데, 핵심 의사소통 상황에서는 쓰기, 일반 의사소통 상황에서는 듣기/말하기의 응답 비율이 상대적으로 높게 나타났다. 상황 구별 없이 기능별로 볼 때 듣기/말하기 39.3%, 읽기 26.7%, 쓰기 33.9%로 듣기/말하기 교육의 수요가 근소한 차이로 가장 높게 나타났다.

이상에서 이주민 집단별로 한국어 의사소통 교육 유형별 수요를 살펴볼 때, 상황별(핵심 의사소통 상황, 일반 의사소통 상황)로 유형을 나눌 때보다는, 기능별(듣기/말하기, 읽기, 쓰기)로 유형을 나누었을 때 그 차

**표 53** 한국어 의사소통 교육 유형별 수요 분포

| | | 이주민근로자 | | 결혼이주민 | | 이주민자녀 | |
|---|---|---|---|---|---|---|---|
| | | 인원 | 비율 | 인원 | 비율 | 인원 | 비율 |
| 핵심 의사소통 상황 | 듣기/말하기 | 103 | 35.3 | 83 | 24.6 | 51 | 18.4 |
| | 읽기 | 23 | 7.9 | 10 | 3.0 | 48 | 17.3 |
| | 쓰기 | 36 | 12.3 | 27 | 8.0 | 61 | 22.0 |
| 일반 의사소통 상황 | 듣기/말하기 | 88 | 30.1 | 121 | 35.8 | 58 | 20.9 |
| | 읽기 | 15 | 5.1 | 35 | 10.4 | 26 | 9.4 |
| | 쓰기 | 27 | 9.2 | 62 | 18.3 | 33 | 11.9 |
| 계 | | 292 | 100 | 338 | 100 | 277 | 100 |

이가 더 명확하다는 점을 확인할 수 있었다. 이에 듣기/말하기, 읽기, 쓰기 각각의 교육 수요를 예측할 수 있게 하는 영향 요인이 무엇인지 탐색하기 위해 이항로지스틱 회귀분석을 실시하였다. 독립변인으로는 앞선 경로 모형에서도 사용되었던 '이주민집단', '능력', '학습기간', '거주기간', '어려움'을 고려하였다.

듣기 · 말하기, 읽기, 쓰기 각각의 교육 수요와 5가지 독립변인 간 이변량 상관을 점검한 결과, 듣기 · 말하기 교육 수요는 5가지 변인 모두와 정적 혹은 부적 상관을 지닌 것으로 나타난 반면, 읽기와 쓰기 교육 수요는 5가지 변인 모두와 유의한 상관을 지니지 않은 것으로 나타났다. 이에 유일하게 영향 요인을 지닐 것으로 예상되는 듣기/말하기 교육 수요에 대한 이항로지스틱 회귀분석을 실시하였다. 변인 투입 방식은 전진 선택을 사용하였다. 분석 결과는 '표 54'와 같다.

**표 54** 이항 로지스틱 회귀분석 결과[듣기 · 말하기 교육 수요 예측 모형]

| 모형 | | 비표준화 계수 | | Wald | *df* | *p* | Exp(*B*) | Nagelkerk $R^2$ |
|---|---|---|---|---|---|---|---|---|
| | | *B* | SD | | | | | |
| 1 | 거주기간 | −.195 | .023 | 73.446 | 1 | .000 | .823 | .239 |
| | 상수항 | 1.240 | .169 | 53.696 | 1 | .000 | 3.455 | |
| 2 | 능력 | −.351 | .108 | 10.596 | 1 | .001 | .704 | .264 |
| | 거주기간 | −.147 | .026 | 30.779 | 1 | .000 | .864 | |
| | 상수항 | 2.100 | .322 | 42.450 | 1 | .000 | 8.168 | |
| 3 | 능력 | −.271 | .112 | 5.818 | 1 | .016 | .762 | .276 |
| | 학습기간 | −.100 | .044 | 5.189 | 1 | .023 | .905 | |
| | 거주기간 | −.112 | .029 | 14.678 | 1 | .000 | .894 | |
| | 상수항 | 1.926 | .328 | 34.464 | 1 | .000 | 6.862 | |

위 최종 모형(3단계)을 보면, '능력', '학습기간', '거주기간'이 부적으로 듣기 · 말하기 교육의 선택에 영향을 미친 것으로 확인되었다. 즉 한국어 능력이 낮고, 한국 거주기간 및 한국어 학습기간이 짧은 이들일수록 듣기 · 말하기 교육 수요가 높을 것으로 예상할 수 있다.

## 4. 이주민의 한국어 의사소통 어려움 및 그 해소 방안에 관한 논의

1~3절에서 소개한 세 가지 통계적 검증으로 다음과 같은 결론을 얻을 수 있었다. 첫째, 이주민 세 집단 중 이주민근로자와 결혼이주민은 이주민자녀에 비해 한국어 의사소통과 관련하여 능력은 낮게 어려움은 높게 인식하는 경향을 보였다. 반면 한국어 의사소통 능력 및 어려움 인식에서 성별, 모어, 거주지역에 따른 차이는 거의 없는 것으로 나타났다. 둘째, 이주민 세 집단이 한국어 의사소통에서 인식하는 어려움을 '보통이다' 수준으로 낮추기 위해서 이주민근로자와 결혼이주민은 약 2년 5개월이 필요하고, '별로 어렵지 않다' 수준으로 낮추기 위해서 이주민자녀는 2년 11개월이 필요함을 알 수 있었다. 셋째, 한국어 의사소통 교육의 유형을 듣기 · 말하기 교육, 읽기 교육, 쓰기 교육의 세 가지로 대별해 볼 때, 이주민에게서는 듣기 · 말하기 교육의 수요가 절대적으로 높은 것으로 나타났으며, 그 수요는 한국어 능력이 낮고, 한국 거주기간이나 한국어 학습기간이 짧은 이들일수록 더 높아지는 것으로 나타났다. 본 절에서는 이상의 세 가지 결과에 대한 논의와 질적 해석을 제시하고자 한다. 타당한 논의와 해석을 위해 제2언어(L2) 및 한국어 교육에 관한 선행 논의들과 본서의 설문조사에 참여한 이들 중 일부를 대상으로 한 인터뷰 결과 중 일부를 근거로 활용할 것이다.

### 1) 이주민집단 간 한국어 의사소통 능력 및 어려움 차이

이전에도 이주민집단 중 결혼이주민을 대상으로 한국어 의사소통 능력을 조사한 연구들은 있었지만(윤령인, 2012; 이지현 외, 2013; 전혜정 외, 2009) 이들 연구에서는 한국어 의사소통의 어려움에 관한 인식 조사는 이루어지지 않았으며, 더구나 이주민근로자, 결혼이주민, 이주민자녀의 세 집단을 함께 조사하여 비교한 선행연구는 확인하기가 어렵다. 결혼이주민을 대상으로 한 선행 조사 연구들과 본서에서 조사한 결과는 '표 55'에서 비교할 수 있다. 선행 연구들에서 조사된 결혼이민자들의 한국어 의사소통 능력 수준과 본서에서 조사된 수준이 거의 차이가 없음을 확인할 수 있다. 이 같은 결과는 본서에서 이주민 세 집단을 대상으로 조사한 한국어 의사소통 능력과 더 나아가 한국어 의사소통의 어려움이 비교적 신뢰롭고 타당하게 측정되었음을 짐작케 한다.

본서에서는 이주민 세 집단이 인식하는 한국어 의사소통 능력과 한국어 의사소통의 어려움을 단순 비교하지 않고, 한국에 거주한 기간을 매개변인으로 삼는 공분산 분석을 통해, 세 집단 구성원이 모두 한국에 거주하지 않은 상태에서의 능력과 어려움 추정치를 산출하여 이에 차이가 있는지를 비교하였다. 그 결과, 이주민근로자와 결혼이주민 사이에는 능력과 어려움 모두에서 유의한 차이가 없었으나, 이주민자녀는 이주민근로자나 결혼이주민 각각에 비해 유의하게 높은 능력과 낮은 어려움을 지니고 있음을 확인했다.

**표 55** 결혼이주민의 한국어 의사소통 능력 인식 조사 결과 비교

| | N | 듣기 | 말하기 | 읽기 | 쓰기 | 전체 |
|---|---|---|---|---|---|---|
| 윤령인(2012) | 100 | 2.95 (1.02) | 3.01 (1.16) | 2.92 (1.01) | 2.96 (1.08) | |
| 이지현 외(2013) | 260 | 2.87 (0.87) | 2.80 (0.86) | 3.06 (0.90) | 2.85 (0.94) | 2.89 (0.79) |
| 전혜정 외(2009) | 143 | | | | | 3.06 (0.87) |
| 본 연구 | 191 | 3.05 (1.13) | 2.86 (1.11) | 3.08 (1.06) | 2.71 (1.05) | 2.93 (0.98) |

이러한 결과는 성인 이주민이 미성년 이주민에 비해 한국어 능력과 더 낮게 인식하고 어려움에 대한 인식 정도는 더 높았음을 최초로 확인한 것으로서, 향후 반복적 연구를 통해 확증될 필요가 있을 것이다.

### 2) 한국어 의사소통의 어려움 해소를 위해 필요한 학습 기간

한국어 의사소통의 어려움 해소를 위해 필요한 학습 기간이 이주민 집단에 따라 서로 상이하게 나타나는 까닭 또한 매우 복잡한 것으로 보인다. 여기에는 적어도 이주민 세 집단이 지닌 능력 및 어려움의 차이, 세 집단 각각이 목표하는 한국어 능력 수준의 차이, 현재 이루어지고 있는 한국어 학습 강도의 차이, 한국어 학습을 시작한 연령의 차이 등이 관여할 것으로 짐작된다.

첫째, 이주민 세 집단이 지닌 능력 및 어려움 인식의 차이가 어떻게 나타나는지에 관해서는 앞 절에서 상세하게 논의하였다. 이주민근로자나 결혼이주민은 이주민자녀에 비해 애초에 한국어 의사소통 능력이 낮고 따라서 한국어로 의사소통할 때 느끼는 어려움이 더 큰 상태에서 학습이 시작된다. 따라서 이주민자녀보다 결혼이주민과 이주민근로자가 오랜 학습 기간을 필요로 하는 첫 번째 원인은 출발점에서 능력 및 어려움 인식이 다른 점을 꼽아 볼 수 있다.

둘째, 이주민 세 집단이 목표하는 한국어 능력과 어려움의 수준 차이 또한 이들에게서 필요한 학습 기간의 차이를 가져왔을 수 있다. 본서에서는 한국어 능력을 피조사자 스스로가 생각하는 한국어 듣기, 말하기, 읽기, 쓰기 능력을 조사 · 측정하였다. 마찬가지로 한국어 의사소통에서의 어려움 또한 이주민이 일상적으로 겪을 수 있는 10가지 한국어 의사소통의 상황에서 느끼는 어려움을 자가 보고식으로 응답하게 함으로써 측정하였다. 비록 이주민 세 집단의 모든 피험자에게 동일한 문항을 제시하여 측정한 것이기는 하지만, 자가 보고식 응답 과정에서 세 집단이 생각하는 한국어 능력 및 어려움의 목표 수준 차이가 암묵적으로 반영되었을 가능성을 배제하기가 어렵다. 즉, 성인인 이주민근로자나 결혼이주민은 미성년인 이주민자녀에 비해 더 높은 수준의 능력 및 낮은 수준의 어려움을 목표로 삼고 있을 수 있으며, 따라서 현재 자신의 능력을 상대적으로 낮게, 자신이 겪는 어려움을 상대적으로 높게 인식했을 가능성이 있다. 이처럼 세 집단이 생각하는 한국어 의사소통의 목표점의 차이가 이들에게서 필요한 학습 기간이 차이를 보이게 만들었을 가능성이 있다.

셋째, 현재 이루어지고 있는 한국어 학습의 강도가 세 집단에게서 차이를 보이고 이로 인해 세 집단에서 필요한 학습 기간이 다르게 나타났을 가능성이 있다. 이주민근로자와 결혼이주민의 경우 성인의 일반적인 제2언어 학습 방식처럼 주 1~4회 각 1~3시간 정도의 강도로 이루어지는 것으로 보인다. 다음에 제시된 이주민근로자 A, C 및 결혼이주민 A, B, C의 인터뷰 내용을 살펴보면, 이주민근로자 A는 주당 4회 각 3시간씩, 이주민근로자 C는 주당 2~4회 각 2시간 30분씩, 결혼이주민 A는 주당 2회 각 1시간 30분씩, 결혼이주민 B는 주당 1~2회 각 1시간씩, 결혼이주민 C는 주당 2~4회 각 3시간씩 학습이 이루어졌음을 보고하고 있다.

> Q: 어느 기관에 찾아가서 공부하신 건가요?
> A: 한국이주노동자복지회.
> Q: 거기서 주당 일주일에 몇 번씩?
> A: 일주일에 월 화 수 목 4일.
> Q: 몇 시간을 공부하신거에요?
> A: 하루 3시간.
>
> [이주민근로자 A의 인터뷰 중]

> Q: 그러면 2015년 4월 부터는요. 일주일에 몇 번 배우셨어요?
> A: 그때는 일주일에 두 번씩 시작했는데 중간에도 다른 수업 있으면 네 번씩도 들어본 적 있어요.
> Q: 두 번도 하고 네 번도 하고.
> A: 네 번도 해본 적 있어요.
> Q: 한 번 할 때 두 시간이 기본...?

A: 두 시간 반 정도.

[이주민근로자 C의 인터뷰 중]

Q: 1년 반 동안 일주일에 몇 번 정도 몇 시간 정도씩 공부...

A: 일주일에 두 번. 한 번에 한 시간 반이요.

Q: 한 번에 한 시간 반씩, 두 번, 주 2회 정도, 1년 반가량,

[결혼이주민 A의 인터뷰 중]

Q: 삼사 개월 쯤 되셨고, 일주일에 몇 번 정도?

A: 일주일에 한두 번 정도.

Q: 한두 번? 원래 두 번까지 가능한가요?

A: 네.

Q: 한번 가시면 몇 시간 계셨어요?

A: 한 시간에 수업 시간 할 때도 있구요, 거의 그냥 한 시간 정도.

[결혼이주민 B의 인터뷰 중]

Q: 세 군데서 배우신거죠? 배우실 때 기간은 어느 정도?

A: 2년 반 정돈데 지금도 계속 좀 배우고 있어요.

Q: 2년 반 정도 배우셨고 지금도 계속 배우시고 계신 거군요. 배우시는 기간 중에 1주일에 몇 회 정도, 한 번에 몇 시간 정도 배우셨어요?

A: 처음에는 1주일에 2번 3시간, 그리고 중간 정도는 세달 다녔으니까 거의 매일 매일을, 아니 1주일에 4번 3시간.

[결혼이주민 C의 인터뷰 중]

반면 이주민자녀의 경우 대부분이 일반적인 한국의 초 · 중등학교에서

한국어로 이루어지는 다양한 교과 수업을 통해 학습하면서 자연스러운 몰입식 한국어 의사소통 교육이 이루어지게 된다. 중도입국한지 얼마 되지 않아 한국어로 된 수업을 따라가기 어려운 학생일 경우에는 단기간에 한국어 능력을 끌어올려야 하기 때문에 한국어 학습을 위해 상당히 많은 시간을 들이는 것으로 확인되었다. 가령, 다음에 제시된 이주민자녀 B는 한국 학교에 다니고 있는 현재에도 시청에서 운영하는 한국어 강좌에서 주당 2회 각 5시간씩을, 이주민자녀 C는 한국 학교에 입학하기 전 주당 5회 각 3~4시간씩 한국어를 학습하였음을 보고하고 있다.

Q: 오. 시청에서도 한국어를 공부해요? 지금 공부해요? 일주일에 몇 번 시청에 가요?
A: 두 번.
Q: 두 번 가요? 몇 시간 동안 공부해요?
A: 한 시간. 이따 다섯 시간.

[이주민자녀 B의 인터뷰 중]

Q: 어, 일주일에 몇 번 공부했어요?
A: 일주일에 다섯 번이요.
Q: 월화수목금?
A: 네.
Q: 몇 시간 공부했어요?
A: 음, 한 네 시간 세 시간 정도.
Q: 세 시간에서 네 시간 정도요?
A: 네.

[이주민자녀 C의 인터뷰 중]

이처럼, 한국어 학습에 많은 시간을 투자할 수 있고 그럴 수 있는 여건을 갖춘 이주민자녀의 경우, 한국어 학습에 집중적으로 시간을 투자할 수 없는 이주민근로자나 결혼이주민에 비해 같은 기간 동안 보다 집중적이고 강도 높은 학습이 이루어질 수 있다. 따라서 이와 같은 한국어 학습 강도의 차이가 이주민 세 집단이 한국어 의사소통의 어려움 해소를 위해 필요한 학습 기간에 차이를 발생시킬 가능성이 있다.

넷째, 이주민 세 집단이 한국어 학습을 시작하는 연령의 차이로 인해 한국어 숙달에 드는 시간에 차이가 발생하고 이로 인해 필요한 학습 기간에 차이가 있을 수 있다. 언어 학습에서 어떤 결정적 시기가 존재한다는 소위 '결정적 시기 가설'에 대해 많은 연구자들이 동의하고 있다. 가령, Lamendella(1977)에 따르면, 아동의 "미숙한 신경언어학적 체계"가 그들의 L2 학습을 촉진한다고 하며, Lenneberg(1967)는 성인이 신경학적으로 결정적인 시기가 지나 학습을 시작하게 되면 L2를 불완전하게 학습하게 된다고 말한다. 특히 발음과 관련하여서는 L2 학습이 시작되는 연령이 높을수록 L2 발음이 온전한 모어 화자의 발음처럼 변하기 어렵다는 점을 확인한 수많은 연구들이 존재한다(Asher & Garcia, 1969; Fathman, 1975; Flege, 1987; Patkowski, 1980; Oyama, 1976). 몇몇 연구자들(Lenneberg, 1967; Scovel, 1969, 1988)은 이러한 결정적 시기가 약 12세경이라고 보고하기도 하였다. 이러한 '결정적 시기 가설'을 따른다면, 똑같은 강도로 똑같은 시간을 학습하더라도, 그 연령이 12세 전후의 이주민자녀 집단이 30세 전후의 이주민근로자나 결혼이주민보다 언어 습득 속도가 더 빠를 것이고, 따라서 한국어 의사소통에서의 어려움 해소를 위해 필요한 학습 기간이 그만큼 더 짧은 것으로 나타났을 가능성이 있다.

이상에서 논의한 바와 같이 이주민 세 집단에게서 한국어 의사소통의 어려움 해소를 위해 필요한 학습 기간의 차이가 나타난 이유는 첫째, 출발점으로서의 한국어 능력 및 어려움의 차이, 둘째, 한국어 능력 및 어려움 목표 수준의 차이, 셋째, 현재 이루어지고 있는 한국어 학습 강도의 차이, 넷째, 한국어 학습이 시작되는 연령 시기의 차이의 네 가지를 들 수 있다. 본서에서는 이상의 네 가지가 원인으로 작용하였을 가능성만을 제기하였을 뿐, 이를 원인으로 확증할 수는 없다. 이에 관하여는 활발한 후속 연구와 논의가 이루어지기를 기대한다.

### 3) 이주민들의 듣기 · 말하기 교육에 대한 절대적 수요

이주민 세 집단 모두 한국어 듣기 · 말하기 교육에 대한 요구가 가장 많았고, 특히 이주민근로자와 결혼이주민의 수요는 각각 65.4%, 60.4%를 차지할 만큼 듣기 · 말하기 교육에 대한 수요가 절대적인 것으로 나타났다. 3절에 제시된 이항 로지스틱 회귀분석 결과를 볼 때, 이주민의 듣기 · 말하기 교육 수요는 한국어 의사소통에서 느끼는 어려움이 높은 이들일수록 듣기 · 말하기 교육을 더 원하는 것으로 나타났으며, 한국에 거주한 기간이 짧고, 한국어 학습 기간이 짧은 이들일수록 그 수요가 더 높은 것으로 나타났다. 이상의 결과를 종합해 볼 때, 듣기 · 말하기 교육은 이주민이 한국에 거주하기 시작하는 초창기에 한국어 의사소통의 어려움을 해소하기 위해 가장 필요한 교육 유형이라는 결론을 내릴 수 있다.

이주민이 실질적으로 한국어 의사소통 교육 중 특히 듣기 · 말하기 교육을 왜 필요로 하는지에 관한 단서들을 이들과의 인터뷰를 통해 얻을 수 있었다. 가령, 본인을 TOPIK 3급에 합격했다고 소개한 결혼이주민 D는 듣기 · 말하기, 읽기, 쓰기의 셋 중 가장 어려운 의사소통의 유형을 쓰기라고 응답했지만, 본인에게 가장 필요한 의사소통 교육 유형은 말하기 교육이라고 응답하고 있다. 마찬가지로 한국 내에서 다문화센터 등을 통해 한국어 학습을 2년 반 이상 지속하여 한국어 회화가 어느 정도 유창한 결혼이주민 C 또한 쓰기가 가장 어렵지만 듣기 · 말하기 교육이 가장 필요하다고 응답하고 있다.

Q: 네. 그러면 한국어 교육에서 가장 필요한 한국어 교육의 종류가 어떤 것일까요? 아까처럼 듣기 · 말하기 교육, 읽기 교육, 쓰기 교육으로 나눠 생각하신다면 뭐가 가장 필요하세요?
A: 저는 말하기 교육.
Q: 어려운 건 쓰기인데, 필요한 건 말하기 교육이시라는거죠?
A: 말을 알지만 나오는 것이 잘 안돼서.
Q: 또 다른 말하기 교육이 필요하신 이유는 뭘까요. 쓰기와 비교하면?
A: 쓰기는 연습하면 되잖아요.
Q: 말하기는?
A: 말하기는 집에 남편이 없어서 말하기를...
Q: 평소에 한국인과 말하는 상황이 잘 없으시군요.
A: 네.
Q: 자신이 없어서 더 기회를 만들 수 없는 것도 있으시겠네요.

A: 네.

[결혼이주민 D의 인터뷰 중]

Q: 다음 질문으로 넘어가겠습니다. 한국어 의사소통에서 본인이 가장 어려워 하는 분야가 어딘지, 선택지를 드릴테니까 골라보세요. 1번 말하기 · 듣기 ,2번 읽기, 3번 쓰기. 셋 중에 고르시는 거에요.

A: 읽기하고 쓰기인 것  같아요.

(중략)

Q: 다음 질문으로 넘어가겠습니다. 그럼 현재 본인에게 가장 필요한 한국어 의사소통 교육의 종류가 무엇인가요.

A: 요즘에는 좀 다 거의 배우고 있어서 없어요. 근데 특히 요즘에 발음방을 듣고 있어요.

Q: 발음방?

A: 네 발음방. 다문화센터에서 하고 있어요. 그러니까 거기서 배우고 있으니까 배우면 될 것 같고요.

[결혼이주민 C의 인터뷰 중]

응답 내용을 종합해 볼 때, 듣기 · 말하기는 읽기나 쓰기보다 어려워서가 아니라, 다양한 이유로 실질적인 필요성을 지닌 의사소통 유형이기 때문에 교육 수요가 높게 나타났음을 짐작해 볼 수 있다. 결혼이주민 D처럼 한국에 거주한 지 얼마 되지 않고 한국어 회화가 서툰 이주민의 경우, 듣기 · 말하기 능력이 갖춰지지 않으면 한국인들과 접촉하여 한국어를 사용할 기회를 만들기 어렵고, 따라서 한국어 능력 또한 향상되기 어려운 악순환에 빠질 수 있다. 결혼이주민 C처럼 한국어 회화를 어느 정도 유창하게 할 수 있게 되었더라도 여전히 남아 있는 외국인 억양이나 강세를 벗어나 한국인처럼 자연스럽게 발음하기 위해서라도 듣기 · 말하기 교육은 계속 필요함을 알 수 있다.

그러나 읽기나 쓰기 교육의 수요도 다양한 이유로 존재하며, 이러한 요구 또한 충족될 필요가 있음을 인터뷰에서 확인할 수 있었다. 이주민근로자 B는 은행 등에서 서명해야 하는 계약서를 읽기 위해 자신에게 읽기 교육이 필요하다고 밝히고 있다. 이주민근로자 C는 혼자서 책을 읽으며 한국어 학습을 할 수 있기 위해서, 그리고 영화관에서 자막을 빠르게 읽기 위해서 읽기 교육을 받고 싶다고 밝히고 있다.

> Q: 그럼 직장 생활하는 데 한국어 교육을 해준다고 하면 어떤 걸 해주면 가장 좋을까요?
> A: 저희는 지금 한국에서는, 그냥 뭐, 은행에 가서도, 뭐, 이렇게 통장 만드려면은 계약서 써야 하잖아요? 그런데 거기 안에서는 무슨 말인지 저는 모르니까.
> Q: 아, 그쵸. 처음 보는 거니까.
> A: 그래서 뭐 그런 거는 배우면 좋겠어요. 일할 때도 계약서는 써야 되잖아요? 그런 단어를 배울 수 있으면 좋겠어요.
>
> [이주민근로자 B의 인터뷰 중]

> Q: 세 번째는 본인에게 가장 필요한 의사소통 교육의 종류. 쓰기를 더 공부하고 싶으신지, 한국어 중에서 이걸 더 배웠으면 좋겠다 이런거. 말하기, 쓰기? 아니면 책 읽는 것?

A: 저는 지금은 읽기요. 읽기 자주 하면 쓰기도 따라서 잘 할 수 있는 것 같아서.

Q: 읽기가 늘면 쓰기가 늘 것 같아서?

A: 네, 지금 기초 다 배웠기 때문에 읽기만 잘하면 한국 문화 더 이해 할 수 있고 책 많이 읽으면 쓰기도 따라오니까요.

Q: 읽기를 배우고 싶은 이유는 쓰기가 잘 될 것 같아서?

A: 이유는 그냥 한국어로 더 구체적으로 더 많이...

Q: 어느 때 한국어 읽기 더 했으면 좋겠다... 어떤 책이 읽고 싶었어요, 아님 어디에 갔는데 어떤 게 읽기 어려웠어요?

A: 처음에는 말할 때도 말할 수 있을 때도 읽기는 잘 못했어요. 만약에 영화관에 영화를 보러 갈 때 자막이 있다면 외국 영화 한국어 자막 있잖아요. 그래서 한국어 따라 잡을 수 없어요. 너무 빨라요.

[이주민근로자 C의 인터뷰 중]

쓰기의 수요는 초등학생 인터뷰 대상자에게서 유일하게 확인되었다. 쓰기 교육이 필요하다고 응답한 초등학교 5학년 학생인 이주민자녀 E는 여느 초등학생과 마찬가지로 단순히 글씨를 예쁘게 쓰기 위해 쓰기 교육을 받고 싶다고 말하였다.

Q: 그러면 우리 마지막 질문이에요. 자신에게 가장 필요한 국어 교육이 뭔지 생각해 볼까요? 아까 말했던 말하기 · 듣기, 읽기, 쓰기 중에서 나는 뭐를 더 배우고 싶다, 또는 어떻게 배우고 싶다. 혹시 생각나는 거 있어요?

(중략)

A: 저는 쓰기를 좀 배워야 할 것 같아요.

Q: 쓰기를요? 학교에서? 아님 집에서?

A: 집에서.

Q: 집에서 쓰기를 어떻게 배우면 좋겠어요?

A: 그냥 글씨도 예쁘게 쓸 수 있도록 했으면 좋겠어요.

Q: 글씨를 예쁘게 쓰는 게 어려워요?

A: 네.

[이주민자녀 E의 인터뷰 중]

결론적으로 이주민에게 가장 필요한 듣기 · 말하기 교육에 관하여서는 특히 그 수요가 높아지는 한국 입국 초기의 이주민이 자신들이 해당 교육을 받을 수 있도록 한국어 회화 교육에 초점을 두는 강좌가 수적으로 많이 마련될 필요가 있다. 이들을 대상으로 하는 교육기관에서는 한국어 회화 강좌를 양적으로 늘리는 한편, 질적으로는 이들이 실질적으로 필요로 하는 발음 교육 등이 잘 이루어질 수 있도록 교육 내용의 개선이 이루어질 필요가 있을 것이다. 현재 이주민을 대상으로 이루어지는 한국어 교육의 형태가 대부분 교재를 중심으로 한 읽기 및 쓰기 중심 수업인데 반해, 읽기 및 쓰기 교육의 수요는 상대적으로 적다는 점을 감안할 때, 읽기나 쓰기의 수요는 이미 충족되고 있을 것이라 짐작되지만 이 또한 이주민이 실질적으로 필요로 하는 계약서 읽기, 자막 읽기 등과 같은 능력이 향상될 수 있도록 교육 내용의 질적 개선이 이루어질 필요가 있다.

# V. 이주민의 한국어 의사소통 지원을 위한 정책적 제언

# V. 이주민의 한국어 의사소통 지원을 위한 정책적 제언

정책과정은 정책 의제 설정, 정책 결정, 정책 집행, 정책 평가 및 환류 등 4단계로 구분하여 볼 수 있다(권기헌, 2014: 390). 이주민의 한국어 의사소통 지원을 위한 언어 정책도 위의 단계로 나누어 생각해 볼 수 있다. 언어 정책이 실행되기 위해서는 문제가 되는 언어 상황이 정책 문제로서 채택되어야 한다. 언어 정책의 의제가 설정된 이후에는 이를 해결하기 위한 여러 정책 대안이 탐색된 후 특정한 언어 정책을 결정해야 한다. 그리고 결정된 정책이 집행되고 이에 대한 평가가 이루어져 정책의 수정 및 보완이 이루어져야 한다. 이와 같은 언어 정책의 수립 및 실행 과정을 중심으로 이 장에서는 지금까지의 논의를 바탕으로 이주민근로자, 결혼이주민, 이주민자녀의 한국어 의사소통을 효과적으로 지원하기 위한 정책적 제언을 제시한다.

## 1. 다문화 시대 언어 정책 목표의 구체화 및 세분화

### 1) 국내 다문화 언어 정책의 흐름

강현석 외(2013)는 우리나라의 다문화 정책을 정책 의제 형성기, 정책 태동기, 정책 성장기로 구분하였다. 정책의제 형성기는 1990년대로서, 1980년대 말부터 국내에 들어오기 시작한 이주민근로자가 1990년대 산업 연수생 제도 도입을 계기로 상당히 증가하면서, 여러 사회 문제가 발생하기 시작한 시기이다. 이주민에 대한 사회적 관심이 모아지는 시기였지만 정부의 대처는 소극적인 시기였다. 따라서 이주민에 대한 정책적 논의가 공론화되지 못하였고, 정책 의제 또한 형성되지 못한 시기였다.

정책 태동기는 2000년대 초중반으로 우리 사회가 다문화 사회로 접어들면서 발생하는 사회 문제에 정부가 적극적으로 대처하기 시작한 시기이다. 특히 2000년대에 접어들어서는 결혼 이민여성의 이주가 급속도로 증가하기 시작하였는데, 이로 인해 이주민근로자와 더불어 우리 사회에 장기간 또는 영구 거주하는 이주민의 비율이 늘어났다. 이에 정부에서는 2006년 4월『여성 결혼이민자 가족 및 혼혈인 · 이주자 사회 통합 지원 방안』을 발표하기에 이르렀다. 이는 정부가 공식적으로 우리 사회가 다문화 사회로 변모하고 있음을 공표한 것으로서, 다문화 사회 문제가 정책 의제로 자리매김함과 동시에 각종 다문화 정책 계획이 쏟아지며 정책 성장기로 이어지는 계기가 되었다.

이 시기의 정책에 대해서 김이선 외(2007)는 한국 사회가 다문화 사회로서 지향하는 바가 분명하지 않고, 제시되는 정책이 특정한 이념적 지향을 내포하고 있지 못하다고 비판하며, 이 시기에 다문화 사회로서의 한국의 현실에 대한 진단과 향후 방향에 대한 이해와 논의가 충분히 이루어지지 않은 채로 다문화 정책이 추진되었음을 비판하였다. 또한 다문화 정책의 대부분이 여성 결혼이민자나 다문화가족 자녀와 관련되어 거론될 뿐이며 이주자 가운데 가장 많은 수를 차지하는 외국인 노동자는 다문화 정책의 핵심에서 배제되어 있다는 점, 이주민이 국가나 지역사회를 구성하는 사회 주체라기보다는 여전히 일방적 지원의 대상으로 간주되고 있다는 점, 이주민에게 제공되는 서비스가 한국 문화를 강조하고 문화적 적응과 동화를 지향하는 성격이 강하다는 점 등도 비판의 대상이 되었다.

다문화 시대의 언어 정책은 가장 상위의 다문화 정책 기조의 영향을 받기 마련이다. 한국 사회의 다문화 사회로의 진입이 정책적으로 공표되었으나 정책의 대상이 여성 결혼이민자 및 그들의 자녀에 초점이 맞추어지면서 다문화 언어 정책의 대상 또한 이들에게만 집중될 수밖에 없었다. 그리고 제공되는 교육 내용의 대부분이 한국어와 한국 문화를 익히도록 하는 데 초점이 맞춰져 있어 동화주의적 관점에서의 교육이 이루어졌다. 그런데 이마저도 이주민근로자는 주 대상이 아니었기 때문에 이주민근로자에게 정책적으로 제공되는 교육 프로그램은 빈약할 수밖에 없었다.[1)]

마지막으로 정책 성장기는 2000년대 후반으로, 방향성과 체계성을 갖

---

1) 일례로 서혁(2007)에서는 당시 이주민근로자에게 제공되던 입국 전후 교육에서 제공되는 한국어 교육이 매우 부실함을 보고하고 있다.

추지 못한 초기의 정책을 다소간 극복하고 다문화 정책에서 괄목할 만한 성과를 거둔 시기이다. 박정아(2012)는 2006년 관계 부처 합동으로 '여성 결혼이민자 가족 및 혼혈인 · 이주자 사회 통합 지원 방안'이 발표된 이후 정부에서 추진해 온 다문화 가정 지원 정책을 정리하였는데, 이에 따르면 2007년에는 '재한 외국인 처우 기본법'이 제정되었고, 2008년에는 '다문화 가족 지원법'이 제정되고, '제1차 외국인 정책 기본 계획'이 수립되고 발표되었다. 이어서 2010년에는 '다문화 가족 지원 정책'이 공표되었는데, 2006년 이후 정부에서 각종 다문화 정책을 꾸준히 수립하여 추진해 왔음을 알 수 있다.

2010년대에서 들어서는 2012년 제2차 외국인 정책 기본 계획이 확정되었다. 제1차 외국인정책 기본계획에서는 정책의 대상이 대한민국으로 이주하고자 하는 외국인과 그 자녀에 주로 한정되어 있었던 반면 제2차 계획에서는 국경 및 출입국 관리, 국적 부여 정책, 이민자 사회 통합 정책을 포괄함으로써 우리나라에 거주하고 있는 이주민 전반으로 정책의 대상이 확대되었다. 또한 '대한민국의 공동가치가 존중되는 사회 통합', '차별방지와 문화다양성 존중'이 주요 정책 목표 가운데 하나로 설정되었다. 이에 따라 다문화 정책도 문화적 다양성을 지향하면서 사회 통합을 실현하고, 어떤 집단이 차별받지 않는 균형 잡힌 방향성을 갖추기 위해 노력하는(박정아, 2012: 10) 방향으로 전개되고 있다.

이와 같은 흐름에 발맞추어 언어 정책도 동화주의적 관점에서 탈피하여 이주민의 모국어와 문화를 존중하는 방향으로 나아가게 되는 계기가 마련되었으며, 이주민의 대다수를 차지함에도 정책적으로 소외되었던 이주민근로자에 대한 지원도 제고할 수 있는 토대가 마련되었다. 현재 운영되고 있는 사회 통합 프로그램은 이러한 정책 발전의 결과물이라고 평가할 수 있다.

또한 공교육을 받는 다문화 배경 학생이 증가하면서 교육부에서는 2012년 '다문화 교육 선진화 방안'을 공표하고, 국제결혼 가정 자녀, 중도입국 학생, 외국인 가정 자녀 등 굉장히 넓은 범위에 걸쳐 있는 다문화 배경 학습자를 포괄하는 '한국어(KSL) 교육과정'을 2013년 3월부터 시행하고 있다. 이와 같이 다문화 배경 학습자를 적극적으로 포괄하여 강력한 한국어 교육 정책을 펼치고 있는 것은 현재 정부가 취하고 있는 전 이주민을 포괄하고자 하는 다문화 정책의 기조와 무관하지 않다.

### 2) 정책 목표의 세분화를 통한 다문화 언어 정책의 발전 지향

앞서 1990년대부터의 변화를 살펴본 결과, 우리나라의 다문화 정책이 이주민에 대한 동화주의적 관점을 지양하고, 이들을 점차 동등한 사회 구성원으로 보고 사회의 일원으로서 통합하려는 방향으로 전개되어 오고 있음을 확인할 수 있었다. 그러나 이러한 변화는 2010년대에 이르러서야 나타난 것으로, 현재 다문화 정책 목표는 정책 대상의 확대에만 치우쳐 있는 것으로 파악된다.

한국의 다문화 사회를 이루는 구성원은 매우 상이한 특징을 지니고 있다. 국내에 한시적으로 거주하는 이주민근로자부터 국내에서 태어나 우리나라의 국민으로 성장해 가고 있는 다문화 배경 학습자에 이르기까지 서로 다른 배경 또는 목적을 가지고 살아가는 다양한 다문화 구성원 집단이 존재한다. 따라서 각 집단이 필요로 하는 한국어 지원의 성격이 같을 수 없으며 이들에게 제공되어야 할 한국어 교육의 내용도 달라질 수밖에 없다. 즉, 정책 대상의 확대에 발맞추어 언어 정책의 목표를 구체적으로 세분화해 나가야 하는 단계에 다다른 것이다.

본서에서는 다문화 사회의 주요 구성원인 이주민근로자, 결혼이주민, 이주민자녀의 세 집단을 구분하였다. 그러나 세 집단의 내부에도 성격이 다른 하위 집단들이 존재한다.

### (1) 이주민근로자

인터뷰에서 이주민근로자 A는 중국인의 경우 한국어를 배우지 않아도 문제없는 생활이 가능하다는 점을 보고하였다.

> 실제로 대부분의 사람들이 배우다 보니, 아. 싫어, 힘들어, 그럼 일하다 돈 벌기 위해서 그렇게 사는 경우도 많거든요. 특히 외국사람 여기서 10년 동안 계속 일하는데 한국말 못하는 경우도 많거든요. 같이 공부하는 친구 중에서 제일 충격인 것은 한국에서 8년 동안 계속 살고 있어요. 한 번도 나와 본 적이 없는데, 한국말 전혀 못하는 사람도 있어요. 남구로 그쪽에 살고 있는 앤데. 그쪽에 중국 사람도 많잖아. 중국사람 통해서 어떤 일이든 할 수 있으니까 한국어 안 배워도 돼요. 그런 사람도 있어요.
>
> [이주민근로자 A의 인터뷰 중에서]

2016년 현재 외국인이 취업을 목적으로 우리나라에 입국할 경우 고용허가제 한국어능력시험(EPS-TOPIK)을 반드시 치러야만 하므로 한국에 입국하기 전까지는 이주민근로자가 한국어 교육을 필요로 한다. 그러나 이주민근로자 A의 인터뷰 내용에 비추어 볼 때, 일단 한국에 입국한 후에는 한국어 의사소통에 어려움이 있음에도 한국어를 더 이상 배우지 않는 경우도 있을 수 있음을 짐작할 수 있다. 반면에 이주민근로자 D처럼 특정 부분에서 한국어 교육을 더 받고 싶어 하는 이주민근로자도 존재한다.

> Q: 사투리는 지금은 이제 알아들으세요? 지금도 어려워요?
> A: 네.
> Q: 만약에 일을 하기 전에 사투리를 가르쳐 준다 하면 배우고 싶어요?
> A: 네. 배우고 싶어요.
>
> [이주민근로자 D의 인터뷰 중에서]

이주민근로자는 국내에 한시적으로 거주한다는 점에서 다른 다문화 사회 구성원과 큰 차이가 있다. 그러나 이들 또한 한국 거주 기간 동안 정주민과 함께 살아갈 수밖에 없다는 점에서 일정 수준의 한국어 교육은 공통적으로 이루어져야만 한다. 그러나 한국어를 필요로 하지 않는 이주민근로자에서부터 현재 제공되고 있는 교육 내용보다 더 수준 높은 내용을 배우고 싶어 하는 이주민근로자에 이르기까지 한국어 교육에 대한 이주민근로자 집단의 요구는 단일하지 않다.

그럼에도 모든 이주민근로자에게 일정 수준의 한국어 실력을 갖추도록 강제하는 일이 필요한 까닭은 사업장에서 이주민근로자가 자신의 안

전을 보장하고 자신의 권리를 행사하는 데 한국어 실력이 효과적인 수단이 될 수 있다는 데 있다. 따라서 자국민의 네트워크에 의존하여 한국어 공부를 기피하는 이주민근로자에게 일정 수준의 한국어 실력은 본인의 생존과 직결되는 문제라는 점을 설득하는 일이 병행되어야 하며, 사업장별로 발생하는 한국어 의사소통의 문제를 파악하여 한국어 교육 지원 방안을 모색함으로써 고용주와 이주민근로자 모두 한국어 교육이 노동의 생산성을 높이고 서로 간의 이해의 폭을 넓히는 데 기여한다는 점을 느낄 수 있게 정책 목표를 설정할 필요가 있다.

### (2) 결혼이주민

여성이 절대 다수를 이루는 결혼이주민은 다문화 정책의 주 대상이며 이들에 대한 한국어 교육 지원은 다문화 정책 초기부터 줄곧 이루어져 왔다. 전국의 군 단위에까지 다문화가족지원센터가 들어서 있고, 이곳에서는 결혼이주민이 초기에 안정적으로 정착할 수 있도록 체계적인 지원이 이루어지고 있다. 그러나 결혼이주민이 우리 사회에 점차 정착해 나감에 따라 한국어 교육의 새로운 수요가 발생하고 있다. 이주민근로자 B는 비록 이주민근로자로서 면담 대상자로 선정되었지만 한국인 남자와 결혼한 결혼이민자이기도 하였다. 다른 이주민근로자와 똑같이 B에게 직장생활에서의 한국어 의사소통에 관하여 질문을 하였을 때, 가정과 직장에서 쓰이는 한국어에 차이가 있어서 겪었던 어려운 점을 보고하였다.

Q: 어떤 점에서 그런 점을 느끼시나요? 어떨 때.

A: 네, 직장을 다닐 때는 얘기할 때는 이렇게 이거 해라, 저거 해라 사장님이 이야기할 때 그럴 때는 저는 그냥 배울 때는 보통 하는 말로 배웠잖아요? 근데 한국 분들이 얘기할 때는 집에서만 쓰던 말로 얘기 안 해요.

Q: 아, 집에서 쓰는 말로 얘길 안 하고?

A: 네, 이렇게 다른 말로 이야길 하는데, 저는 이해를 못 해요. 왜냐면 내가 이런 말을 안 배웠는데 얘기해주시면 모르니까요.

[이주민근로자 B의 인터뷰 중에서]

결혼이주민은 일차적으로 집안에서의 한국어 의사소통을 염두에 두고 한국어 교육을 받게 된다. 그러나 결혼이주민이 전업주부에서 벗어나 직장 생활을 시작하는 경우 이들은 새로운 의사소통 국면을 맞닥뜨리게 된다. 위 인터뷰 내용에서 알 수 있듯이 결혼이주민은 직장에서 쓰이는 한국어가 가정에서 쓰이는 한국어와 다르다는 점을 알게 되면서 한국어 의사소통의 어려움을 느낄 수 있다. 우리 사회에서 근로자로서도 살아가는 결혼이주민에게 별도의 한국어 교육이 요구되는 것이다.

또한 결혼이주민의 자녀가 학교에 입학하면서 한국어 교육에 대한 새로운 요구가 발생하기도 한다. 부모로서 자녀의 학업을 도와주어야 하는 상황이 발생하면서 이전과는 다른 한국어 능력이 요구되는 것이다.

Q: 아아 그러시구나. 그, 자녀분의 과제를 도와주실 때 같이 도와주고 싶으신데, 글쓰기가 본인도 어려우셔 가지구 도와주기 어려우시단 얘기죠?

A: 네. 서술형 문제 같은 거 풀 때 도와주지 못하니까 그게 좀 답답, 저도 답답하거든요. 애도 답답하고 저도 답답하고.

[결혼이민자 B의 인터뷰 중에서]

위의 인터뷰 내용에서 알 수 있듯이 자녀의 공부를 도와주기 위해서는 읽고 쓰는 능력이 요구된다. 자녀의 학년이 올라갈수록 결혼이민여성의 고민은 깊어질 가능성이 높다. 공교육에서 다문화 배경 자녀의 비율이 점점 높아지는 가운데 학부모인 결혼이민여성에게 제공되어야 할 적합한 한국어 교육에 대해 논의가 요구된다.

### (3) 이주민자녀

본서의 설문 조사 결과, 이주민근로자나 결혼이주민 집단에 비해 이주민자녀 집단에서는 한국어 의사소통 상황에서의 어려움이 발견되지 않았다. 자신의 한국어 실력에 대한 인식도 긍정적이었으며, 한국어 의사소통에 대한 어려움도 다른 두 집단에 비해 유의미하게 낮았다. 이와 같은 결과는 국내에서 초등학교를 다니고 있는 이주민자녀와의 인터뷰에서도 확인할 수 있었다.

Q: 그럼 이제 두 번째 질문이에요. 한국에서 우리말을 쓸 때 어려운 것이 무엇인지 말해볼까요? 첫 번째 말하기 · 듣기, 두 번째 읽기, 세 번째 쓰기. 이 세 가지 중에서 무엇이 제일 어려운지 D부터 말해볼까요?

D: 없어요.

Q: 어려움이 없어요? 좋아요. 그럼 E는요?

E: 없어요.

Q: 어려운 거 없어요? F는요?

F: 저는 1번이요.

Q: 말하기 · 듣기가 어려워요?

F: 네. 발음하기가 좀 힘들었어요.

Q: 지금은 괜찮아요?

F: 네.

Q: 처음에만 어려웠어요?

F: 네.

Q: G는 어때요?

G: 어려운 거 없어요.

[이주민자녀 D~F의 인터뷰 중에서]

초등학교 시기부터 한국어 교육을 받았으며, 가정에서도 한국어를 사용할 기회가 있었던 인터뷰 참여자들은 한국어 의사소통에서 어려움을 느끼지 않는다고 보고하였다. 설문 조사에 참여한 이주민자녀 가운데 60%가 초등학생이었고, 모어를 한국어라고 보고한 학생도 55%에 달했다. 따라서 인터뷰에 참여한 학생들처럼 한국어 의사소통에 어려움을 느끼지 않는 학생들이 상당수를 차지했을 것이라고 예상할 수 있으며, 이들이 이주민자녀 집단에는 상대적으로 한국어의사소통 문제가 적다는 결과가 나오는 데 영향을 미쳤으리라 판단할 수 있다. 그러나 이주민자녀 집단을 세부적으로 살펴보면 이주민자녀 집단의 한국어 실력의 편차가 얼마나 극심한지를 체감할 수 있다.

Q: 그럼 학교 안에서 선생님이랑 친구들이랑 한국어로 말할 때랑 학교 밖에서 친구랑 전화로 한국어로 말할 때 뭐가 더 어려워요?
A: 음. 이해하기 어려워요.
Q: 이해하기 어려워요? 학교에서, 아님 친구 대화?
A: 친구 대화.
Q: 음, 친구랑 대화할 때 이해하기 어려워요? 왜 어려워요? 친구가 한국어로 빨리 말해요?
A: 친구, 친구는 한국말 잘해요. 저는 한국말 못해요.
Q: 친구는 한국 친구, 중국 친구?
A: 중국 있어, 한국 있어, 베트남 있어.
Q: 오, 베트남 친구 있어요? 베트남 친구랑도 한국어로 말해요?
A: 네.
Q: 음. 중국 친구랑도 한국어로 말해요?
A: 아뇨, 중국 친구랑 중국어로 말해요.
Q: 오, 베트남 친구는 한국어 잘해요?
A: 네.

[이주민자녀 A의 인터뷰 중에서]

위의 대화에서 알 수 있듯이 이주민자녀 A는 2016년 한국에 입국하여 아직 기초적인한국어 대화도 익숙하지 못한 상태이다. 전은주(2012)는 다문화 배경 학습자의 유형별로 특성을 제시한 바 있다.

'표 56'에 비추어 보면 이주민자녀 A는 이주근로자 자녀 유형으로서 중국어가 모어이고 한국어는 제2언어이다. 일상적 의사소통이 어렵고 한국어 학습이 거의 불가능하므로 집중적인 기초 한국어 교육이 필요한 상황

**표 56** 다문화 배경 학습자 유형별 상황 특성

| 유형 / 특성 | | 한국어 지위 | 일상적 한국어 의사소통 능력 | 학교학습에 필요한 한국어 의사소통능력 | 입학시기 |
|---|---|---|---|---|---|
| 국제결혼가정자녀 | 국내출생자녀 | 모국어 | 생활에 문제없음 | 학습 한국어 능력부족 | 초등학교 입학부터 |
| | 중도입국자녀 | 제2언어 | 일상적 의사소통 어려움, 한국어 전혀 모르는 경우 많음 | 한국어로 학습이 거의 불가능함 | 입국 이후 |
| 이주근로자 자녀, 유학생 자녀, 기타 외국인 자녀 | | 제2언어 혹은 외국어 | 일상적 의사소통 어려움, 한국어 전혀 모르는 경우 많음 | 한국어로 학습이 거의 불가능함 | 입국 이후 |
| 새터민 자녀 | | 모국어 | 일상적 의사소통 중 일부 어려움 | 학습에 필요한 한국어 능력부족 | 입국 이후 |
| 귀국자 자녀 | | 모국어 | 일상적 의사소통에 문제없음 | 학습에 필요한 한국어 능력부족 | 귀국 이후 |

자료: 전은주, 2012: 57.

이다. 반면에 이주민자녀 D~F는 국내 출생 자녀로서 일상생활에서는 모국어를 사용하는 데 전혀 지장이 없으나 한국어 실력으로 인해 학교 학습에 지장을 받고 있는 것은 아닌지 점검해 볼 필요가 있다.

이처럼 이주민자녀로 포섭되는 학생들의 면면을 살펴보면 각자가 처한 한국어 의사소통 여건이 매우 상이함을 알 수 있다. 이와 같은 상황은 이주민자녀에 대한 한국어 교육 지원은 본격적으로 개별적 맞춤형으로 이루어져 나가야 함을 시사한다. 한국어(KSL) 교육과정이 마련되어 이주민자녀를 위한 한국어 교육의 법적 · 제도적 기반이 마련되었다는 점은 고무적이나 선행 연구들에서도 지적한 바처럼 실제 교수 · 학습의 국면에서 다양한 스펙트럼을 가진 이주민자녀들을 정확하게 진단하고 적절하게 교육할 수 있는 방안이 절실히 요구되는 상황임을 이번 연구로 다시 한번 확인할 수 있다.

## 2. 정책 목표 해결을 위한 구체적 대안 탐색

### 1) 한국어 교육에 대한 접근성 제고

본 연구 결과 자신의 한국어 능력 인식에서 이주민자녀보다 이주민근로자와 결혼이주민이 자신의 한국어 능력을 유의미하게 더 낮게 평가하고 있었고, 한국어 의사소통의 어려움에서도 이주민자녀보다 이주민근로자와 결혼이주민이 더 많은 어려움을 느끼고 있는 것으로 파악되었다. 또한 일정 수준의 한국어 실력에 도달하는 데 소요되는 시간의 격차가 집단별로 상이하게 예측되었다. 이러한 문제의 해법을 모색하기 위해서 제일 먼저 한국어 교육을 받을 수 있는 현실적 여건이 조성되어 있는지의 여부를 확인해 볼 필요가 있다. 어떠한 다문화 언어 정책이든 간에 기본적으로 한국어 교육이 수요자에게 원활하게 제공되는 기반이 마련되어 있어야 하므로 이주민이 실제로 한국어 교육을 원활히 받고 있는지 확인하는 일은 매우 중요하다.

인터뷰 결과 이주민근로자와 결혼이주민이 현실적으로 한국어 교육을 받기 어려운 이유를 들을 수 있었다.

> 실제로 대부분의 사람은 한국에서 일하는데 시간 너무 길어지니까 하루에 아침에 새벽에 출근하고 밤에 열 시, 열한 시, 집에 도착하는 데 시간 다 길 위에서 회사에서 버리고. 자기 시간 없었기 때문에 아마 한국어를 배우고 싶지만 시간도 없는 사람 많거든요.
>
> [이주민근로자 A의 인터뷰 중에서]

> Q: 그럼 교육을 받으시면 언제 받으시는 게 편하세요? 주중, 오후, 이렇게 생각하시면?
> A: 오후. 평일요.
> Q: 어디서 받으시는 게 편하신 것 같아요?
> A: 집에서. 아기가 있어서요.
>
> [결혼이주민 D의 인터뷰 중에서]

위의 이주민근로자 A와 결혼이주민 D의 인터뷰 내용이 시사하듯이 이주민근로자는 직장 생활, 결혼이주민은 육아 등으로 한국어 교육을 받기 어려운 상황이다. 이주민근로자와 결혼이주민의 한국어 능력을 신장시키기 위해서는 이들에게 한국어 교육 시간 확보를 위한 제도적 지원이 필요하다. 이를 위해서는 이 두 집단의 생활양식을 고려하여 한국어 교육 지원 방안을 모색해야 한다.

#### (1) 이주민근로자

야근, 잔업 등으로 노동 시간이 길어질 경우, 이주민근로자에게 개인의 휴식 시간을 활용하여 한국어 교육을 받도록 하기만 해서는 한국어 교육 시간을 충분히 확보하는 데 한계가 있다. 결국 사업체 내에서 노동 시간의 일부를 한국어 교육에 투자할 수 있도록 정책적 지원을 하는 것이 가장 효과적인 방법이 될 수 있다.

그러나 노동 시간을 단축하거나 할애하여 이주민근로자가 한국어 교육을 받도록 하기 위해서는 이주민근로자의 한국어 능력 향상이 기업 내 구성원 간의 의사소통을 원활히 하고, 궁극적으로 기업의 생산성 향상으로 이어질 수 있다는 점을 고용주에게 납득시켜야 한다. 따라서 기업이 최소한의 비용으로 한국어 교육을 이주민근로자에게 제공할 수 있도록 한국어 강사를 국가에서 제공하면서 고용주를 대상으로 이주민근로자의 한국어 교육 지원에 대한 인식을 확인하고, 개선해 나가는 작업을 병행해야 할 것이다. 더불어 고용주가 이주민근로자에게 기대하는 한국어 실력을 조사하여 한국어 교육 프로그램 개발에 적극적으로 반영할 필요가 있다.

제조업 등의 산업 분야뿐만 아니라 농축 산업에 종사하고 있는 이주민근로자도 상당수 존재한다. 특히 농촌의 인구가 감소하고 고령화함에 따라 이주민근로자가 각 농촌 지역에서 소중한 노동력을 제공하고 있다. 그러나 농축 산업의 특성상 인구가 밀집되어 있지 못해 한국어 교육 지원이 상당히 어려운 실정이다. 반면에 한국어 의사소통 측면에서 농축 산업의 이점은 해당 산업의 특성상 제조업 등에 비해 고용주와 이주민근로자 간의 의사소통이 활발히 일어날 수밖에 없다는 점이다. 따라서 농촌 지역에서 고용주는 이주민근로자의 한국어 실력을 좌우하는 중요한 요인이 될 수 있으며, 농한기 등을 이용하여 적극적으로 농촌 지역 고용주와 이주민근로자 모두에게 초기 한국어 의사소통을 증진할 수 있는 방안을 교육할 것을 고려해 볼 필요가 있다.

### (2) 결혼이주민

대부분이 여성인 결혼이주민 중에는 결혼 후 출산을 하면서 육아 문제로 한국어 교육을 받기 어려운 경우가 있다. 현재 원칙적으로 1회에 한하여 다문화가족지원센터에서 방문 교육을 지원하고 있다. 그러나 출산 후 신생아 육아 문제를 고려할 때, 결혼이주민에게 방문 교육을 확대할 필요가 있다.

더불어 결혼이주민의 육아와 한국어 학습 문제를 지역 사회 공동체와 연관 지어 생각해 볼 수도 있다. 결혼이주민을 위한 한국어 교육이 궁극적으로 사회 통합을 목표로 한다는 점을 고려할 때, 자녀가 성장함에 따라서 마을 공동체에 공동 육아의 장을 마련해 주고, 이를 이용하여 한국어 학습 시간을 확보하도록 하는 방안도 모색해 볼 수 있다. 도시의 경우 인구가 밀집되어 있으므로 마을 공동체의 일원으로서 결혼이주민이 활동할 수 있도록 지원해 줌으로써 공동 육아의 장을 마련할 수 있는 여지가 있다. 따라서 공동 육아를 함으로써 사회 통합의 기회를 확대하고, 결혼이주민의 한국어 교육 기회도 보장할 수 있는 제도적 지원 방안을 모색해 볼 만하다.

인구 밀도가 낮은 농촌 지역의 경우, 한 센터가 광범위한 지역을 담당하고 있기 때문에 읍면 소재지 이외에 교통이 불편한 지역에 거주하는 결혼이주민은 센터를 방문하기가 쉽지 않다. 따라서 이러한 지역적 특성을 고려하여 마을별 수요를 조사하여 일대다로 이루어지는 방문 교육을 지원하는 방향도 고려할 필요가 있다.

### 2) 한국어 교육 프로그램의 다양화

#### (1) 자율적 한국어 교육 프로그램 운영 보장

정부 각 부처에서 시행하던 한국어 교육 프로그램이 점차 사회 통합 프로그램을 중심으로 통합되어 가는 움직임을 확인할 수 있다. 한국어 교육의 정책적 지원 역량을 결집할 수 있다는 점에서 고무적인 일이지만, 한편으로는 사회 통합 프로그램이 이주민을 포함하여 국내에 합법적으로 거주하고 있는 외국인만을 대상으로 한다는 점에서 불법 체류자에 대한 한국어 교육의 사각지대가 확대되는 것은 아닌지 우려된다. 2014년 기준으로 국내 불법 체류자는 208,778명으로[2] 이들에게 공식적으로 제공되고 있는 프로그램은 없는 실정이다. 불법 체류자의 신분이 비합법적이라고 하더라도 이들 또한 우리 사회에서 상당 기간 살아가는 구성원이라고 본다면, 이들을 위한 한국어 교육 지원 방안도 고려해야 할 것이다.

본 연구팀은 2016년 1월 28일 호주에서 성공적인 다문화 센터로 손꼽히는 모자익 다문화 센터(MOSAIC Multicultural Centre)를 방문하여 센터의 현황 및 운영 방식을 조사한 바 있다. 의사소통 지원과 관련하여 이

---

2) 국가지표체계 홈페이지(http://www.index.go.kr) 내용 중 '출입국 · 외국인정책 통계 연보'를 통해 작성된 '체류 외국인 현황'에 근거한 수치이다.

센터에서 특기할 만한 점은 자원봉사자의 도움으로 영어를 비롯한 각종 외국어 프로그램을 자체적으로 운영하고 있는 것이다. 호주는 대표적인 이민 국가로서 성인 이민자를 대상으로 한 영어 교육 프로그램(Adult Migrant Ensligh Program, AMEP)이 잘 갖추어져 있는 것으로 유명하다. 그런 점에서 MOSAIC의 자체 프로그램은 비효율적으로 보일 수도 있다. 그러나 AMEP는 합법적인 이주민에게만 지원되는 프로그램으로서, 불법 체류자는 국가로부터 의사소통 지원을 받을 수 없다. 그러나 MOSAIC에서는 체류 신분에 관계없이 도움을 필요로 하는 사람들에게 서비스를 제공하고 있으며, 모든 이민자가 지역 사회에 정착할 수 있도록 도우며, 지역 공동체를 유지하는 데 구심점 역할을 하고 있다.

사회 통합 프로그램이 이미 다문화가족지원센터, 외국인력지원센터 등 현재 존재하고 있는 기관들을 활용하여 운영되고 있으며, 사회 통합 프로그램에 대한 정책적 지원이 지속적으로 이루어진다면 운영 기관의 수는 계속 늘어날 것으로 예상된다. 그러나 불법 체류자가 밀집한 지역의 센터는 어떠한 방식으로든 이들에게 도움을 제공해야만 하는 상황에 처해 있을 것이므로, 사회 통합 프로그램의 확대가 반드시 이점으로만 작용하지는 않을 것임을 예상할 수 있다. 따라서 사회 통합 프로그램 운영 외에도 각 지역의 특성을 반영하여 자율적으로 한국어 교육 프로그램을 다양하게 운영할 수 있는 여지도 정책적으로 확보해 주어야 할 것이다.

한편 이주민자녀의 경우 한국어 교육과정이 일괄적으로 적용되고 있으나 본서에서 인터뷰한 이주민자녀들만 보더라도 각 지역의 학교별로 당면해 있는 한국어 의사소통의 문제가 모두 같을 수는 없다는 점을 쉽게 예측할 수 있다. 이주민자녀 집단별로 처해 있는 한국어 의사소통 문제가 상이하므로 장기적으로는 학교별로 한국어 교사가 의사소통 문제를 파악하고 그에 따라 적절하게 교육적 처치를 할 수 있도록 자율성을 보장하는 유연한 교육과정을 지향해야 할 것이다.

### (2) 성인 이주민 대상 교육과정 및 다양한 교재 개발

앞서 이주민 집단별로 한국어 교육의 새로운 요구가 발생하고 있음을 확인하였다. 이는 한국어 교육 내용을 다양화해야 함을 시사한다. 본서에서 실시한 인터뷰 내용을 참조할 때, 한국어 교육 내용을 다양화하는 과정에서 두 가지 사항을 고려해야 한다.

먼저 이주민의 의사소통 요구를 반영한 교재 개발이 이루어져야 한다. 이를 고려하여 모든 다문화 구성원이 겪을 수 있는 일반적인 의사소통 상황과 이주민근로자, 결혼이주민, 이주민자녀 집단 각각이 겪을 수 있는 특정한 핵심 의사소통 상황을 구별하여 상황별로 의사소통의 빈도와 어려움을 묻는 설문 조사를 진행하였고, 인터뷰를 통해 생활에서 체감하는 의사소통 문제를 수집하였다.

> Q: 그럼 직장 생활하는데 한국어 교육을 해준다고 하면 어떤 걸 해주면 가장 좋을까요?
>
> A: 저희는 지금 한국에서는, 그냥 뭐, 은행에 가서도, 뭐, 이렇게 통장 만들려면은 계약서 써야 하잖아요? 그런데 거기 안에서는 무슨 말인지 저는 모르니까.
>
> Q: 아, 그죠. 처음 보는 거니까.

A: 그래서 뭐 그런 거는 배우면 좋겠어요. 일할 때도 계약서는 써야 되잖아요? 그런 단어를 배울 수 있으면 좋겠어요.

[이주민근로자 B의 인터뷰 중에서]

Q: 자녀분 교육을 목적으로 좀 관심을 가지셨다고 하는데, 어, 그러면 뭔가 그런 쪽으로 강의를 개설한다고 하면 어떤 쪽으로 좀 수업이 진행되면 좋을 거 같아요?

A: 다른 건 뭐 어휘랑, 조금 좀 어려운데, 띄어쓰기, 맞춤법은 할 수는 있거든요? 근데 어휘라든가, 어, 짓기, 독서가 좀 어렵거든요? 책 읽고 독후감 쓰기 어려우니까...

Q: 아 그런 쪽에서... 그런 교육을 지금 받아 보신 경험은 없으시죠?

A: 네 없어요. 그런 건 거의 다문화센터에서는 안 하더라구요. 그냥 말하기 같은 건 하는데.

[결혼이주민 B의 인터뷰 중에서]

이주민근로자 B는 한국어 의사소통의 어려움을 겪는 상황으로 은행 업무를 예시로 들었다. 설문 조사에서 특정한 의사소통 상황을 주고 해당 상황이 어렵다고 느낄수록 높은 점수를 주는 설문 조사를 실시하였는데, 은행이나 관공서에서 업무 처리를 위해 직원과 대화하는 상황에 대해 이주민근로자는 다섯 번째로 높은 점수를, 결혼이주민은 가장 높은 점수를 준 것으로 나왔다.

결혼이주민 B는 자녀의 교육에 관심이 많아 책을 읽고 독후감을 쓰는 것을 배우고 싶어 한다고 하였다. 실제 설문 조사에서 자녀의 숙제를 도와주기 위해 한국어를 읽거나 쓰는 상황과 자녀의 학교에서 온 가정 통신문을 읽거나 담임선생님께 편지를 쓰는 상황이 가장 높은 점수가 나왔다. 한국어로 인터뷰가 가능한 수준임에도 불구하고 이러한 어려움을 호소하는 점을 고려할 때, 이주민 구성원이 접하는 실제 의사소통 상황을 교육 내용화하는 노력이 요구된다.

한편으로는 현재 이주민근로자와 결혼이주민에게 제공되고 있는 한국어 교육의 수준을 좀 더 상향할 필요가 있다. 이주민근로자와 결혼이주민에게 정책적인 노력을 기울여 한국어 교육을 제공해 왔기 때문에 고급 한국어 능력의 수요도 발생하고 있는 상황이다.

> 답: 네. 아 그리고 그 가르쳐 주는 책은 다양한 문법 배우고 싶어요.
> 질: 그럼 지금은 다양하지 않은 것 같아요?
> 답: 네. 서점에 가서 보니까 지금 배우고 있는 책은 문법은 다양하지 않은 것 같아요.
>
> [이주민근로자 D의 인터뷰 중에서]

> 지금은, 이야기하시는 거는, 일단 다 만족하고 있어요. 방문 교육도 들은 적이 있고, 시간도, 사람, 인원수도 괜찮은데, 제가 지금 제일 원하는 것은, 보통 다른 센터에서도 음, 4급 정도 단계밖에 없어요. 근데 취직하려고 생각하거나 뭔가 일상생활에서는 또 또 필요한 부분 많아요. 그래서 뭔가 5급, 6급 수업이 있으면 좋은데, 별로 없고 그래서 시험 대비반 들어갈 수밖에 없어서.
>
> [결혼이주민 A 인터뷰 중에서]

이주민근로자 D와 결혼이주민 A가 보고하듯이 한국어 능력을 향상하고 싶으나 마땅한 프로그램을 제공받지 못하는 이주민이 상당수 존재할 것이라고 생각한다. 이 같은 수요는 사회 통합 프로그램으로 흡수되고 있는 것 같기도 하다.

> 실제로 그 1, 2, 3, 4단계는 효과 없어요. 제가 그 수업을 다 들었기 때문에, 그 동안 수업이 없으니까 그 수업 신청했어요. 그때는 우리 학원에서 원래 초급 한국어 가르치니까 저의 경우에는 초급이 끝나서 다시 공부는 필요 없거든요. 중급이 그때 없으니까 선생님한테 말하고 '그럼 사회 통합 프로그램 다녀볼래요?' 그래서 그 수업을 신청했어요. 그 수업은 실제로는 여러 가지 나라 사람 사는 거 그런 거 많이 얻었어요.
>
> [이주민근로자 A의 인터뷰 중에서]

이주민근로자 A는 사회 통합 프로그램의 5단계까지 참여한 경험이 있다. 그런데 사회 통합 프로그램에 참여하게 된 계기가 흥미로운데, 본인이 다니던 한국어 교습 기관에 중급 이상의 프로그램이 존재하지 않았고, 한국어 강사의 추천으로 사회 통합 프로그램에 등록한 것이다. 그러나 이주민근로자 A는 이민을 고려하고 있는 사람은 아니기 때문에 사회 통합 프로그램이 이주민근로자 A에게 적당할지는 의문이 든다.[3)]

---

3) 본서의 설문 조사 결과 이주민근로자와 결혼이민자가 이주민자녀에 비해 자신의 한국어 실력에 대해 낮게 평가하고 있다는 점을 확인한 바 있다. 이러한 평가 결과의 해석은 조심스럽지만, 수준 높은 한국어 실력에 대한 요구가 영향을 끼쳤을 가능성을 생각해 볼 수 있으며, 실제 나타나고 있는 고급 한국어에 대한 수요를 만족시킬 수 있는 다양한 한국어 프로그램의 개발이 요구된다.

지금까지 언급한 이주민의 의사소통 요구를 반영하는 일과 한국어 교육의 수준을 상향하는 일은 이주민 대상 한국어 교육의 교육과정을 설계하고 그에 따라 다양한 교재가 개발될 수 있는 방향으로 이루어져야 한다. 이주민근로자, 결혼이민자, 이주민자녀의 한국어 교육에 대한 요구는 산발적이기 마련이다. 이러한 요구에 일일이 대응하는 것은 대증적 처방에 불과하며, 한국어 교육 내용을 위계화하는 데에도 도움이 되지 못한다.

이주민 집단의 한국어 교육 요구를 종합하여 체계화하는 작업이 교육과정 설계에 반영됨으로써 이주민에 대한 한국어 교육에 접근할 수 있는 틀을 마련해야 한다. 교육과정이 마련되어야만 교육과정에 근거하여 다양한 교재가 집필될 수 있는 여건이 좀 더 쉽게 조성될 수 있다. 공교육에서는 한국어(KSL) 교육과정이 마련되어 이주민자녀에 대해서는 어느 정도 기반이 마련되었지만, 성인 이주민을 대상으로 하는 한국어 교육은 교재를 넘어서서 교육과정까지 제시되고 있지는 못한 실정이다. 성인 이주민을 대상으로 하는 교육과정 개발을 통해 궁극적으로는 현재 국립국어원에서 개발하여 제공하고 있는 교재나 각 대학의 언어교육원 교재에 상당 부분 의존하고 있는 현실에서 탈피하여, 교육과정에 근거하되 집단별, 지역별 요구가 반영된 다양한 한국어 교재가 나올 수 있도록 해야 할 것이다.

## 3. 이주민 대상 언어 정책 집행 및 정책 평가의 효율성 제고

### 1) 다문화 시대 한국어 정책 전담 기구의 신설

다문화 정책은 정부의 여러 부처에서 제각각 추진되면서 정책 추진의 비효율성이 비판되어 왔다(박종대 외, 2014; 임동진 외, 2012). 언어 정책도 마찬가지여서 이주민자녀만 해도 취학 전 자녀는 여성가족부의 소관인 반면, 취학 아동은 교육부가 맡고 있다. 또한 이주민근로자의 한국어 교육은 고용노동부가 주로 맡고 있으며, 여성 결혼이주민의 한국어 교육은 여성가족부가 담당하고 있다. 그러나 정부 부처 간 협력으로 한국어 교육의 제도화가 이루어져 왔고, 그에 따라 사회 통합 프로그램을 중심으로 다문화가족지원센터, 외국인력지원센터 등에서 통합된 한국어 교육이 점차 이루어지고 있다. '표 57'은 박정아(2012)에서 부처별 다문화 가정 대상 한국어 교육 관련 법령 및 사업 현황을 정리한 것이다.

법무부에서 사회 통합 프로그램을 운영할 때 기존에 설립된 기관을 최대한 활용함에 따라서 사회 통합 프로그램 지정 기관에 다문화가족지원센터와 외국인근로자지원센터가 상당수 포함되었다. 이에 따라 기관이 다르더라도 이주민을 대상으로 어느 정도 통합된 한국어 교육이 이루어지는 기반이 마련되었다고 평가할 수 있다. 이처럼 다문화 사회에 대비하기 위하여 설립된 각종 지원 기관을 최대한 활용하여 한국어 교육의 체계

**표 57** 부처별 다문화 가정 대상 한국어 교육 관련 법령 및 사업 현황

| 구분 | 여성가족부 | 교육부 | 고용노동부 | 법무부 |
|---|---|---|---|---|
| 관계 법률 | 다문화가족지원법 | 교육기본법 | 외국인 근로자의 고용 등에 관한 법 | 재한 외국인 처우 기본법 |
| 정책 대상 | 여성 결혼 이민자<br>다문화 가족 취학 전 자녀 | 다문화 가족 취학 아동 | 외국인 노동자 | 여성 결혼 이민자<br>귀화 희망자 |
| 교육 기관 | 다문화가족지원 센터 201개소* | 전국<br>초 · 중 · 고등학교<br>다문화 학생을 위한 대안 학교 | 외국인근로자 지원센터 | 사회 통합 프로그램 지정 기관 |
| 주요 사업 | 한국어 집합 교육 및 방문 교육<br>자녀 대상 언어 발달 교육 | 한국어 과정 도입 · 운영<br>다문화 가정 학생 한국어 · 기초학력 지도 | 한국어 교육 지원<br>취업 전 현지 한국어 교육 | 국적 취득을 위한 사회 통합 프로그램 운영 |

* 본 연구에서 조사한 바로는 현재는 217개소이다.
자료: 박정아, 2012: 16 수정.

화와 제도화를 꾀하고 있는 점은 다문화 시대 한국어 의사소통을 지원하는 방식이 한층 더 체계화된 것이라고 평가할 수 있다.

그러나 앞서 이주민 집단별 상이한 요구를 반영하고, 각 지역 특유의 한국어 의사소통 문제의 해결을 위해서는 교육 프로그램의 자율적인 운영이 보장되어야 함을 역설한 바 있다. 그런데 한국어 교육을 실제 실행해 나가는 양상이 이처럼 단일 프로그램을 수행하기 쉬운 구조로 재편되어 가고 있는 현상은 이주민 집단별 한국어 교육의 상이한 요구를 제대로 반영하기 어려운 구조로 나아가고 있는 것이라고 평가할 수도 있다. 따라서 정부 부처 간 중복된 다문화 언어 정책을 조정하는 일도 필요하지만 각 부처별로 제기되는 한국어 교육의 요구를 수렴하고, 각 지역의 다문화

언어 문제를 진단하고 해결하는 데 정책적 도움을 제공하는, 다문화 시대 한국어 정책을 전담하는 기구의 신설이 요구된다.

서로 다른 언어의 사용은 잠재되어 있던 사회 갈등을 표면화하거나 표면화된 사회 갈등을 증폭시키는 역할을 하기도 한다. 따라서 다문화 사회의 언어 문제를 해결하는 것은 사회 갈등의 정도를 완화하고 사회 갈등 해결의 실마리를 찾아가는 과정이라고 할 수 있다. 그러나 다른 한편으로는 언어가 갈등의 본질적인 문제가 아니기 때문에 사회 갈등의 근본적인 원인이 해소되지 않는 한 사회 통합은 요원할 것임을 짐작할 수 있다. 다문화 시대 언어 정책은 본질적으로 다른 다문화 정책과의 관련 속에 추진될 때 제 기능을 다할 수 있을 것이다.

사회 각 분야에서 다문화 정책을 추진하는 과정에서 한국어 지원과 교육 문제는 필수적으로 수반될 수밖에 없다. 지금까지의 다문화 언어 정책의 성과를 종합하여 다문화 시대 한국어 정책을 관장하는 기구를 신설함으로써 현재 추진되고 있는 각종 한국어 정책을 효율적으로 조정함과 동시에 여러 다문화 정책을 추진하는 과정에서 부딪치는 한국어 문제에 대한 정책적 해결 방안을 모색하고, 이주민 집단별, 거주지역별로 맞춤형의 한국어 교육 프로그램이 운영될 수 있도록 컨설팅을 제공해 주는 등의 역할을 기대할 수 있다.

### 2) 한국어 교육 요구 조사의 정례화

다문화 시대 한국어 정책은 결국 한국어를 필요로 하는 이주민에게 효과적인 한국어 교육을 지원하는 것을 핵심으로 한다. 이러한 정책이 제대로 성과를 거두고 있는지를 파악하기 위해서는 정책의 수혜자인 이주민이 한국어 정책에 대하여 얼마나 만족하고 있으며, 다른 어떤 필요를 더 느끼고 있는지 조사하고 이를 다시 정책 결정에 반영하는 작업이 요구된다.

한국 사회가 다문화 사회로 전환되고 있으나 한국어가 지니고 있는 공용어의 지위는 계속 유지될 것임을 예상할 수 있다. 따라서 한국 사회에 적응하고 정착하려는 이주민 대다수는 한국어 학습에 어느 정도의 동기를 가지고 있는 상태이다. 일반적으로 동기가 학습에 미치는 영향이 작지 않다는 점을 고려할 때, 이들이 필요로 하는 한국어 학습이 적절하고 지속적으로 제공되고 있는지를 확인하는 작업은 매우 중요하다.

더불어 이주민과 접촉하는 정주민에 대한 조사도 병행되어야 한다. 정주민 또한 이주민이 갖추기를 바라는 한국어 수준에 대한 요구가 존재하며, 이주민과의 한국어 의사소통에서 해결되었으면 하는 문제 지점에 대한 인식도 가지고 있을 것이다. 이러한 정주민의 요구를 조사함으로써 사회 통합을 위한 한국어 정책을 세우는 데 반영할 수 있다.

물론 이러한 정주민의 인식 조사는 정주민의 다문화 수용성을 제고하는 정책과 함께 이루어져야 한다. 이주민의 한국어 능력 향상에 대한 정주민의 기대가 일방적인 동화주의적 관점에만 머물러 있다면, 결국 우리 사회의 다문화 수용성을 높이고 사회 통합을 지향하는 이주민 대상 한국어 정책 계획과 실행에 드는 비용에 대하여 정주민의 지지를 이끌어 내기 어려울 것이기 때문이다.

이와 같은 이주민, 정주민의 한국어 교육 요구 조사는 정책적으로 정례화될 필요가 있다. 현재 사회와 관련된 각종 연구가 활발하게 이루어지면서 이주민을 접촉할 수 있는 주요 통로인 다문화가족지원센터 및 외국인근로자지원센터에는 각종 설문조사와 면담조사 요구가 빗발치고 있는 실정이다. 기초 조사 연구의 경우 정책적으로 접근하여 정례화함으로써 연구자에게 연구에 활용할 수 있는 기초 자료를 제공할 수 있다. 이를 통해 일선 센터로 집중되는 과도한 조사 부담을 분산시키고 우리 사회 다문화 연구의 전반적인 효율성을 제고할 필요가 있다.

더불어 국가 차원에서 대단위 설문조사가 주기적으로 이루어짐으로써 다문화 구성원의 전반적인 한국어 의사소통 상황을 가늠할 수 있는 지표를 마련하는 일도 요구된다.

# VI. 결 언

# VI. 결 언

한국 사회로 이주민이 급속하게 유입되면서, 한국 사회는 특유의 다문화 사회로 진입해 가고 있다. 이에 따라 다문화 시대의 사회 통합은 시대적 과제로 대두되고 있으며, 사회 통합의 핵심 역할을 하는 한국어 의사소통에 대한 정책적인 지원이 요구되고 있는 시점이다. 이와 같은 문제 상황에 처하여 본서에서는 다문화 시대 한국 사회를 구성하는 대표적인 집단인 이주민근로자, 결혼이주민, 이주민자녀를 대상으로 하여 설문 조사와 반구조화 인터뷰를 통해 한국어 의사소통의 실태와 한국어 의사소통에 영향을 미치는 요인을 규명하고, 한국어 의사소통 문제 해결을 위한 교육적 대안을 도출하였다.

이주민근로자와 결혼이주민, 이주민자녀의 한국어 의사소통 실태를 조사하기 위하여 세 집단의 생활 양식을 고려해 각 집단 특유의 핵심 의사소통 상황과 세 집단 모두에게 해당하는 일반 의사소통 상황을 구분하여 설문 문항을 설계하였다. 핵심 의사소통 상황은 이주민근로자의 경우 직장 의사소통 상황으로, 여성이 대다수를 이루는 결혼이주민의 경우에는 가정 의사소통 상황으로 이주민자녀의 경우에는 학교 의사소통 상황으로 설정하고, 각 상황에 맞는 문항을 집단별로 구안하였다. 이주민이 겪는 어려움의 원인을 추정하기 위해 국적, 모어, 성별, 연령, 학력, 거주 지역, 한국 거주 기간, 한국어 교육을 받은 기간에 관한 정보를 수집하였다. 이와 같은 설문 조사로 실시한 양적 연구 결과를 해석하는 데 구체적인 근거를 확보하기 위하여 반구조화 인터뷰도 추가로 실시하였다.

먼저, 설문 조사 결과에 대한 추리 통계 검증으로 확인하거나 규명한 점들을 정리하면 다음과 같다.

첫째, 이주민 세 집단 중 이주민자녀가 이주민근로자나 결혼이주민에 비해 높은 한국어 의사소통 능력을 지녔고 한국어 의사소통의 어려움을 덜 느끼는 것을 확인하였다. 수집한 자료로 볼 때, 이주민근로자와 결혼이주민 간에는 능력과 어려움 모두에서 차이가 없었다.

둘째, 한국어 의사소통에서 느끼는 어려움에 영향을 미치는 요인 간 다중회귀분석을 실시하여 '거주기간'→'능력'→'어려움'이라는 인과관계를 도출하였다. 그리고 '학습기간'이 조절변인으로서의 '능력'과 '어려움'에 직·간접적 영향을 미칠 수 있음을 확인하고, 집단별 한국어 의사소통 어려움 해소에 필요한 최소 학습 기간을 산출하였다.

이주민근로자와 결혼이주민이 한국어 의사소통 어려움이 '보통이다' 수준에 이르려면, 한국에 거주하지 않은 채 학습만으로는 6.3년이, 학습이 없이 한국에 거주하기만 해서는 3.2년이, 한국에 거주하고 동 기간 동안 학습이 이루어진다면 2.4년이 소요될 것이라고 예측하였다. 한국어 의사소통의 어려움이 더 낮은 수준인 '별로 어렵지 않다' 수준에 이르려면, 학습만으로는 16.2년이, 거주만으로는 8.1년이 소요될 것으로 예측되었으나, 학습과 거주가 동시에 이루어지는 경우에는 해당 수준에 도달하지 못한 채 10.1년을 기점으로 어려움이 다시 높아질 것으로 예측하였다.

이주민자녀의 경우 한국어 의사소통의 어려움은 학습이나 거주가 전혀 이루어지지 않은 상태라 가정하더라도 이미 '보통이다' 수준보다 낮은 인식을 보일 것임을 알 수 있었다. 그러나 한국어 의사소통의 어려움이 더 낮은 수준인 '별로 어렵지 않다' 수준에 이르려면, 학습만으로는 7.5년이, 거주만으로는 3.8년이, 학습과 거주가 동시에 이루어지면 2.9년이 소요될 것이라고 예측하였다.

셋째, 한국어 의사소통 교육 유형별 수요를 살펴본 결과 상황별로 유형을 나눌 때보다 기능별(듣기/말하기, 읽기, 쓰기)로 유형을 나누었을 때 수요의 차이가 더 명확하게 드러났다. 이에 교육 수요를 예측할 수 있게 하는 영향 요인이 무엇인지를 탐색하기 위해 이항 로지스틱 회귀분석을 실시한 결과, 듣기 · 말하기 교육 수요는 이주민 집단, 능력, 학습기간, 거주기간, 어려움 변인과 정적 혹은 부적 상관을 지닌 것으로 나타났다. 구체적으로는 결혼이주민이 듣기 · 말하기 교육을 더 필요로 하고 있었고, '어려움'을 크게 느낄수록, 그리고 '거주기간'이 짧을수록 듣기 · 말하기 교육의 요구가 높을 것으로 예상할 수 있었다.

이상의 연구 결과를 바탕으로 이주민근로자, 결혼이주민, 이주민자녀를 대상으로 인터뷰를 진행하였고, 최종적으로 모든 연구 결과를 종합하여 사회 통합을 위한 한국어 의사소통 지원이라는 한국 사회가 당면한 문제에 대해 본서의 결과만을 바탕으로 다음과 같은 정책적 제언을 도출하였다.

첫째, 다문화 정책의 기조가 동화주의적 관점을 탈피하여 사회 통합의 관점으로 변화함에 따라서 이를 달성하기 위한 집단별 세부 정책 목표가 설정되어야 한다. 구체적으로 이주민근로자의 경우 사업장별 특성에 따라 발생하는 한국어 교육 요구에 부응할 수 있도록 정책 목표가 설정되어야 하며, 자국민 네트워크에 의존하여 한국어 교육의 필요성을 별로 느끼지 못하는 이주민근로자를 한국어 의사소통의 장에 포섭하기 위한 정책 목표도 설정되어야 한다. 결혼이주민의 경우 자녀가 학교에 입학하면서 발생하는 한국어 교육의 요구, 직장 생활을 시작하게 되면서 발생하는 한국어 교육의 요구 등을 반영하여 정책 목표를 설정할 필요가 있다. 이주민자녀의 경우 국내 출생 이주민자녀의 집중적인 지원에서 더 나아가 중도입국자녀, 이주민근로자 자녀 등 개별적 맞춤형 지원을 위한 정책 목표가 설정되어야 한다.

둘째, 정책 목표를 달성하기 위하여 구체적인 정책 대안으로서 한국어 교육의 접근성 제고, 한국어 교육 프로그램의 다양화를 제시하였다. 공교육을 받고 있는 이주민자녀의 경우 한국어 교육의 접근성이 양호한 편이나, 이주민근로자나 결혼이주민의 경우 생활양식의 영향으로 한국어 교육에 대한 접근성이 떨어짐을 확인할 수 있었다. 이들에 대한 한국어 교육의 접근성을 제고하기 위하여 이주민근로자에게는 사업장 방문 교육을 실시할 필요가 있으며, 결혼이주민에게도 방문 교육의 확대 실시 및 공동 육아 등을 통한 한국어 학습 기회 보장 등 정책적 대안을 고민할 필요가 있다. 한국어 교육 프로그램의 다양화를 위해서는 지역별, 기관별로 자율적인 한국어 프로그램을 운영할 수 있는 행정적 기반이 마련되어야 하며, 다양한 교재가 집필될 수 있도록 교육과정을 구안하여야 한다.

셋째, 한국어 정책의 집행과 평가의 효율성을 제고해야 한다. 공용어로서의 한국어의 위상을 고려할 때 다문화 정책은 한국어 지원 문제를 고려하지 않을 수 없다. 따라서 각 부처별 필요에 의하여 추진되어 온 한국어 교육 및 지원 정책을 종합하여 다문화 정책과 연계하여 한국어 정책을 자문할 수 있는 한국어 정책 전담 기구를 설치하여 우리 사회의 언어 정책이 다른 다문화 정책들과 효과적으로 연계될 수 있도록 지원하는 방안이 검토될 필요가 있다. 또한 한국어 교육의 요구 조사를 정례화하여 정책을 평가하고 수정, 보완하는 데 활용할 수 있도록 정책의 선순환 구조를 갖출 필요가 있다.

본서에서 제안한 정책적 제언을 실행하기 위해서는 각 지역별, 집단별로 이주민의 요구 조사를 수행할 방안이 연구되어야 한다. 이를 바탕으로 지역별, 집단별로 특성화된 한국어 교육 프로그램 연구가 활성화되어야 할 것이다. 이러한 지역별, 집단별 특성화된 연구 지원을 위한 전담 기구 설립을 위해서는 각종 다문화 관련 연구의 지원 및 협조 방안에 대한 정책적 연구도 필요하다.

현재 다문화 사회에 대비하기 위하여 전국에 각종 소기관이 설립되어 있는 상태이다. 그러나 다문화와 관련된 각종 연구가 활발하게 이루어지면서 일선에 있는 기관들에 조사 요청이 집중되고 있는 상황이다. 이는 기관의 업무를 가중하는 요인으로 작용하고 있는데, 일선 기관과 연계하여 민간의 다문화 관련 연구의 효율성 및 효과성을 제고하는 정책적 지원 방안 연구도 요구된다.

또한 후속 연구에서는 이주민근로자, 결혼이주민, 이주민자녀 집단 내부에 존재하는 세부 집단을 감별해 낼 수 있도록 연구를 설계하여 전체 집단 내부의 소집단들의 특징을 파악하고 추적할 수 있는 연구가 요청된다. 또한 거주 기간에 따라 이주민이 목표로 하는 한국어 능력의 수준을 종단적으로 연구함으로써 장기적인 한국어 교육 프로그램을 설계하는 데 활용할 수 있는 기초 자료를 확보해야 할 필요성도 제기된다. 이러한 기초 조사가 이루어지고 연구 결과가 공유됨으로써 수요자별로 적합한 한국어 교육 방안을 도출해 내는 연구들이 활성화될 수 있을 것으로 기대된다.

강현석, 김경석, 강희숙, 조태린, 허재영. (2013). **문화 소통 활성화를 위한 언어 정책 연구.** 서울: 국립국어원.

강휘원. (2010). 미국의 소수인종 통합정책 탐색: 교육, 복지, 언어정책을 중심으로. **한국정책연구, 10(1),** 51-71.

곽영숙. (2008). 이주 노동자 한국어 교육 현황 및 발전 방안에 대한 사례 연구. **우리말교육현장연구, 2(2),** 293-342.

교육과학기술부. (2012). **다문화가정 학생 5만명 시대.** 서울: 교육과학기술부.

권기헌. (2014). **정책학 강의.** 서울: 박영사.

권순희. (2009). 다문화 가정 자녀의 국어 사용 실태. **국어교육학연구, 36,** 195-228.

권순희. (2011). 호주 다문화 사회에서의 영어교육 정책. **국어교육학연구, 40,** 327-357.

김민수. (1973). **국어정책론.** 서울: 고려대학교출판부.

김수현. (2008). 여성 결혼이민자 대상 한국어 교재 연구. **이화어문논집, 26,** 209-225.

김승희, 손은남. (2013). 여성결혼이민자의 한국어 어휘 및 구문능력. **언어치료연구, 22(2),** 103-117.

김유림. (2015). 한국어 학습자의 어휘 습득과 어휘 표현력에 영향을 미치는 변인 연구. **한국어 의미학, 49,** 163-187.

김윤주. (2015). 다문화 배경 학생 대상 KSL 한국어 교육과정 운영 사례 분석과 향후 과제. **한국언어문학, 93,** 359-386.

김의수, 김은실. (2012). 이주노동자용 한국어교재들의 통사적 수준 비교 연구: 통사적 복잡성과 다양성을 중심으로. **한민족어문학, 62,** 401-426.

김이선, 황정미, 이진영. (2007). **다민족 · 다문화사회로의 이행을 위한 정책 패러다임 구축(Ⅰ): 한국사회의 수용 현실과 정책과제.** 서울: 한국여성정책연구원.

김인석. (2001). **멀티미디어 기반 초, 중등 영어교육론.** 서울: 학문사.

김종세. (2013). 출입국관리법상 사회통합프로그램(KIIP)에 대한 정책적 소고. **법과 정책연구, 13(2),** 699-618.

김진호. (2012). 한국어교육 정책에 대한 연구: 정부 부처의 한국어교육 현황 및 개선책을 중심으로. **아시아문화연구, 25,** 259-281.

김태경, 이필영, 장경희. (2006). 연령 및 성별 변인과 MLU의 상관관계 연구. **국제어문, 38,** 107-124.

김태환. (2014). 매체를 활용한 이주노동자 대상 한국어 듣기 교수 학습 연구. 석사학위논문. 영남대학교.

김현아. (2011). 멀티미디어 매체를 활용한 한국어 교육 방안 연구: 결혼 이주여성을 중심으로. 석사학위논문. 한국외국어대학교.

김희숙. (2011). **21세기 한국어정책과 국가경쟁력.** 서울: 소통.

나미희. (2013). 이주노동자를 대상으로 하는 한국어 쓰기 교육 방안 연구. 석사학위논문. 경희대학교.

류영석. (2008). 이주노동자 대상 한국어 교수요목 설계 방안 연구-입국 예정 이주노동자의 한국어 학습을 위해서-. **언어와 문화, 4(3),** 77-102.

류영석. (2009). 이주노동자를 위한 한국어 교육과정 개발 연구: 취업 전 해외 한국어 학습자를 중심으로. 석사학위논문. 선문대학교.

민병곤. (2014). 다문화 배경 학습자를 위한 한국어 교재 특성. **국어교육, 144,** 37-60.

민병곤, 구본관, 박성석, 박종관, 김종철. (2016). 이주민의 한국어 의사소통 실태 분석: 의사소통 어려움의 요인 및 경로 모형과 어려움 해소에 필요한 학습 기간을 중심으로. **국어교육학연구, 51(3),** 291-324.

박정아. (2012). 다문화 시대의 한국어 교육 정책 방향과 추진 현황. **새국어교육, 22(3),** 5-19.

박종대, 박지해. (2014). 한국 다문화정책의 분석과 발전 방안 연구. **문화정책논총, 28,** 35-63.

법무부 출입국·외국인정책본부. (2014). 출입국·외국인정책 통계월보. 과천: 법무부 출입국·외국인정책본부.

법무부 출입국·외국인정책본부. (2015). **체류 외국인 현황.** http://www.index.go.kr/potal/main/EachDtlPageDetail.do?idx_cd=2756.

변수정, 조성호, 이상림, 서희정, 정준호, 이윤석. (2014). **동아시아 국가의 다문화 가족 현황 및 정책 비교연구.** 세종: 한국보건사회연구원.

빈도경. (2011). 학습자 요구 분석을 통한 캄보디아 노동자 대상 한국어 교육 방안 연구. 석사학위논문. 부산외국어대학교.

서혁. (2007). 다문화 가정 현황 및 한국어 교육 지원 방안. **인간연구, 12,** 57-92.

신석홍. (2010). 한국어 능력 중심 교육과정 개발 및 교수요목 연구: 외국인 노동자들을 중심으로. 석사학위논문. 고려대학교.

신주철. (2012). 동화를 활용한 여성결혼이민자와 유아자녀의 동시적 한국어교육 설계 시론. **한민족어문학, 62,** 135-158.

안병희. (2000). 국어문제와 국어정책. **국어연구와 국어정책** (pp. 191-207). 서울: 월인.

어수진. (2011). 협동학습을 통한 다문화 가정의 한국어 교육방안 연구: 결혼이주 여성과 그 자녀를 대상으로. **세계한국어문학, 5,** 133-174.

여성가족부. (2015). **2015년 다문화가족지원 사업안내.** 서울: 여성가족부.

오소정, 김영태, 김영란. (2009). 서울 및 경기지역 다문화가정 아동의 언어특성과 관련변인에 대한 기초 연구. **특수교육, 8(2),** 137-161.

오영인. (2015). 미국의 언어정책과 정체성 문제. **미국사 연구, 41,** 151-190.

오유진. (2011). 외국인 노동자를 위한 한국어 교재의 어휘 분석 연구. 석사학위논문. 영남대학교.

오혜정. (2015). 다문화가정 어머니가 자녀양육에서 경험하는 의사소통의 어려움에 관한 연구. **특수아동교육연구,** 17(1), 215-237.

원진숙. (2015). 2012 한국어 교육과정의 성격과 KSL 프로그램 운영 방안. **국어교육, 149,** 207-240.

윤령인. (2012). 결혼이민자 여성의 자아존중감, 한국어 능력, 남편의 아내 모국어 능력이 결혼만족도에 미치는 영향. 석사학위논문. 가톨릭대학교.

윤여탁, 민병곤, 진가연. (2014). 다문화 배경 학습자의 한국어 교재 연구: 읽기 제재를 중심으로. **다문화교육 연구와 실천, 6,** 1-26.

이다은. (2011). 이주노동자 대상 한국어 프로그램 분석: 서울 · 경기 지역 이주노동자지원센터를 중심으로. 석사학위논문. 연세대학교.

이복남. (2010). 유럽연합 다언어주의 정책의 성과와 한계: 공용어 운용을 중심으로. **유럽연구, 28(2),** 209-232.

이승연. (2012). **한국어교육을 위한 응용언어학 개론.** 태학사.

이용운. (2009). 이주노동자를 위한 한국어 어휘 목록 선정 및 교육방안 연구. 석사학위논문. 한국외국어대학교.

이용화. (2015). 이주노동자를 위한 상황 중심 교수요목 설계 연구. 석사학위논문. 경인교육대학교.

이윤희. (2009). TV 드라마를 통한 여성결혼이민자의 한국어 말하기 교육 방안. 석사학위논문. 배재대학교.

이지현, 진수진, 주현정, 조연실. (2013). 결혼이주여성의 한국어 능력, 자아존중감, 문화적응 스트레스가 가족건강성에 미치는 영향: 부부적응의 매개효과를 중심으로. **지역사회간호학회지, 24(1),** 87-98.

이필영, 김정선. (2008). 초등학생의 표현 어휘 능력 연구. **청람어문교육, 38,** 219-237.

임동진, 장우영. (2012). 다문화정책의 집행실태 및 개선방안 연구: 재한외국인처우기본법을 중심으로. **정책분석평가학회보, 22(2),** 95-127.

전기택, 정해숙, 김이선, 김영란, 주재선, 김혜영, 손창균, 이재분, 정기선, 황정미, 강민정, 선보영, 최윤정, 주유선, 박건표, 동제연. (2013). **2012년 전국 다문화가족 실태조사 연구.** 서울: 여성가족부.

전은주. (2012). 다문화 배경 학습자를 위한 한국어 교육과정의 내용 체계. **국어교육학연구, 45,** 49-80.

전은주. (2014). 다문화 배경 학습자를 위한 KSL 교수: 학습 방법-학습 한국어를 중심으로. **국어교육, 144,** 61-91.

전혜정, 민성혜, 이민영, 최혜영. (2009). 결혼이주여성 가족 건강성에 영향을 미치는 경로. **한국가족복지학, 14(2),** 5-27.

정국희. (2010). 이주노동자 한국어 교재 분석. 석사학위논문. 한남대학교.

정해숙, 김이선, 홍종명, 최윤정. (2012). **결혼이민자 한국어교육 효율화 방안.** 서울: 여성가족부.

정호선. (2015). 사회통합프로그램 한국어 교재 분석 -의사소통상황을 중심으로-. **새국어교육, 102,** 305-336.

조항록. (2008). 이주 노동자 대상 한국어 교육의 실제와 과제: 한국어 교육 정책의 관점에서. **사회언어학, 16(1),** 299-316.

조항록. (2013). 다문화사회에서의 한국어 교육 실제와 개선 방안-주요 교육 실시 체계를 중심으로-. **한국어 교육, 24(1),** 237-268.

조항록. (2015). 결혼이민자와 이주노동자의 입국 사증 취득을 위한 한국어능력 평가 체계 연구. **언어와 문화, 11(1),** 163-188.

조혜진. (2009). 카탈루냐의 언어통합정책과 사회언어학적 측면의 변화. **유럽연구, 27(2),** 341-369.

최권진, 송경옥. (2014). 여성결혼이민자 대상 한국어 교육의 현황 및 발전 방향-다문화가정지원센터에서의 한국어 교재와 쓰기 교육을 중심으로-. **한국언어문화학, 11(3),** 247-269.

최혜진. (2011). 이주노동자를 위한 한국어 교육과정 개발 연구. 석사학위논문. 한국외국어대학교.

홍종명. (2015). 운영 사례 분석을 통한 한국어(KSL) 교육과정의 비판적 고찰. **국제어문, 64,** 273-295.

행정자치부. (2015). 2015 지방자치단체 외국인주민 현황. 행정자치부 지방행정실 사회통합지원과.

허용, 강현화, 김선정, 이미혜, 최은규. (2009). **여성 결혼이민자를 위한 한국어 교육과정.** 서울: 국립국어원.

Adler, R. and Proctor, R. (2015). **인간관계와 의사소통의 심리학.** (정태연 역). 파주: 교육과학사. (원서출판 2014).

Asher, J. J. and Garcia, R. (1969). The optimal age to learn a foreign language. *The Modern Language Journal 53(5),* 334-341.

Fathman, A. (1975). The relationship between age and second language productive ability. *Language Learning, 25(2),* 245-253.

Flege, J. E. (1987). A critical period for learning to pronounce foreign languages. *Applied Linguistics, 8(2),* 162-177.

Flege, J. E. (1988). Factors affecting degree of perceived foreign accent in English sentences. *The Journal of the Acoustical Society of America, 84(1),* 70-79.

Hayes, A. F. (2015). **매개분석 · 조절분석 및 조절된 매개분석.** (이형권 역). 파주: 신영사. (원서출판 2013).

Johnson, J. S. and Newport, E. L. (1989). Critical period effects in second language learning: The influence of maturational state on the acquisition of English as a second language. *Cognitive Psychology, 21(1),* 60-99.

Krashen, S. D. (1973). Lateralization, language learning, and the critical period: Some new evidence. *Language learning, 23(1),* 63-74.

Lamendella, J. T. (1977). General principles of neurofunctional organization and their manifestation in primary and nonprimary language acquisition1. *Language learning, 27(1),* 155-196.

Lenneberg, E. H., Chomsky, N., & Marx, O. (1967). *Biological Foundations of Language, 68.* New York: Wiley.

Mills, D. L., Coffey-Corina, S. A., & Neville, H. J. (1993). Language acquisition and cerebral specialization in 20-month-old infants. *Journal of Cognitive Neuroscience, 5(3),* 317-334.

Nelson, K. (1973). Structure and strategy in learning to talk, *Monographs of the Society for Research in Child Development.* 1-135.

Oyama, S. (1976). A sensitive period for the acquisition of a nonnative phonological system. *Journal of Psycholinguistic Research, 5(3),* 261-283.

Oyama, S. (1978). The sensitive period and comprehension of speech. *NABE Journal, 3(1),* 25-40.

Penfield, W., Roberts, L. (1959). *Speech and brain mechanisms.* Princeton: Princeton University Press.

Pinker, S. (1994). How could a child use verb syntax to learn verb semantics?. *Lingua, 92,* 377-410.

Patkowski, M. S. (1980). The sensitive period for the acquisition of syntax in a second language 1. *Language Learning, 30(2),* 449-468.

Ramer, A. L. (1976). Syntactic styles in emerging language. *Journal of Child Language, 3(1),* 49-62.

Scovel, T. (1969). Foreign accents, language acquisition, and cerebral dominance1. *Language Learning, 19(3-4),* 245-253.

Scovel, T. (1988). *A Time to Speak: A Psycholinguistic Inquiry into the Critical Period for Human Speech.* New York: Newbury House Publishers.

Stevens, G. (2006). The Age-Length-Onset problem in research on second Language Acquisition among immigrants. *Language Learning, 56(4),* 671-692.

Tollefson, J. W. (2008). Language planning in education. *Language Policy and Political Issues in Education* (pp. 3-14). New York: Springer.

Wright, S. (2004). *Language Policy and Language Planning.* New York: Palgrave Macmillan.

# 부 록

# 1. 설문지(이주민근로자용)

| 설문대상 | 이주민근로자 |
| --- | --- |
| 설문언어 | 한국어 |

## ‘다문화 시대의 한국어 의사소통’ 어려움 확인 및 지원 방안 마련을 위한 설문조사

안녕하십니까? 본 설문지는 아산사회복지재단의 지원을 받아 이주민 근로자들이 한국어 의사소통에서 겪는 어려움을 조사하여 그 지원 방안을 마련하기 위하여 개발된 것입니다. 본 설문조사에서는 설문에 응답하는 분의 신상이 드러날 수 있는 정보는 수집하지 않습니다. 또한 설문조사 결과는 모두 익명으로 처리될 것이며, 연구 목적으로만 사용될 것입니다.

본 설문조사에 관해 궁금한 점이 있을 경우, 아래의 전화번호 혹은 E-mail로 문의하여 주시기 바랍니다. 바쁘신 중에도 조사에 참여해 주셔서 대단히 감사합니다.


연구책임자: 민병곤(서울대학교 사범대학 국어교육과)
공동연구원: 김종철(서울대학교 사범대학 국어교육과)
구본관(서울대학교 사범대학 국어교육과)
연구보조원: 박성석(서울대학교 사범대학 국어교육과)
박종관(서울대학교 사범대학 국어교육과)

주소: 서울특별시 관악구 관악로 1(서울대학교) 12동 511호
전화: 02-880-7689 / E-mail: likeyue@snu.ac.kr

[1~7] 자신에게 해당하는 내용을 ∨ 표시하거나 (  ) 안에 써 넣어 주세요.

1. 성별 ① 남 ② 여

2. 모어(태어나서 처음 배운 말)
(자신의 모어가 선택항에 없을 경우 ⑮기타의 (  )에 모어를 적어 주십시오.)

① 한국어 ② 러시아어 ③ 몽골어 ④ 베트남어 ⑤ 영어 ⑥ 우즈베크어
⑦ 인도네시아어 ⑧ 일본어 ⑨ 중국어 ⑩ 카자흐어 ⑪ 캄보디아어 ⑫ 키르기스어
⑬ 타갈로그어 ⑭ 타이어 ⑮ 기타 (  )

3. 최종 학력
① 초등학교 졸업 이하 ② 중학교 졸업 ③ 고등학교 졸업 ④ 대학교 졸업 이상

4. 출생 연도: (  ) 년

5. 거주지역: (  ) 시/도 (  ) 구/시/군 (  ) 동/읍/면

6. 한국에 거주한 총 기간: (  )년 (  )개월

7. 교육 기관을 통해 한국어를 배운 총 시간: (  )년 (  )개월

[8~17] 물음을 읽고 지시에 맞게 응답해 주세요.

8. 자신의 한국어 실력이 어느 정도 된다고 생각하는지 ∨표를 해 주세요.

| | 매우 부족하다 | 조금 부족하다 | 보통이다 | 조금 잘한다 | 매우 잘한다 |
|---|---|---|---|---|---|
| ① 한국어 듣기 | (  ) | (  ) | (  ) | (  ) | (  ) |
| ② 한국어 말하기 | (  ) | (  ) | (  ) | (  ) | (  ) |
| ③ 한국어 읽기 | (  ) | (  ) | (  ) | (  ) | (  ) |
| ④ 한국어 쓰기 | (  ) | (  ) | (  ) | (  ) | (  ) |

9. 직장에서 한국어로 대화를 얼마나 하는지 적고, 대화할 때 느끼는 어려움이 어느 정도인지 V표를 해 주세요.

| 대화 상대 | 하루 평균 대화 시간 (전혀 사용하지 않으면 0시간 0분으로 적으세요.) | 어려움의 정도 | | | | |
|---|---|---|---|---|---|---|
| | | 전혀 어렵지 않다 | 별로 어렵지 않다 | 보통이다 | 조금 어렵다 | 매우 어렵다 |
| ① 상사 | ( )시간 ( )분 | ( ) | ( ) | ( ) | ( ) | ( ) |
| ② 동료 | ( )시간 ( )분 | ( ) | ( ) | ( ) | ( ) | ( ) |
| ③ 부하 | ( )시간 ( )분 | ( ) | ( ) | ( ) | ( ) | ( ) |

9-1. 위의 9번 문항에서 '조금 어렵다' 또는 '매우 어렵다'에 응답하셨다면, 어떤 점이 어려운지 구체적으로 적어 주세요. (예: 높임법이 복잡해서 무언가를 부탁하기가 어렵다.)

| 대화 상대 | 어려운 점 |
|---|---|
| ① 상사 | |
| ② 동료 | |
| ③ 부하 | |

10. 직장에서 한국어를 얼마나 읽거나 쓰는지 적고, 읽거나 쓸 때 느끼는 어려움이 어느 정도인지 V표를 해 주세요.

| | 하루 평균 읽기/쓰기 시간 (전혀 사용하지 않으면 0시간 0분으로 적으세요.) | 어려움의 정도 | | | | |
|---|---|---|---|---|---|---|
| | | 전혀 어렵지 않다 | 별로 어렵지 않다 | 보통이다 | 조금 어렵다 | 매우 어렵다 |
| ① 읽기 | ( )시간 ( )분 | ( ) | ( ) | ( ) | ( ) | ( ) |
| ② 쓰기 | ( )시간 ( )분 | ( ) | ( ) | ( ) | ( ) | ( ) |

10-1. 위의 10번 문항에서 '조금 어렵다' 또는 '매우 어렵다'에 응답하셨다면, 어떤 점이 어려운지 구체적으로 적어 주세요. (예: 모르는 단어가 많아서 글쓰기가 어렵다.)

| | 어려운 점 |
|---|---|
| ① 읽기 | |
| ② 쓰기 | |

11. 직장에서 다음과 같은 의사소통을 <u>한국어로</u> 얼마나 자주 하는지 V표를 해 주세요.

| 의사소통 유형 | 거의 안 한다 | 가끔 한다 | 보통이다 | 자주 한다 | 매우 자주 한다 |
|---|---|---|---|---|---|
| ① 상사/동료/부하에게 부탁이나 요청하기 | ( ) | ( ) | ( ) | ( ) | ( ) |
| ② 상사/동료/부하와 업무에 필요한 지시를 전달하거나 전달받기 위해 대화하기 | ( ) | ( ) | ( ) | ( ) | ( ) |
| ③ 상사/동료/부하와 친해지기 위해 대화하기 | ( ) | ( ) | ( ) | ( ) | ( ) |
| ④ 채용, 계약 등을 위한 계약서 읽기 | ( ) | ( ) | ( ) | ( ) | ( ) |
| ⑤ 업무에 필요한 전화를 걸거나 받기 | ( ) | ( ) | ( ) | ( ) | ( ) |
| ⑥ 업무에 필요한 휴대전화 메시지를 읽거나 쓰기 | ( ) | ( ) | ( ) | ( ) | ( ) |
| ⑦ 업무에 필요한 문서, 작업 표지판 등을 읽기 | ( ) | ( ) | ( ) | ( ) | ( ) |
| ⑧ 업무에 필요한 문서 작성하기 | ( ) | ( ) | ( ) | ( ) | ( ) |
| ⑨ 업무에 필요한 한국어 웹사이트 게시 글 읽기 | ( ) | ( ) | ( ) | ( ) | ( ) |

12. 직장에서 다음과 같은 의사소통을 <u>한국어로</u> 할 때 느끼는 어려움의 정도에 V표를 해 주세요.

| 의사소통 유형 | 전혀 어렵지 않다 | 별로 어렵지 않다 | 보통이다 | 조금 어렵다 | 매우 어렵다 |
|---|---|---|---|---|---|
| ① 상사/동료/부하에게 부탁이나 요청하기 | ( ) | ( ) | ( ) | ( ) | ( ) |
| ② 상사/동료/부하와 업무에 필요한 지시를 전달하거나 전달받기 위해 대화하기 | ( ) | ( ) | ( ) | ( ) | ( ) |
| ③ 상사/동료/부하와 친해지기 위해 대화하기 | ( ) | ( ) | ( ) | ( ) | ( ) |
| ④ 채용, 계약 등을 위한 계약서 읽기 | ( ) | ( ) | ( ) | ( ) | ( ) |
| ⑤ 업무에 필요한 전화를 걸거나 받기 | ( ) | ( ) | ( ) | ( ) | ( ) |
| ⑥ 업무에 필요한 휴대전화 메시지를 읽거나 쓰기 | ( ) | ( ) | ( ) | ( ) | ( ) |
| ⑦ 업무에 필요한 문서, 작업 표지판 등을 읽기 | ( ) | ( ) | ( ) | ( ) | ( ) |
| ⑧ 업무에 필요한 문서 작성하기 | ( ) | ( ) | ( ) | ( ) | ( ) |
| ⑨ 업무에 필요한 한국어 웹사이트 게시 글 읽기 | ( ) | ( ) | ( ) | ( ) | ( ) |

13. *직장 밖에서* <u>한국어로</u> 대화를 얼마나 하는지 적고, 대화를 나눌 때 느끼는 어려움이 어느 정도인지 V표를 해 주세요.

| 대화 상대 | 하루 평균 대화 시간 (대화를 나누지 않으면 0시간 0분으로 적으세요.) | 어려움의 정도 | | | | |
|---|---|---|---|---|---|---|
| | | 전혀 어렵지 않다 | 별로 어렵지 않다 | 보통 이다 | 조금 어렵다 | 매우 어렵다 |
| ① 한국인 친구 | ( )시간 ( )분 | ( ) | ( ) | ( ) | ( ) | ( ) |
| ② 한국인 가족 | ( )시간 ( )분 | ( ) | ( ) | ( ) | ( ) | ( ) |
| ③ 한국인 이웃 | ( )시간 ( )분 | ( ) | ( ) | ( ) | ( ) | ( ) |
| ④ 외국인 친구 | ( )시간 ( )분 | ( ) | ( ) | ( ) | ( ) | ( ) |
| ⑤ 외국인 가족 | ( )시간 ( )분 | ( ) | ( ) | ( ) | ( ) | ( ) |
| ⑥ 외국인 이웃 | ( )시간 ( )분 | ( ) | ( ) | ( ) | ( ) | ( ) |

13-1. 위의 13번 문항에서 '조금 어렵다' 또는 '매우 어렵다'에 응답하셨다면, 어떤 점이 어려운지 구체적으로 적어 주세요. (예: 높임법이 어려워서 대화하기가 어렵다.)

| 대화 상대 | 어려운 점 |
|---|---|
| ① 한국인 친구 | |
| ② 한국인 가족 | |
| ③ 한국인 이웃 | |
| ④ 외국인 친구 | |
| ⑤ 외국인 가족 | |
| ⑥ 외국인 이웃 | |

14. *직장 밖에서* 대중매체를 이용하는 시간을 적고, 이용할 때 느끼는 어려움의 정도에 V표를 해 주세요.

| 대중매체 | 하루 평균 이용 시간<br>(전혀 사용하지 않으면 0시간 0분으로 적으세요.) | 어려움의 정도 | | | | |
|---|---|---|---|---|---|---|
| | | 전혀 어렵지 않다 | 별로 어렵지 않다 | 보통이다 | 조금 어렵다 | 매우 어렵다 |
| ① 한국어 텔레비전 프로그램 | (　　)시간 (　　)분 | (　) | (　) | (　) | (　) | (　) |
| ② 한국어 라디오 프로그램 | (　　)시간 (　　)분 | (　) | (　) | (　) | (　) | (　) |
| ③ 한국어 웹사이트 | (　　)시간 (　　)분 | (　) | (　) | (　) | (　) | (　) |
| ④ 종이로 된 한국어 신문이나 잡지 | (　　)시간 (　　)분 | (　) | (　) | (　) | (　) | (　) |

14-1. 위의 14번 문항에서 '조금 어렵다' 또는 '매우 어렵다'에 응답하셨다면, 어떤 점이 어려운지 구체적으로 적어 주세요. (예: 말하는 속도가 빨라서 뉴스를 이해하기 어렵다.)

| | 어려운 점 |
|---|---|
| ① 한국어 텔레비전 프로그램 | |
| ② 한국어 라디오 프로그램 | |
| ③ 한국어 웹사이트 | |
| ④ 종이로 된 한국어 신문이나 잡지 | |

15. *직장 밖에서* 다음과 같은 의사소통을 한국어로 얼마나 자주 하는지 V표를 해 주세요.

| 의사소통 유형 | 거의 안 한다 | 가끔 한다 | 보통이다 | 자주 한다 | 매우 자주 한다 |
|---|---|---|---|---|---|
| ① 친구에게 부탁이나 요청하기 | ( ) | ( ) | ( ) | ( ) | ( ) |
| ② 취미나 관심사에 관해 친구와 대화하기 | ( ) | ( ) | ( ) | ( ) | ( ) |
| ③ 시장, 마트, 백화점에서 물건을 사기 위해 점원과 대화하기 | ( ) | ( ) | ( ) | ( ) | ( ) |
| ④ 은행이나 관공서(우체국, 주민센터, 출입국사무소 등)에서 업무 처리를 위해 직원과 대화하기 | ( ) | ( ) | ( ) | ( ) | ( ) |
| ⑤ 진료나 처방을 받기 위해 의사나 약사와 대화하기 | ( ) | ( ) | ( ) | ( ) | ( ) |
| ⑥ 길을 묻거나 알려주기 위해 모르는 사람과 대화하기 | ( ) | ( ) | ( ) | ( ) | ( ) |
| ⑦ 처음 만난 사람과 친해지기 위해 대화하기 | ( ) | ( ) | ( ) | ( ) | ( ) |
| ⑧ 전화를 걸거나 받기 | ( ) | ( ) | ( ) | ( ) | ( ) |
| ⑨ 휴대전화 메시지를 읽거나 쓰기 | ( ) | ( ) | ( ) | ( ) | ( ) |
| ⑩ 표지판, 간판, 광고를 읽기 | ( ) | ( ) | ( ) | ( ) | ( ) |

16. *직장 밖에서* 다음과 같은 의사소통을 한국어로 할 때 느끼는 어려움의 정도에 V표를 해 주세요.

| 의사소통 유형 | 전혀 어렵지 않다 | 별로 어렵지 않다 | 보통이다 | 조금 어렵다 | 매우 어렵다 |
|---|---|---|---|---|---|
| ① 친구에게 부탁이나 요청하기 | ( ) | ( ) | ( ) | ( ) | ( ) |
| ② 취미나 관심사에 관해 친구와 대화하기 | ( ) | ( ) | ( ) | ( ) | ( ) |
| ③ 시장, 마트, 백화점에서 물건을 사기 위해 점원과 대화하기 | ( ) | ( ) | ( ) | ( ) | ( ) |
| ④ 은행이나 관공서(우체국, 주민센터, 출입국사무소 등)에서 업무 처리를 위해 직원과 대화하기 | ( ) | ( ) | ( ) | ( ) | ( ) |
| ⑤ 진료나 처방을 받기 위해 의사나 약사와 대화하기 | ( ) | ( ) | ( ) | ( ) | ( ) |
| ⑥ 길을 묻거나 알려주기 위해 모르는 사람과 대화하기 | ( ) | ( ) | ( ) | ( ) | ( ) |
| ⑦ 처음 만난 사람과 친해지기 위해 대화하기 | ( ) | ( ) | ( ) | ( ) | ( ) |
| ⑧ 전화를 걸거나 받기 | ( ) | ( ) | ( ) | ( ) | ( ) |
| ⑨ 휴대전화 메시지를 읽거나 쓰기 | ( ) | ( ) | ( ) | ( ) | ( ) |
| ⑩ 표지판, 간판, 광고를 읽기 | ( ) | ( ) | ( ) | ( ) | ( ) |

17. 배우고 싶은 의사소통 교육 분야를 2가지 고르고, 필요한 이유를 구체적으로 적어 주세요.

| 분야 | 이유 |
|---|---|
| ① 직장에서의 한국어 듣기/말하기<br>② 직장에서의 한국어 읽기<br>③ 직장에서의 한국어 쓰기<br>④ 직장 밖에서의 한국어 듣기/말하기<br>⑤ 직장 밖에서의 한국어 읽기<br>⑥ 직장 밖에서의 한국어 쓰기 | |

설문에 끝까지 응답해 주셔서 감사합니다.

본 설문 조사의 결과를 바탕으로 추후 인터뷰(면담)를 진행할 예정입니다. 인터뷰 시간은 1시간 정도이며, 인터뷰에 참가하시는 분들께는 소정의 사례를 할 계획입니다. 참여를 원하시는 분들께서는 이름과 휴대 전화번호를 남겨 주십시오. 남겨 주신 이름과 연락처는 인터뷰 요청에만 사용되며, 인터뷰 종료 후 즉시 폐기됩니다.

이름:
연락처(휴대 전화):

## 2. 설문지(여성 결혼이주민용)

| 설문대상 | 여성 결혼이주민 |
|---|---|
| 설문언어 | 한국어 |

### '다문화 시대의 한국어 의사소통' 어려움 확인 및 지원 방안 마련을 위한 설문조사

안녕하십니까? 본 설문지는 아산사회복지재단의 지원을 받아 여성 결혼이주민들이 한국어 의사소통에서 겪는 어려움을 조사하여 그 지원 방안을 마련하기 위하여 개발된 것입니다. 본 설문조사에서는 설문에 응답하는 분의 신상이 드러날 수 있는 정보는 수집하지 않습니다. 또한 설문조사 결과는 모두 익명으로 처리될 것이며, 연구 목적으로만 사용될 것입니다.

본 설문조사에 관해 궁금한 점이 있을 경우, 아래의 전화번호 혹은 E-mail로 문의하여 주시기 바랍니다. 바쁘신 중에도 조사에 참여해 주셔서 대단히 감사합니다.

연구책임자: 민병곤(서울대학교 사범대학 국어교육과)
공동연구원: 김종철(서울대학교 사범대학 국어교육과)
구본관(서울대학교 사범대학 국어교육과)
연구보조원: 박성석(서울대학교 사범대학 국어교육과)
박종관(서울대학교 사범대학 국어교육과)

주소: 서울특별시 관악구 관악로 1(서울대학교) 12동 511호
전화: 02-880-7689 / E-mail: likeyue@snu.ac.kr

[1～7] 자신에게 해당하는 내용을 V 표시하거나 (     ) 안에 써 넣어 주세요.

1. 성별 ① 남 ② 여

2. 모어(태어나서 처음 배운 말)
(자신의 모어가 선택항에 없을 경우 ⑮기타의 (     )에 모어를 적어 주십시오.)

① 한국어 ② 러시아어 ③ 몽골어 ④ 베트남어 ⑤ 영어 ⑥ 우즈베크어
⑦ 인도네시아어 ⑧ 일본어 ⑨ 중국어 ⑩ 카자흐어 ⑪ 캄보디아어 ⑫ 키르기스어
⑬ 타갈로그어 ⑭ 타이어 ⑮ 기타 (          )

3. 최종 학력
① 초등학교 졸업 이하 ② 중학교 졸업 ③ 고등학교 졸업 ④ 대학교 졸업 이상

4. 출생 연도: (          ) 년

5. 거주지역: (          ) 시/도 (          ) 구/시/군 (          ) 동/읍/면

6. 한국에 거주한 총 기간: (     )년 (     )개월

7. 교육 기관을 통해 한국어를 배운 총 시간: (     )년 (     )개월

[8～17] 물음을 읽고 지시에 맞게 응답해 주세요.

8. 자신의 한국어 실력이 어느 정도 된다고 생각하는지 V표를 해 주세요.

| | 매우 부족하다 | 조금 부족하다 | 보통이다 | 조금 잘한다 | 매우 잘한다 |
|---|---|---|---|---|---|
| ① 한국어 듣기 | (  ) | (  ) | (  ) | (  ) | (  ) |
| ② 한국어 말하기 | (  ) | (  ) | (  ) | (  ) | (  ) |
| ③ 한국어 읽기 | (  ) | (  ) | (  ) | (  ) | (  ) |
| ④ 한국어 쓰기 | (  ) | (  ) | (  ) | (  ) | (  ) |

9. 가정에서 한국어로 대화를 얼마나 하는지 적고, 대화할 때 느끼는 어려움이 어느 정도인지 V표를 해 주세요.

| 대화 상대 | 하루 평균 대화 시간<br>(전혀 사용하지 않으면 0시간 0분으로 적으세요.) | 어려움의 정도 | | | | |
|---|---|---|---|---|---|---|
| | | 전혀 어렵지 않다 | 별로 어렵지 않다 | 보통이다 | 조금 어렵다 | 매우 어렵다 |
| ① 시부모 | (　)시간 (　)분 | (　) | (　) | (　) | (　) | (　) |
| ② 배우자 | (　)시간 (　)분 | (　) | (　) | (　) | (　) | (　) |
| ③ 자녀 | (　)시간 (　)분 | (　) | (　) | (　) | (　) | (　) |

9-1. 위의 9번 문항에서 '조금 어렵다' 또는 '매우 어렵다'에 응답하셨다면, 어떤 점이 어려운지 구체적으로 적어 주세요. (예: 높임법이 복잡해서 무언가를 부탁하기가 어렵다.)

| 대화 상대 | 어려운 점 |
|---|---|
| ① 시부모 | |
| ② 배우자 | |
| ③ 자녀 | |

10. 가정에서 한국어를 얼마나 읽거나 쓰는지 적고, 읽거나 쓸 때 느끼는 어려움이 어느 정도인지 V표를 해 주세요.

| | 하루 평균 읽기/쓰기 시간<br>(전혀 사용하지 않으면 0시간 0분으로 적으세요.) | 어려움의 정도 | | | | |
|---|---|---|---|---|---|---|
| | | 전혀 어렵지 않다 | 별로 어렵지 않다 | 보통이다 | 조금 어렵다 | 매우 어렵다 |
| ① 읽기 | (　)시간 (　)분 | (　) | (　) | (　) | (　) | (　) |
| ② 쓰기 | (　)시간 (　)분 | (　) | (　) | (　) | (　) | (　) |

10-1. 위의 10번 문항에서 '조금 어렵다' 또는 '매우 어렵다'에 응답하셨다면, 어떤 점이 어려운지 구체적으로 적어 주세요. (예: 모르는 단어가 많아서 글쓰기가 어렵다.)

| | 어려운 점 |
|---|---|
| ① 읽기 | |
| ② 쓰기 | |

11. 가정에서 다음과 같은 의사소통을 한국어로 얼마나 자주 하는지 V표를 해 주세요.

| 의사소통 유형 | 거의 안 한다 | 가끔 한다 | 보통이다 | 자주 한다 | 매우 자주 한다 |
|---|---|---|---|---|---|
| ① 시부모가 불편한 감정을 표현하는 말 듣기 | ( ) | ( ) | ( ) | ( ) | ( ) |
| ② 시부모에게 자신의 의견 표현하기 | ( ) | ( ) | ( ) | ( ) | ( ) |
| ③ 시부모/배우자와 집안일을 의논하기 | ( ) | ( ) | ( ) | ( ) | ( ) |
| ④ 배우자와 자녀의 교육 문제를 의논하기 | ( ) | ( ) | ( ) | ( ) | ( ) |
| ⑤ 집안에 필요한 물건을 사기 위해 한국어 웹사이트 게시 글 읽기 | ( ) | ( ) | ( ) | ( ) | ( ) |
| ⑥ 자녀의 학교 홈페이지에 올라온 게시 글 읽기 | ( ) | ( ) | ( ) | ( ) | ( ) |
| ⑦ 가족에게 전화를 걸거나 가족으로부터 전화 받기 | ( ) | ( ) | ( ) | ( ) | ( ) |
| ⑧ 가족에게 휴대전화로 메시지를 쓰거나 가족으로부터 온 휴대전화 메시지 읽기 | ( ) | ( ) | ( ) | ( ) | ( ) |
| ⑨ 자녀의 숙제를 도와주기 위해 한국어를 읽거나 쓰기 | ( ) | ( ) | ( ) | ( ) | ( ) |
| ⑩ 자녀의 학교에서 온 가정 통신문을 읽거나 담임 선생님께 편지 쓰기 | ( ) | ( ) | ( ) | ( ) | ( ) |

12. 가정에서 다음과 같은 의사소통을 한국어로 할 때 느끼는 어려움의 정도에 V표를 해 주세요.

| 의사소통 유형 | 전혀 어렵지 않다 | 별로 어렵지 않다 | 보통이다 | 조금 어렵다 | 매우 어렵다 |
|---|---|---|---|---|---|
| ① 시부모가 불편한 감정을 표현하는 말 듣기 | ( ) | ( ) | ( ) | ( ) | ( ) |
| ② 시부모에게 자신의 의견 표현하기 | ( ) | ( ) | ( ) | ( ) | ( ) |
| ③ 시부모/배우자와 집안일을 의논하기 | ( ) | ( ) | ( ) | ( ) | ( ) |
| ④ 배우자와 자녀의 교육 문제를 의논하기 | ( ) | ( ) | ( ) | ( ) | ( ) |
| ⑤ 집안에 필요한 물건을 사기 위해 한국어 웹사이트 게시 글 읽기 | ( ) | ( ) | ( ) | ( ) | ( ) |
| ⑥ 자녀의 학교 홈페이지에 올라온 게시 글 읽기 | ( ) | ( ) | ( ) | ( ) | ( ) |
| ⑦ 가족에게 전화를 걸거나 가족으로부터 전화 받기 | ( ) | ( ) | ( ) | ( ) | ( ) |
| ⑧ 가족에게 휴대전화로 메시지를 쓰거나 가족으로부터 온 휴대전화 메시지 읽기 | ( ) | ( ) | ( ) | ( ) | ( ) |
| ⑨ 자녀의 숙제를 도와주기 위해 한국어를 읽거나 쓰기 | ( ) | ( ) | ( ) | ( ) | ( ) |
| ⑩ 자녀의 학교에서 온 가정 통신문을 읽거나 담임 선생님께 편지 쓰기 | ( ) | ( ) | ( ) | ( ) | ( ) |

13. 가정에서 대중매체를 이용하는 시간을 적고, 이용할 때 느끼는 어려움의 정도에 V표를 해 주세요.

| 대중매체 | 하루 평균 이용 시간 (전혀 사용하지 않으면 0시간 0분으로 적으세요.) | 어려움의 정도 | | | | |
|---|---|---|---|---|---|---|
| | | 전혀 어렵지 않다 | 별로 어렵지 않다 | 보통이다 | 조금 어렵다 | 매우 어렵다 |
| ① 한국어 텔레비전 프로그램 | (  )시간 (  )분 | ( ) | ( ) | ( ) | ( ) | ( ) |
| ② 한국어 라디오 프로그램 | (  )시간 (  )분 | ( ) | ( ) | ( ) | ( ) | ( ) |
| ③ 한국어 웹사이트 | (  )시간 (  )분 | ( ) | ( ) | ( ) | ( ) | ( ) |
| ④ 종이로 된 한국어 신문이나 잡지 | (  )시간 (  )분 | ( ) | ( ) | ( ) | ( ) | ( ) |

13-1. 위의 13번 문항에서 '조금 어렵다' 또는 '매우 어렵다'에 응답하셨다면, 어떤 점이 어려운지 구체적으로 적어 주세요. (예: 말하는 속도가 빨라서 뉴스를 이해하기 어렵다.)

| | 어려운 점 |
|---|---|
| ① 한국어 텔레비전 프로그램 | |
| ② 한국어 라디오 프로그램 | |
| ③ 한국어 웹사이트 | |
| ④ 종이로 된 한국어 신문이나 잡지 | |

14. 가정 밖에서 한국어로 대화를 얼마나 하는지 적고, 대화를 나눌 때 느끼는 어려움이 어느 정도인지 V표를 해 주세요.

| 대화 상대 | 하루 평균 대화 시간 (대화를 나누지 않으면 0시간 0분으로 적으세요.) | 어려움의 정도 | | | | |
|---|---|---|---|---|---|---|
| | | 전혀 어렵지 않다 | 별로 어렵지 않다 | 보통이다 | 조금 어렵다 | 매우 어렵다 |
| ① 한국에서 태어나서 성장한 친구 | ( )시간 ( )분 | ( ) | ( ) | ( ) | ( ) | ( ) |
| ② 한국에서 태어나서 성장한 이웃 | ( )시간 ( )분 | ( ) | ( ) | ( ) | ( ) | ( ) |
| ③ 외국에서 이주해 온 친구 | ( )시간 ( )분 | ( ) | ( ) | ( ) | ( ) | ( ) |
| ④ 외국에서 이주해 온 이웃 | ( )시간 ( )분 | ( ) | ( ) | ( ) | ( ) | ( ) |

14-1. 위의 14번 문항에서 '조금 어렵다' 또는 '매우 어렵다'에 응답하셨다면, 어떤 점이 어려운지 구체적으로 적어 주세요. (예: 높임법이 어려워서 대화하기가 어렵다.)

| 대화 상대 | 어려운 점 |
|---|---|
| ① 한국에서 태어나서 성장한 친구 | |
| ② 한국에서 태어나서 성장한 이웃 | |
| ③ 외국에서 이주해 온 친구 | |
| ④ 외국에서 이주해 온 이웃 | |

15. *가정 밖에서* 다음과 같은 의사소통을 <u>한국어로</u> 얼마나 자주 하는지 V표를 해 주세요.

| 의사소통 유형 | 거의 안 한다 | 가끔 한다 | 보통이다 | 자주 한다 | 매우 자주 한다 |
|---|---|---|---|---|---|
| ① 친구에게 부탁이나 요청하기 | ( ) | ( ) | ( ) | ( ) | ( ) |
| ② 취미나 관심사에 관해 친구와 대화하기 | ( ) | ( ) | ( ) | ( ) | ( ) |
| ③ 시장, 마트, 백화점에서 물건을 사기 위해 점원과 대화하기 | ( ) | ( ) | ( ) | ( ) | ( ) |
| ④ 은행이나 관공서(우체국, 주민센터, 출입국사무소 등)에서 업무 처리를 위해 직원과 대화하기 | ( ) | ( ) | ( ) | ( ) | ( ) |
| ⑤ 진료나 처방을 받기 위해 의사나 약사와 대화하기 | ( ) | ( ) | ( ) | ( ) | ( ) |
| ⑥ 길을 묻거나 알려주기 위해 모르는 사람과 대화하기 | ( ) | ( ) | ( ) | ( ) | ( ) |
| ⑦ 처음 만난 사람과 친해지기 위해 대화하기 | ( ) | ( ) | ( ) | ( ) | ( ) |
| ⑧ 전화를 걸거나 받기 | ( ) | ( ) | ( ) | ( ) | ( ) |
| ⑨ 휴대전화 메시지를 읽거나 쓰기 | ( ) | ( ) | ( ) | ( ) | ( ) |
| ⑩ 표지판, 간판, 광고를 읽기 | ( ) | ( ) | ( ) | ( ) | ( ) |

16. *가정 밖에서* 다음과 같은 의사소통을 <u>한국어로</u> 할 때 느끼는 어려움의 정도에 V표를 해 주세요.

| 의사소통 유형 | 전혀 어렵지 않다 | 별로 어렵지 않다 | 보통이다 | 조금 어렵다 | 매우 어렵다 |
|---|---|---|---|---|---|
| ① 친구에게 부탁이나 요청하기 | ( ) | ( ) | ( ) | ( ) | ( ) |
| ② 취미나 관심사에 관해 친구와 대화하기 | ( ) | ( ) | ( ) | ( ) | ( ) |
| ③ 시장, 마트, 백화점에서 물건을 사기 위해 점원과 대화하기 | ( ) | ( ) | ( ) | ( ) | ( ) |
| ④ 은행이나 관공서(우체국, 주민센터, 출입국사무소 등)에서 업무 처리를 위해 직원과 대화하기 | ( ) | ( ) | ( ) | ( ) | ( ) |
| ⑤ 진료나 처방을 받기 위해 의사나 약사와 대화하기 | ( ) | ( ) | ( ) | ( ) | ( ) |
| ⑥ 길을 묻거나 알려주기 위해 모르는 사람과 대화하기 | ( ) | ( ) | ( ) | ( ) | ( ) |
| ⑦ 처음 만난 사람과 친해지기 위해 대화하기 | ( ) | ( ) | ( ) | ( ) | ( ) |
| ⑧ 전화를 걸거나 받기 | ( ) | ( ) | ( ) | ( ) | ( ) |
| ⑨ 휴대전화 메시지를 읽거나 쓰기 | ( ) | ( ) | ( ) | ( ) | ( ) |
| ⑩ 표지판, 간판, 광고를 읽기 | ( ) | ( ) | ( ) | ( ) | ( ) |

17. 배우고 싶은 의사소통 교육 분야를 2가지 고르고, 필요한 이유를 구체적으로 적어 주세요.

| 분야 | 이유 |
|---|---|
| ① 가정에서의 한국어 듣기/말하기<br>② 가정에서의 한국어 읽기<br>③ 가정에서의 한국어 쓰기<br>④ 가정 밖에서의 한국어 듣기/말하기<br>⑤ 가정 밖에서의 한국어 읽기<br>⑥ 가정 밖에서의 한국어 쓰기 | |

설문에 끝까지 응답해 주셔서 감사합니다.

본 설문 조사의 결과를 바탕으로 추후 인터뷰(면담)를 진행할 예정입니다. 인터뷰 시간은 1시간 정도이며, 인터뷰에 참가하시는 분들께는 소정의 사례를 할 계획입니다. 참여를 원하시는 분들께서는 이름과 휴대 전화번호를 남겨 주십시오. 남겨 주신 이름과 연락처는 인터뷰 요청에만 사용되며, 인터뷰 종료 후 즉시 폐기됩니다.

이름:
연락처(휴대 전화):

## 3. 설문지(이주민자녀용)

| 설문대상 | 이주민자녀 |
|---|---|
| 설문언어 | 한국어 |

### '다문화 시대의 한국어 의사소통' 어려움 확인 및 지원 방안 마련을 위한 설문조사

안녕하십니까? 본 설문지는 아산사회복지재단의 지원을 받아 이주민 자녀들이 한국어 의사소통에서 겪는 어려움을 조사하여 그 지원 방안을 마련하기 위하여 개발된 것입니다. 본 설문조사에서는 설문에 응답하는 분의 신상이 드러날 수 있는 정보는 수집하지 않습니다. 또한 설문조사 결과는 모두 익명으로 처리될 것이며, 연구 목적으로만 사용될 것입니다.

본 설문조사에 관해 궁금한 점이 있을 경우, 아래의 전화번호 혹은 E-mail로 문의하여 주시기 바랍니다. 바쁘신 중에도 조사에 참여해 주셔서 대단히 감사합니다.

연구책임자: 민병곤(서울대학교 사범대학 국어교육과)
공동연구원: 김종철(서울대학교 사범대학 국어교육과)
구본관(서울대학교 사범대학 국어교육과)
연구보조원: 박성석(서울대학교 사범대학 국어교육과)
박종관(서울대학교 사범대학 국어교육과)

주소: 서울특별시 관악구 관악로 1(서울대학교) 12동 511호
전화: 02-880-7689 / E-mail: likeyue@snu.ac.kr

[1~7] 자신에게 해당하는 내용을 V 표시하거나 (   ) 안에 써 넣어 주세요.

1. 성별 ① 남  ② 여

2. 모어(태어나서 처음 배운 말)
(자신의 모어가 선택항에 없을 경우 ⑮기타의 (   )에 모어를 적어 주십시오.)

① 한국어 ② 러시아어 ③ 몽골어 ④ 베트남어 ⑤ 영어 ⑥ 우즈베크어
⑦ 인도네시아어 ⑧ 일본어 ⑨ 중국어 ⑩ 카자흐어 ⑪ 캄보디아어 ⑫ 키르기스어
⑬ 타갈로그어 ⑭ 타이어 ⑮ 기타 (          )

3. 학교, 학년, 반, 번호: (          ) 학교 (   ) 학년 (   ) 반 (   ) 번

4. 출생 연도: (       ) 년

5. 거주지역: (       ) 시/도 (       ) 구/시/군 (       ) 동/읍/면

6. 한국에 거주한 총 기간: (   )년 (   )개월

7. 교육 기관을 통해 한국어를 배운 총 시간: (   )년 (   )개월

[8~17] 물음을 읽고 지시에 맞게 응답해 주세요.

8. 자신의 한국어 실력이 어느 정도 된다고 생각하는지 V표를 해 주세요.

| | 매우 부족하다 | 조금 부족하다 | 보통이다 | 조금 잘한다 | 매우 잘한다 |
|---|---|---|---|---|---|
| ① 한국어 듣기 | (  ) | (  ) | (  ) | (  ) | (  ) |
| ② 한국어 말하기 | (  ) | (  ) | (  ) | (  ) | (  ) |
| ③ 한국어 읽기 | (  ) | (  ) | (  ) | (  ) | (  ) |
| ④ 한국어 쓰기 | (  ) | (  ) | (  ) | (  ) | (  ) |

9. 학교에서 한국어로 대화를 얼마나 하는지 적고, 대화할 때 느끼는 어려움이 어느 정도인지 V표를 해 주세요.

| 대화 상대 | 하루 평균 대화 시간 (전혀 사용하지 않으면 0시간 0분으로 적으세요.) | 어려움의 정도 | | | | |
|---|---|---|---|---|---|---|
| | | 전혀 어렵지 않다 | 별로 어렵지 않다 | 보통이다 | 조금 어렵다 | 매우 어렵다 |
| ① 친구 | ( )시간 ( )분 | ( ) | ( ) | ( ) | ( ) | ( ) |
| ② 선생님 | ( )시간 ( )분 | ( ) | ( ) | ( ) | ( ) | ( ) |

9-1. 위의 9번 문항에서 '조금 어렵다' 또는 '매우 어렵다'에 응답하셨다면, 어떤 점이 어려운지 구체적으로 적어 주세요. (예: 높임법이 복잡해서 질문하기가 어렵다.)

| 대화 상대 | 어려운 점 |
|---|---|
| ① 친구 | |
| ② 선생님 | |

10. 학교에서 한국어를 얼마나 읽거나 쓰는지 적고, 읽거나 쓸 때 느끼는 어려움이 어느 정도인지 V표를 해 주세요.

| | 하루 평균 읽기/쓰기 시간 (전혀 사용하지 않으면 0시간 0분으로 적으세요.) | 어려움의 정도 | | | | |
|---|---|---|---|---|---|---|
| | | 전혀 어렵지 않다 | 별로 어렵지 않다 | 보통이다 | 조금 어렵다 | 매우 어렵다 |
| ① 읽기 | ( )시간 ( )분 | ( ) | ( ) | ( ) | ( ) | ( ) |
| ② 쓰기 | ( )시간 ( )분 | ( ) | ( ) | ( ) | ( ) | ( ) |

10-1. 위의 10번 문항에서 '조금 어렵다' 또는 '매우 어렵다'에 응답하셨다면, 어떤 점이 어려운지 구체적으로 적어 주세요. (예: 모르는 단어가 많아서 글쓰기가 어렵다.)

| | 어려운 점 |
|---|---|
| ① 읽기 | |
| ② 쓰기 | |

11. 학교에서 다음과 같은 의사소통을 <u>한국어로</u> 얼마나 자주 하는지 V표를 해 주세요.

| 의사소통 유형 | 거의 안 한다 | 가끔 한다 | 보통 이다 | 자주 한다 | 매우 자주 한다 |
|---|---|---|---|---|---|
| ① 쉬는 시간이나 점심시간에 친구들과 일상적인 대화하기 | ( ) | ( ) | ( ) | ( ) | ( ) |
| ② 잘 모르는 친구와 친해지기 위해 대화하기 | ( ) | ( ) | ( ) | ( ) | ( ) |
| ③ 수업 시간에 선생님께 질문하거나 선생님의 질문에 대답하기 | ( ) | ( ) | ( ) | ( ) | ( ) |
| ④ 수업 시간에 교실 앞에 나와서 발표하기 | ( ) | ( ) | ( ) | ( ) | ( ) |
| ⑤ 친구들과 공부 내용에 관해서 대화하기 | ( ) | ( ) | ( ) | ( ) | ( ) |
| ⑥ 쉬는 시간이나 점심시간에 선생님께 모르는 내용 질문하기 | ( ) | ( ) | ( ) | ( ) | ( ) |
| ⑦ 공부에 필요한 책 읽기 | ( ) | ( ) | ( ) | ( ) | ( ) |
| ⑧ 선생님께서 내 주신 과제를 위해 글쓰기 | ( ) | ( ) | ( ) | ( ) | ( ) |
| ⑨ 과제나 학습을 위해 웹사이트 게시 글 읽기 | ( ) | ( ) | ( ) | ( ) | ( ) |

12. 학교에서 다음과 같은 의사소통을 <u>한국어로</u> 할 때 느끼는 어려움의 정도에 V표를 해 주세요.

| 의사소통 유형 | 전혀 어렵지 않다 | 별로 어렵지 않다 | 보통이다 | 조금 어렵다 | 매우 어렵다 |
|---|---|---|---|---|---|
| ① 쉬는 시간이나 점심시간에 친구들과 일상적인 대화하기 | ( ) | ( ) | ( ) | ( ) | ( ) |
| ② 잘 모르는 친구와 친해지기 위해 대화하기 | ( ) | ( ) | ( ) | ( ) | ( ) |
| ③ 수업 시간에 선생님께 질문하거나 선생님의 질문에 대답하기 | ( ) | ( ) | ( ) | ( ) | ( ) |
| ④ 수업 시간에 교실 앞에 나와서 발표하기 | ( ) | ( ) | ( ) | ( ) | ( ) |
| ⑤ 친구들과 공부 내용에 관해서 대화하기 | ( ) | ( ) | ( ) | ( ) | ( ) |
| ⑥ 쉬는 시간이나 점심시간에 선생님께 모르는 내용 질문하기 | ( ) | ( ) | ( ) | ( ) | ( ) |
| ⑦ 공부에 필요한 책 읽기 | ( ) | ( ) | ( ) | ( ) | ( ) |
| ⑧ 선생님께서 내 주신 과제를 위해 글쓰기 | ( ) | ( ) | ( ) | ( ) | ( ) |
| ⑨ 과제나 학습을 위해 웹사이트 게시 글 읽기 | ( ) | ( ) | ( ) | ( ) | ( ) |

13. *방과 후에* <u>한국어로</u> 대화를 얼마나 하는지 적고, 대화를 나눌 때 느끼는 어려움이 어느 정도인지 V표를 해 주세요.

| 대화 상대 | 하루 평균 대화 시간 (대화를 나누지 않으면 0시간 0분으로 적으세요.) | 어려움의 정도 | | | | |
|---|---|---|---|---|---|---|
| | | 전혀 어렵지 않다 | 별로 어렵지 않다 | 보통이다 | 조금 어렵다 | 매우 어렵다 |
| ① 친구 | (　)시간 (　)분 | (　) | (　) | (　) | (　) | (　) |
| ② 가족 | (　)시간 (　)분 | (　) | (　) | (　) | (　) | (　) |
| ③ 선생님 | (　)시간 (　)분 | (　) | (　) | (　) | (　) | (　) |

13-1. 위의 13번 문항에서 '조금 어렵다' 또는 '매우 어렵다'에 응답하셨다면, 어떤 점이 어려운지 구체적으로 적어 주세요. (예: 높임법이 어려워서 대화하기가 어렵다.)

| 대화 상대 | 어려운 점 |
|---|---|
| ① 친구 | |
| ② 가족 | |
| ③ 선생님 | |

14. *방과 후에* 대중매체를 이용하는 시간을 적고, 이용할 때 느끼는 어려움의 정도에 V표를 해 주세요.

| 대중매체 | 하루 평균 이용 시간<br>(전혀 사용하지 않으면 0시간 0분으로 적으세요.) | 어려움의 정도 | | | | |
|---|---|---|---|---|---|---|
| | | 전혀 어렵지 않다 | 별로 어렵지 않다 | 보통이다 | 조금 어렵다 | 매우 어렵다 |
| ① 한국어 텔레비전 프로그램 | (  )시간 (  )분 | ( ) | ( ) | ( ) | ( ) | ( ) |
| ② 한국어 라디오 프로그램 | (  )시간 (  )분 | ( ) | ( ) | ( ) | ( ) | ( ) |
| ③ 한국어 웹사이트 | (  )시간 (  )분 | ( ) | ( ) | ( ) | ( ) | ( ) |
| ④ 종이로 된 한국어 신문이나 잡지 | (  )시간 (  )분 | ( ) | ( ) | ( ) | ( ) | ( ) |

14-1. 위의 14번 문항에서 '조금 어렵다' 또는 '매우 어렵다'에 응답하셨다면, 어떤 점이 어려운지 구체적으로 적어 주세요. (예: 말하는 속도가 빨라서 뉴스를 이해하기 어렵다.)

| | 어려운 점 |
|---|---|
| ① 한국어 텔레비전 프로그램 | |
| ② 한국어 라디오 프로그램 | |
| ③ 한국어 웹사이트 | |
| ④ 종이로 된 한국어 신문이나 잡지 | |

15. *방과 후에* 다음과 같은 의사소통을 <u>한국어로</u> 얼마나 자주 하는지 V표를 해 주세요.

| 의사소통 유형 | 거의 안 한다 | 가끔 한다 | 보통 이다 | 자주 한다 | 매우 자주 한다 |
|---|---|---|---|---|---|
| ① 친구에게 부탁이나 요청하기 | ( ) | ( ) | ( ) | ( ) | ( ) |
| ② 취미나 관심사에 관해 친구와 대화하기 | ( ) | ( ) | ( ) | ( ) | ( ) |
| ③ 시장, 마트, 백화점에서 물건을 사기 위해 점원과 대화하기 | ( ) | ( ) | ( ) | ( ) | ( ) |
| ④ 은행이나 관공서(우체국, 주민센터, 출입국사무소 등)에서 업무 처리를 위해 직원과 대화하기 | ( ) | ( ) | ( ) | ( ) | ( ) |
| ⑤ 진료나 처방을 받기 위해 의사나 약사와 대화하기 | ( ) | ( ) | ( ) | ( ) | ( ) |
| ⑥ 길을 묻거나 알려주기 위해 모르는 사람과 대화하기 | ( ) | ( ) | ( ) | ( ) | ( ) |
| ⑦ 처음 만난 사람과 친해지기 위해 대화하기 | ( ) | ( ) | ( ) | ( ) | ( ) |
| ⑧ 전화를 걸거나 받기 | ( ) | ( ) | ( ) | ( ) | ( ) |
| ⑨ 휴대전화 메시지를 읽거나 쓰기 | ( ) | ( ) | ( ) | ( ) | ( ) |
| ⑩ 표지판, 간판, 광고를 읽기 | ( ) | ( ) | ( ) | ( ) | ( ) |

16. *방과 후에* 다음과 같은 의사소통을 <u>한국어로</u> 할 때 느끼는 어려움의 정도에 V표를 해 주세요.

| 의사소통 유형 | 전혀 어렵지 않다 | 별로 어렵지 않다 | 보통이다 | 조금 어렵다 | 매우 어렵다 |
|---|---|---|---|---|---|
| ① 친구에게 부탁이나 요청하기 | ( ) | ( ) | ( ) | ( ) | ( ) |
| ② 취미나 관심사에 관해 친구와 대화하기 | ( ) | ( ) | ( ) | ( ) | ( ) |
| ③ 시장, 마트, 백화점에서 물건을 사기 위해 점원과 대화하기 | ( ) | ( ) | ( ) | ( ) | ( ) |
| ④ 은행이나 관공서(우체국, 주민센터, 출입국사무소 등)에서 업무 처리를 위해 직원과 대화하기 | ( ) | ( ) | ( ) | ( ) | ( ) |
| ⑤ 진료나 처방을 받기 위해 의사나 약사와 대화하기 | ( ) | ( ) | ( ) | ( ) | ( ) |
| ⑥ 길을 묻거나 알려주기 위해 모르는 사람과 대화하기 | ( ) | ( ) | ( ) | ( ) | ( ) |
| ⑦ 처음 만난 사람과 친해지기 위해 대화하기 | ( ) | ( ) | ( ) | ( ) | ( ) |
| ⑧ 전화를 걸거나 받기 | ( ) | ( ) | ( ) | ( ) | ( ) |
| ⑨ 휴대전화 메시지를 읽거나 쓰기 | ( ) | ( ) | ( ) | ( ) | ( ) |
| ⑩ 표지판, 간판, 광고를 읽기 | ( ) | ( ) | ( ) | ( ) | ( ) |

17. 배우고 싶은 의사소통 교육 분야를 2가지 고르고, 필요한 이유를 구체적으로 적어 주세요.

| 분야 | 이유 |
|---|---|
| ① 학교에서의 한국어 듣기/말하기<br>② 학교에서의 한국어 읽기<br>③ 학교에서의 한국어 쓰기<br>④ 학교 밖에서의 한국어 듣기/말하기<br>⑤ 학교 밖에서의 한국어 읽기<br>⑥ 학교 밖에서의 한국어 쓰기 | |

설문에 끝까지 응답해 주셔서 감사합니다.

본 설문 조사의 결과를 바탕으로 추후 인터뷰(면담)를 진행할 예정입니다. 인터뷰 시간은 1시간 정도이며, 인터뷰에 참가하시는 분들께는 소정의 사례를 할 계획입니다. 참여를 원하시는 분들께서는 이름과 휴대 전화번호를 남겨 주십시오. 남겨 주신 이름과 연락처는 인터뷰 요청에만 사용되며, 인터뷰 종료 후 즉시 폐기됩니다.

이름:
연락처(휴대 전화):

## 찾아보기

민병곤(閔丙坤)

서울대학교 박사(국어교육학)
서울대학교 국어교육과 교수
서울대학교 국어교육연구소 소장

김종철(金鍾澈)

서울대학교 박사(국문학)
서울대학교 국어교육과 교수
(전)서울대학교 교육종합연구원 원장
서울대학교 국어교육연구소 겸무연구원

구본관(具本寬)

서울대학교 박사(국어학)
서울대학교 국어교육과 교수
서울대학교 국어교육과 SSK 사업단장
서울대학교 국어교육연구소 겸무연구원

박성석(朴成石)

서울대학교 박사과정(국어교육학)
서울대학교 국어교육과 BK 연구원

박종관(朴鐘爟)

서울대학교 박사과정(국어교육학)
서울대학교 국어교육과 BK 연구원

## 아 | 산 | 재 | 단 | 연 | 구 | 총 | 서

1 전환기의 중국경제
김윤환 외 | 단국대 경제학과

2 폴란드 경제의 변천 개혁과 그 전망
김광수 | 숭실대 경제학과

3 재소한인
이광규 외 | 서울대 인류학과

4 소련산림과 임업
홍성천 외 | 경북대 임학과

5 아세안의 정치경제
김국진 외 | 외교안보연구원

6 태국의 사회변동과 경제발전
최석만 외 | 전남대 사회학과

7 중국의 사회경제 통계분석
신한풍 외 | 고려대 통계학과

8 중국의 정치와 경제
박두복 외 | 외교안보연구원

9 동유럽의 개혁과 시장경제의 도입
허만 외 | 부산대 사범대학

10 동유럽의 개혁운동
박영신 | 연세대 사회학과

11 현대 러시아 연구
기연수 외 | 한국외대 노어과

12 전략적 선택과 기업의 국제경쟁력
이장호 | 서강대 경영대학

13 협동사회의 정착과 정부의 역할
이종범 외 | 고려대 행정학과

14 한국 제조기업 생산성의 동적 분석
노부호 외 | 중앙대 경영대학

15 분배의 정의
변형윤 외 | 서울대 경제학과

16 도덕적 행동의 강화
이훈구 외 | 연세대 심리학과

17 관료부패와 통제
김해동 외 | 서울대 행정대학원

18 한국경제의 내실 있는 성장
정창영 외 | 연세대 경제학과

19 한국국민정신운동의 역사와 발전방향
박수명 외 | 부산대 사범대학

20 한국대학생의 가치성향과 상담효과
이영희 외 | 숙명여대 교육학과

21 가출청소년과 학교관리체제
안창규 외 | 부산대 교육학과

22 동북아 정세변화와 한·일관계
한승조 외 | 고려대 정치외교학과

23 언론과 부정부패
정대철 외 | 한양대 신문방송학과

24 한국의 고등학교 교육
이원호 외 | 부산대 교육학과

25 가족과 방송
김학수 외 | 서강대 신문방송학과

26 재정개혁의 전망과 재산세제의 개편과제
오연천 | 서울대 행정대학원

27 청소년을 위한 전자게임 프로그램의 규제 및 평가체계 개발
박혜원 외 | 울산대 가정관리학과

28 정신장애자 가족의 사회심리적 특성
이근후 외 | 이화여대 의과대학

29 가족의 관계역동성과 문제인식
이광규 외 | 서울대 인류학과

30 현대인과 한국전통음식
승정자 | 숙명여대 식품영양학과

31 기업의 초고속정보통신망활용
안중호 | 서울대 경영학과

32 지역발전을 위한 교육자치제의 개선방안
김남순 | 조선대 사범대학

33 전환기의 공무원 가치관
조경호 | 울산대 행정학과

34 지방자치와 사회복지의 과제
김영모 | 중앙대 사회복지학과

35 WTO체제하의 지방중소기업 지원정책
최명주 외 | 계명대 통상학부

36 현대한국의 시민운동
이효선 | 중앙대 사회학과

37 기업 세계화의 단계 및 정도의 측정
허영도 외 | 울산대 경영학과

38 가족복지를 위한 가족주치의 시범사업의 효과
이혜리 외 | 연세대 가정의학교실

39 한국대학생의 삶의 만족도
김재은 외 | 이화여대 교육심리학과

40 지역경제와 지역산업구조의 개편방향
정기화 외 | 전남대 경제학부

41 중국기업의 소유형태별 경영특성
노철화 외 | 부산대 무역학과

42 남북한의 인성·사상교육
한승조 외 | 고려대 정치외교학과

43 연계적 뇌기능 조언을 위한 의료용 멀티미디어 시스템의 설계
유선국 | 연세대 의용공학교실

44 다민족국가의 민족문제와 한인사회
최협 외 | 전남대 인류학과

45 저소득층지역 청소년 여가문화와 소집단 활성화
박문수 외 | 서강대 사회학과

46 삶의 질의 국제비교와 지역간 비교분석
이재기 외 | 울산대 경제학과

47 21세기 지역주민의 삶의 질
양종회 외 | 성균관대 사회학과

48 삶의 질에 대한 국가간 비교
조명한 외 | 서울대 심리학과

49 외국인 노동자의 노사관계와 사회적 적응
석현호 외 | 성균관대 사회학과

50 한국의 사법제도와 발전 모델
정종섭 | 건국대 법학과

51 고령화사회와 중상층 노인의 사회활동
조성남 외 | 이화여대 사회학과

52 한국의 서비스 시장 개방정책
한홍렬 | 한양대 경제학부

53 한국과 AFTA간의 교역증진 및 경제 협력방안
손일태 외 | 경희대 경제통상학부학항

54 물류비 절감을 위한 무역업체의 정보화전략
이영수 외 | 경북대 경제통상학부

55 사회주의 체제전환과 사회정책
오정수 외 | 충남대 사회복지학과

56 남북통일 이후 농업생산체계 개편
홍성규 외 | 건국대 농업경제학과

57 국제화와 세계화
하영선 외 | 서울대 외교학과

58 IMF 개혁정책의 평가와 한국경제의 신(新) 패러다임
조동근 | 명지대 경제학과

59 구조개혁과 실업대책
박동운 | 단국대 경제무역학부

60 21세기 신노사관계
심윤종 외 | 성균관대 사회학과

61 학교에서의 집단 따돌림
이춘재 외 | 가톨릭대 심리학과

62 한국노인의 정신건강실태와 건강증진
조맹제 외 | 서울대 의과대학

63 혁명과 개혁 속의 중국 농민
김광억 | 서울대 인류학과

64 중국의 경제환경과 한국기업의 진출 전략
지용희 외 | 서강대 경영학과

65 김대중 대통령의 시스템 사고
김동환 | 중앙대 공공정책학부

66 실업과 가족해체
최일섭 외 | 서울대 사회복지학과

67 합리적 부채비율 조정방안
오상근 | 동아대 경제학과

68 한국 중산층의 생활문화
문숙재 외 | 이화여대 소비자 · 인간발달학과

69 계층간 갈등상태에서 최적소득세
김진욱 | 건국대 경상학부

70 글로벌 경쟁력 제고를 위한 기업전략과 조직구축
이만우 외 | 고려대 경영학과

71 의료보험과 국민연금의 관리효율화를 위한 통합방안
사공진 외 | 한양대 경제학부

72 정부개혁의 과제와 전략
박우서 외 | 연세대 행정학과

73 책임운영기관 제도에 관한 비교분석
김근세 | 가톨릭대 행정학과

74 새로운 패러다임하에서의 한국기업의 바람직한 지배구조
최운열 외 | 서강대 경영학과

75 현대 한국사회의 계층구조
양춘 외 | 고려대 사회학과

76 한국의 산업정책과 산업구조조정
강인수 | 숙명여대 경제학부

77 기업구조조정
김석진 | 경북대 경영학부

78 지식경영을 위한 인적자원 개발 및 관리체계
장영철 | 경희대 경영학부

79 뉴 비즈니스 모델
전성현 | 국민대 정보관리학부

80 중산층의 정체성과 소비문화
함인희 외 | 이화여대 사회학과

81 외국관광객 유치를 위한 마케팅 전략
박상규 | 강원대 경영학과

82 한국인의 세대별 문학의식
이동순 | 영남대 국문과

83 공공부문의 효율성 평가와 측정
김재홍 외 | 울산대 사회과학부

84 한국 청소년의 정치의식과 형성요인
김광웅 외 | 숙명여대 아동복지학과

85 한국 대학생의 정치의식
배한동 | 경북대 윤리교육과

86 산업의 정보화와 산업발전
이기동 | 계명대 통상학부

87 한국 제조업의 고용조정 분석
이종원 외 | 성균관대 경제학부

88 지식자산에 대한 경영전략적 평가모형 개발
배재학 외 | 울산대 컴퓨터 · 정보통신공학부

89 관광사업을 위한 한국적 이미지의 휴식복 개발
채금석 | 숙명여대 의류학과

90 한국 정치제도의 개혁
신정현 | 경희대 사회과학부

91 e비즈니스와 아웃소싱 전략
정승화 외 | 연세대 경영학과

92 집단 따돌림의 진단 및 치료방안
홍준표 | 중앙대 인간생활환경학과

93 16대 총선과 낙선운동
조기숙 | 이화여대 국제대학원

94 부동층 유권자 행태 분석
진영재 | 연세대 정치외교학과

95 사이버 공동체의 성공요인
이재관 | 숭실대 경영학부

96 온라인 소비자 행동의 이론과 실증
윤성준 | 경기대 경영학부

97 글로벌 시대 정약용 세계관의 가능성과 한계
차성환 | 한일장신대 역사사회학과

98 러시아의 체제전환 과정에서 나타난 국가의 역할과 그 전망
이상민 외 | 부산대 정치외교학과

99 남북한의 경제발전 수준과 산업구조 비교, 그리고 경제교류 협력방향
주성환 | 건국대 경제학과

100 집단따돌림과 교육해체
한준상 | 연세대 교육학과

101 공적연금제도의 효율성과 개선방안
유금록 | 군산대 행정복지학부

102 벤처기업-대기업의 성공적인 협력 모델
나중덕 | 경산대 경영학과

103 북한의 재외동포정책
조정남 외 | 고려대 정치외교학과

104 사이버 공동체 형성의 역동적 모형
장용호 | 서강대 신문방송학과

105 기업이론과 기업의 소유지배구조
김일태 외 | 전남대 경제학부

106 가축분뇨 자원화를 위한 공동이용조직에 대한 농가선호도 분석
유덕기 | 동국대 생명자원경제학과

107 개혁정책과 전문가 집단
이경원 외 | 제주대 행정학과

108 현대 한국사회의 이중가치체계
신수진 외 | 이화여대 가정관리학과

109 한국의 산업구조 변화와 기업집단 다각화 전략
김용학 외 | 연세대 사회학과

110 지식정보사회의 경제적 모형 설정 및 사례 연구
김범환 | 배제대 경영정보학부

111 변호사징계제도
오종근 | 한림대 법학부

112 인터넷 특허법
김순석 | 광주대 법학과

113 e-비즈니스 시대의 금융 및 재정정책의 새로운 패러다임
이종욱 | 서울여대 경제학과

114 청소년의 하위문화와 정체성
조성남 | 이화여대 사회학과

115 디지털금융시대의 금융구조변화와 정부규제 및 정책
이충열 | 고려대 경제학부

116 지식경영을 위한 기업의 조직설계방안
김경수 외 | 전남대 경영학과

117 전자금융의 발달과 경제정책의 새로운 패러다임
이명훈 | 명지대 경제학과

118 동아시아의 안보와 유엔체제
강성학 편저 | 고려대 정치외교학과

119 유료 치매노인 그룹홈의 개발과 관련 정책
최정신 외 | 가톨릭대 소비자 · 주거학과

120 소비자 지향적 문화산업 정책
홍영준 | 호남대 광고홍보학과

121 국제 · 국가 · 지방 환경규제의 연계
정준금 외 | 울산대 행정학과

122 현행 회사 합병 · 분할제도의 평가와 개선방안
옥무석 외 | 이화여대 법학과

123 배려지향적 도덕성과 정의지향적 도덕성
정옥분 외 | 고려대 사범대학

124 기업구조조정에 대한 채권금융기관 및 금융감독기관의 역할과 책임
이중기 | 한림대 법학과

125 실업대책으로서 한국의 법정기준근로 시간 단축
박영범 | 한성대 경제학과

126 프랑스어의 비분리성 소유개념 표현
노윤채 | 연세대 언어정보연구원

127 지방채의 효율적 관리방안
강태구 | 호원대 법행정학부

128 21세기 산업구조 변화와 과학기술정책
임채성 외 | 그리스도신학대 경영정보학부

129 인터넷 쇼핑몰 이용자의 불평행동
예종석 | 한양대 경영학부

130 한국기업의 성과급제도 현황, 효과 및 개선방안
김성수 | 서울대 경영학과

131 전자상거래와 소비자보호
서민교 외 | 경일대 인터넷국제통상학과

132 평생학습 사회에서의 인적자원개발을 위한 사회적 파트너십 구축
김영화 | 홍익대 교육학과

133 한국 공교육의 새로운 구상과 전략
권대봉 외 | 고려대 교육학과

134 한국의 정부개혁
김태룡 | 상지대 행정학과

135 지방정부 생산성 측정의 이론과 실제
이은국 외 | 연세대 행정학과

136 불가 시문학론
배규범 | 경희대 학술연구 교수

137 남북경제교류의 법적 문제
제성호 | 중앙대 법학과

138 경제위기와 청소년 발달
구인회 | 서울대 사회복지학과

139 생명과학기술의 응용과 기본권보호적 한계
정상기 외 | 한남대 법학과

140 경제발전과 정치환경의 한 · 일 비교분석
정갑영 외 | 연세대 동서문제연구원

141 한국 공교육의 진단
윤정일 외 | 서울대 교육학과

142 우리나라 지방자치 발전을 위한 자치단체장의 역할
정성호 외 | 경기대 사회과학부

143 의료보험제도의 개혁방안
권순원 | 덕성여대 경제학과

144 중등 도덕교육의 현실과 문제
손동현 외 | 성균관대 철학과

145 사이버공동체 발전론
이명식 | 상명대 경영학과

146 남북경협 확대에 대비한 북한 담보제도의 정비방안
박훤일 | 경희대 법과대학

147 한국 공무원 인사제도 개혁
김판석 | 연세대 행정학과

148 교사화법 교육
임칠성 외 | 전남대 국어교육과

149 세계화의 문화정치학
임혁백 외 | 고려대 정치외교학과

150 효과적인 e-SCM을 위한 의사결정 조정 시스템 모형
이원준 | 성균관대 경영학부

151 환경거버넌스
김종순 외 | 건국대 행정학과

152 자동차산업의 인적자원관리
이덕로 | 서원대 경영학부

153 한국과 영국 간 지식기반산업 비교
이명호 | 한국외대 경영학과

154 한국 벤처기업의 기술네트워킹 및 기술마케팅 전략
장영일 | 인제대 경영학부

155 회사변호사의 윤리
오승종 | 성균관대 법과대학

156 미디어교육론
이정춘 | 중앙대 신문방송학과

157 조선시대 서원과 양반
윤희면 | 전남대 역사교육과

158 환경문제와 철학
박찬국 | 서울대 철학과

159 노인보건복지 이론과 실제
김명 외 | 이화여대 보건교육학과

160 북한의 법체계
권재열 외 | 숭실대 법학과

161 생명공학기술의 안전성 확보에 관한 법적 고찰
이재협 | 경희대 법학부

162 청소년복지학
김성이 외 | 이화여대 사회복지학과

163 변화하는 세계, 변화하는 복지국가
조영훈 | 동의대 사회복지학과

164 의리의 윤리와 한국의 유교문화
김낙진 | 진주교대 도덕교육과

165 미국의 통상정책과 통상법
윤충원 | 전북대 무역학과

166 사회복지 프로그램 평가
김학주 | 경상대 사회복지학과

167 환경주의와 지속가능한 발전
정대연 | 제주대 사회학과

168 무역과 환경
김기흥 외 | 경기대 경제학부

169 산업계 유해폐기물의 위험과 관리
김금수 | 호서대 경상학부

170 백범 김구의 지적 계발과정 탐색
문용린 | 서울대 교육학과

171 태평양전쟁 발발 이후 일제의 인적지배와 그리스도교계의 대응
윤선자 | 전남대 사학과

172 거버넌스 상황에서 갈등관리를 위한 대체적 분쟁해결제도
서순복 | 광주대 법정학부

173 시장경제의 유형과 민주주의
최배근 | 건국대 경상학부

174 일본고전소설 총론
김현정 | 국립한국전통문화학교

175 국어 교육을 위한 국어 문법론
이관규 | 홍익대 국어교육과

176 율곡의 군주론
전세영 | 부산교대 윤리교육과

177 동북아시아 환경협력
정서용 | 명지대 법학과

178 기후변화협약과 기후정책
신의순 외 | 연세대 경제학과

179 인터넷과 국제 학술정보 네트워크-하이퍼링크 분석
박한우 | 영남대 언론정보학과

180 국내 기업복지의 활성화 방안
최수찬 | 연세대 사회복지대학원

181 세계화와 인간안보
김우상 외 | 연세대 정치외교학과

182 세계문화유산 종묘 이야기
지두환 | 국민대 국사학과

183 한국 평생교육의 사회철학적 과제
곽삼근 | 이화여대 교육학과

184 강점모델
정순둘 | 이화여대 사회복지학과

185 글로벌시대의 계약법
박영복 | 한국외대 법과대학

186 배심제와 시민의 사법참여
안경환 | 서울대 법학과

187 동북아공동체
김재한 | 한림대 정치외교학과

188 정치 참여와 탈물질주의
김욱 | 배재대 정치외교학과

189 퍼지전문가회로망을 이용한 금융기관의 사이버 기업여신결정 지원시스템의 개발
권혁대 | 목원대 경영학과

190 환경정책과 환경법
송인성 | 전남대 지역개발학과

191 포스트모던 시대의 평생교육학
한숭희 | 서울대 교육학과

192 현대 한국인의 세대경험과 문화
박길성 외 | 고려대 사회학과

193 서구의 근로연계복지
김종일 | 건국대 사회복지학과

194 사회복지운동론
현외성 | 경남대 사회복지학과

195 외국의 역모기지 사례
유선종 | 건국대 부동산학과

196 옛이야기와 어린이문학
이지호 | 진주교대 국어교육학과

197 노인사회복지관광의 정책과제와 방안
김창수 | 경기대 관광학부

198 복지서비스의 민간위탁 시스템 분석
김순양 | 영남대 행정학부

199 새로운 빈곤층의 대두와 정부의 정책과제
김진욱 | 건국대 경제학과

200 문화행정론
김정수 | 한양대 행정학과

201 스칸디나비아 노인용 코하우징의 계획과 적용
최정신 외 | 가톨릭대 생활과학부

202 북한의 자연생태계
공우석 | 경희대 지리학과

203 통계로 이해하는 러시아
전홍찬 | 부산대 정치외교학과

204 사회복지법인의 경영과 회계
이동규 | 충남대 회계학과

205 의약분업 정책과정
차흥봉 | 한림대 사회복지학과

206 지역공동체와 평생교육
오혁진 | 동의대 평생교육학부

207 아동보호서비스의 실제
한미현 | 백석대 사회복지학부

208 그린마케팅
박재기 | 충남대 경영학부

209 아동권리와 아동복지
이혜원 | 성공회대 사회복지학과

210 국제 이주와 인도인 디아스포라
김경학 | 전남대 인류학과

211 질병과 의료의 사회학
조병희 | 서울대 보건대학원

212 북한이탈주민의 사회통합을 위한 지역복지실천의 모색
이기영 | 부산대 사회복지학과

213 치매노인케어론
조유향 | 초당대 간호학과

214 노인상담입문
서혜경 외 | 한림대 대학원 사회복지학과

215 '통일 이후 통일과정'으로서의 독일 통일영화
이준서 | 이화여대 독어독문학과

216 중국의 사회보장
오정수 | 충남대 사회복지학과

217 환경자원의 경제적 가치와 환경오염의 사회적 비용
김재홍 | 울산대 사회과학부

218 사회복지프로그램의 경제적 평가방법
박창제 외 | 상주대 사회복지학과

219 자유의지와 결정론
안건훈 | 강원대 철학과

220 심리학자들이 쓴 행복한 결혼의 심리학
채규만 외 | 성신여대 심리학과

221 현대 해석학 강의
양해림 | 충남대 철학과

222 한국인의 주거 빈곤과 공공주택
하성규 | 중앙대 도시 및 지역계획학과

223 IMF 경제위기와 한국 출산력의 변화
김두섭 | 한양대 사회학과

224 동아시아의 영토분쟁과 국제법
이석우 | 인하대 법학부

225 독일 복지국가와 사회복지서비스
정재훈 | 서울여대 사회사업학과

226 사회복지사를 위한 실용 비모수통계
엄명용 | 성균관대 사회복지학과

227 피해자학 연구
이윤호 | 동국대 경찰행정학과

228 광고언어창작론
박영준 외 | 부경대 국어국문학과

229 환경규제 패러다임의 전환
한철 | 한남대 법학과

230 고령사회의 노동환경변화와 고용 시스템의 문제점 및 법적 대응
고준기 | 국립군산대 법학과

231 세계화와 소득불평등
이성균 외 | 울산대 사회과학부

232 유비쿼터스 사회의 이해
안중호 외 | 서울대 경영학과

233 국제환경책임법론
박병도 | 건국대 법학과

234 한국의 선거와 민주주의
윤종빈 | 명지대 정치외교학과

235 한국 시민운동의 구조와 동학
조대엽 외 | 고려대 사회학과

236 또래관계
송영혜 | 대구대 재활심리학과

237 해외 한국기업과 현지인 노동자
석현호 외 | 에스콰이아학술문화재단

238 독일 국가복지에서 민간복지단체의 역할과 의미
차성환 외 | 한일장신대 사회복지학부

239 청정공학
조정호 | 동양대 생명화학공학과

240 한국전통연희론
심상교 | 부산교육대 국어교육학과

241 정신장애와 가족
서미경 | 경상대 사회복지학부

242 빈곤통계의 작성과 활용
김주환 | 동국대 정보통계학과

243 인터넷과 한국정치
강원택 | 숭실대 정치외교학과

244 북한의 시장경제이행
정영화 외 | 서경대 법학과

245 시스템사고로 본 지속가능한 도시
문태훈 | 중앙대 도시및지역계획학과

246 실버산업과 유비쿼터스 컴퓨팅
고일상 | 전남대 경영학부

247 재활상담과 사례관리
나운환 | 대구대 직업재활학과

248 영유아교육기관에서의 장애 이해 교육
유수옥 | 우석대 유아특수교육과

249 장애의 사회적 의미와 사회통합
박수경 | 대진대 사회복지학과

250 경제분석의 수리적 기초
조인성 | 공주대 경제통상학부

251 비영리부문의 비교연구
김승현 | 서울산업대 행정학과

252 고등교육경제학
반상진 | 전북대 교육학과

253 과학윤리교육의 이론과 방법
조희형 | 강원대 과학교육학부

254 결혼이민자가족의 이해
김오남 | 대불대 사회복지학과

255 동아시아 국가의 공공부조
신동면 | 경희대 사회과학부

256 특수아동 진단 및 평가
이나미 | 대불대 특수교육과

257 계약형 사회복지와 권리옹호시스템
이명현 | 경북대 상주캠퍼스 사회복지학과

258 실내공기질 및 위해성 관리
양원호 | 대구가톨릭대 산업보건학과

259 충남 방언 문법
한영목 | 충남대 국어국문학과

260 교육권론
노기호 | 군산대 법학과

261 도시경관계획론
임승빈 | 서울대 조경 · 지역시스템공학부

262 교통의 새로운 패러다임
김형철 | 경원대 도시계획 · 조경학부

263 노인의 삶의 질 향상을 위한 주거환경디자인
천진희 | 상명대 디자인대학 실내디자인전공

264 사회복지와 문화
박병현 | 부산대 사회복지학과

265 장애인복지의 이론과 실제
이선우 | 인제대 사회복지학과

266 창의성 개발을 위한 디자인교육 콘텐츠
김선영 | 인천가톨릭대 조형예술대학 환경디자인학과

267 구성주의 사회복지 실천 기술론
고미영 | 서울신학대 사회복지학과

268 장애아교육학
김기흥 | 부산교육대 유아교육과

269 지역사회복지와 자원부문
한상진 외 | 울산대 사회학과

270 환경관리회계
육근효 | 부산외국어대 회계학부

271 인권 관점에서 보는 장애인복지
유동철 | 동의대 사회복지학과

272 정신증상
송지영 | 경희대 의과대학병원 신경정신과

273 사이버공간의 사회심리학
이성식 외 | 숭실대 정보사회학과

274 노인에 대한 사회적 돌봄과 돌봄 서비스의 질 보장
최희경 | 신라대 가족노인복지학과

275 아동 심리치료의 실제
신현균 | 전남대 심리학과

276 사회복지와 위험관리
노충래 | 이화여대 사회복지전문대학원

277 국제 탄소시장의 이해
양승룡 | 고려대 식품자원경제학과

278 타자의 초상
신문수 | 서울대 영어교육과

279 한국정치와 환경정치
나정원 | 강원대 정치외교학과

280 북한이주민
윤인진 | 고려대 사회학과

281 음주의 사회경제적 비용
정우진 외 | 연세대 보건대학원

282 지방정치와 동북아 도시거버넌스
박재욱 | 신라대 행정학과

283 노숙인 복지론
남기철 | 동덕여대 사회복지학과

284 유럽통합과정과 지역협력
이규영 | 서강대 국제대학원

285 사회복지재정 연구
지은구 | 계명대 사회과학대학 사회복지학과

286 지역사회 교육개혁을 위한 시민사회 조직의 참여
김영화 | 홍익대 교육학과

287 복지사회를 대비한 국민연금의 구조개혁
박영석 외 | 서강대 경영학부

288 한미 FTA 지재권 협상에 따른 의약품 분야 사회후생 변화
오근엽 | 충남대 무역학과

289 산업입지, 환경 그리고 지역경제
이기동 외 | 계명대 국제통상학과

290 감성지능 개발을 통한 삶의 질 향상
김경수 외 | 전남대 경영학부

291 교육복지론
이용교 외 | 광주대 사회복지학부

292 인간과 행복에 대한 철학적 성찰
박찬국 | 서울대 철학과

293 유럽연합의 사회통합 사례와 교훈
이무성 | 명지대 정치외교학과

294 민영화와 사회후생
이상호 | 전남대 경제학부

295 북한의 교육학 체계 연구
최영표 외 | 동신대 교육대학원

296 한국 지속가능발전의 구조와 변동
정대연 | 제주대 사회학과

297 우리나라의 공익 연계 마케팅에 관한 연구
임승희 | 전주대 경영학부

298 시각장애인복지론
김영일 | 조선대 특수교육과

299 그린에너지와 환경촉매
정석진 | 경희대 화학공학과

300 취약학교 초등학생을 위한 온라인 보건 교육 프로그램
박경옥 | 이화여대 보건관리학과

301 신탁제도를 통한 고령자의 보호와 지원
최수정 | 서강대 법학전문대학원

302 사회적 약자계층에 대한 실태분석 및 정책방안
이은우 외 | 울산대 경제학과

303 한류 문화와 동북아 공동체
최혜실 | 경희대 국어국문학과

304 노동유연화와 해고보호법
권혁 | 부산대 법학전문대학원

305 사회복지 위험관리의 이해
박미은 | 한남대 사회복지학과

306 의료기관의 회계와 세무
노준화 | 충남대 경영학부

307 여성인적자원의 전문성 확보를 위한 경력개발
백지연 | 이화여대 국제사무학과

308 정신병리
강선경 | 서강대 신학대학원

309 바다의 반란 적조
윤양호 | 전남대 해양기술학부

310 한국 장애인 복지 발달사
이성규 | 서울시립대 사회복지학과

311 서양예술 속의 동양 탐색
진상범 | 전북대 독어독문학과

312 한국인의 도덕성 발달 진단
문용린 | 서울대 교육학과

313 영국정치와 국가복지
고세훈 | 고려대 공공행정학부

314 인간학적 사유를 여는 중도·중복장애 교육학
이숙정 | 단국대 특수교육과

315 개별화 교육과정
이소현 | 이화여대 특수교육과

316 인간의 긍정적 성품
권석만 | 서울대 심리학과

317 지방자치와 지역여성의 전망
이혜숙 | 경상대 사회학과

318 한국 현대 노년소설 연구
전흥남 | 한려대 교양학부

319 정보격차 해소를 위한 창의적 정보교육 프로그램
이영준 외 | 한국교원대 컴퓨터교육과

320 한국 가족과 젠더
손승영 | 동덕여대 교양학부

321 한국의 복지혼합
김진욱 | 서강대 신학대학원

322 사회자본과 자원봉사
김태룡 외 | 상지대 행정학과

323 농촌교육복지연구
박삼철 | 단국대 교양학부

324 사회정체성 평가 차원에 대한 국제비교조사
이명진 | 고려대 사회학과

325 캐나다 복지국가 연구
조영훈 | 동의대 사회복지학과

326 한국의 소수자운동과 인권정책
전영평 외 | 서울대 행정대학원

327 한국과 미국의 보육서비스 전달체계와 품질 비교분석
김근세 외 | 성균관대 국정관리대학원

328 한국사회의 소득불평등과 국민 의료이용
이용재 | 호서대 사회복지학과

329 정보시대의 인간안보
조화순 | 연세대 정치외교학과

330 가족의 사회경제적 특성과 아동발달
김광혁 | 전주대 사회복지학과

331 초·중·고등학생의 학업소진 진행과정 및 경로분석
이상민 | 고려대 교육학과

332 다문화사회의 사법통역
이지은 | 이화여대 통역번역대학원

333 동아시아 지역주의
유현석 | 경희대 정치외교학과

334 환경친화적 공공시설관리와 지역공동체의 삶의 질
이소영 | 중앙대 실내디자인·주거환경학과

335 의료보험의 법정책
김나경 | 성신여대 법과대학

336 양극화 시대 가족해체와 청소년의 적응에 관한 한국과 미국의 비교 연구
오승환 외 | 울산대 사회복지학과

337 기업의 사회적 책임과 지역경제사회발전 연구
허영도 외 | 울산대 경영학부

338 노인의 삶의 질 향상을 위한 온라인 소셜 네트워크 구축 방안
김진우 | 연세대 경영학과

339 청소년 생활역량
윤명희 외 | 동의대 평생교육학과

340 외국인 배우자의 다양성과 국제결혼의 안정성
김두섭 | 한양대 사회학과

341 정보인권의 규범구체화
이민영 | 가톨릭대 법학과

342 한국 사회복지실천의 고유성
최성재 외 | 서울대 사회복지학과

343 스웨덴의 환경책임 실천모형
최희경 | 경북대 행정학부

344 자율운동과 주거공동체
윤수종 | 전남대 사회학과

345 한국인의 공공봉사동기
김상묵 | 서울과학기술대 행정학과

346 한국 이혼가정 아동의 성장
김혜숙 | 경인교육대 교육학과

347 동양 사상과 노인 복지
홍승표 외 | 계명대 사회학과

348 노동과 사회보장의 연계
오문완 | 울산대 법학과

349 학습장애 위험군 아동의 조기선별을 위한 읽기검사 표준화 연구
김애화 외 | 단국대 특수교육학과

350 신·재생에너지에 기초한 녹색성장과 사회통합
김인호 | 이화여대 법학전문대학원

351 문화교류역량과 다문화 경영이 기업 경영성과에 미치는 영향
임병학 외 | 부산외대 경영학부

352 빈곤영유아의 발달과 적응
정익중 외 | 이화여대 사회복지학과

353 민사법질서와 인권
양천수 | 영남대 법학전문대학원

354 성년후견제도와 사회복지제도의 연계
신권철 | 서울시립대 법학전문대학원

355 한국 다문화사회의 이방인
김순양 | 영남대 행정학과

356 현대 시민사회와 소비자계약법
이병준 | 한국외대 법학전문대학원

357 개인의 사회적 정보보호를 위한 공공 정보서비스 개선 연구
장항배 | 상명대 경영학과

358 여성교육투자에 대한 교육경제학적 탐색
백일우 외 | 연세대 교육학부

359 사회적 기업과 지속가능한 지역발전
임업 외 | 연세대 도시공학과

360 다문화가정 구성원에 대한 투트랙 한국어 교육방안 연구
박시균 | 군산대 국어국문학과

361 아시아의 빈곤과 한국기업의 역할
한인수 | 충남대 경영학부

362 유치원·초등학교 연계 환경교육
박희숙 | 공주대 유아교육학과

363 비정규 고용과 사회정책
구인회 외 | 서울대 사회복지학과

364 사생활의 자유에 관한 비교법적 연구
이장현 | 서강대 법학전문대학원

365 다중융합 환경 기반의 미디어스킨을 활용한 문화콘텐츠 디자인 적용방안에 관한 연구
오문석 외 | 광운대 미디어영상학부

366 북한이탈주민 여성의 성인식 관련 기초조사
한인영 외 | 이화여대 사회복지학과

367 노인주택 파노라마
유선종 | 건국대 부동산학과

368 시설보호 청년의 적응
정선욱 | 덕성여대 사회복지학과

369 다수 집단과 소수 집단의 심리
김혜숙 | 아주대 심리학과

370 바이오 휴머니티
권택영 | 경희대 영어학부

371 프랑스 다문화교육의 이해
이경수 | 상명대 불어교육과

372 한·중 서비스산업의 비교분석과 교역 확대 방안
김상호 | 리츠메이칸 아시아태평양대 국제경영학부

373 현대의학에 있어서 생명의 시간과 인간의 존엄
김학태 | 한국외대 법학전문대학원

# 아 | 산 | 재 | 단 | 연 | 구 | 보 | 고 | 서

1 한국인의 도덕성 연구
배해수 | 고려대 국문학과

2 산업화와 청소년 진로
이원호 | 울산대 교육학과

3 공동체의식과 시민운동
김영섭 | 한양대 행정학과

4 한국청년의 삶의 의미 충족도와 만족적 태도
안정수 | 경희대 철학과

5 중국조선족의 사회발전과 한·중관계의 위상
손장권 | 고려대 사회학과

6 해송림 "솔껍질깍지벌레"의 천적 및 주요 종의 생태
김규진 | 전남대 농생물학과

7 사회정의와 실천윤리
박종대 | 서강대 철학과

8 동구개혁의 영향
김달중 | 연세대 정치외교학과

9 한국청소년의 의식세계
김문조 | 고려대 사회학과

10 고강도 철근 콘크리트 구조의 실용화
정헌수 | 중앙대 건축학과

11 신기술의 연관형태 및 출현예측의 구조모형
권철신 | 성균관대 산업공학과

12 민간기업의 연구개발을 위한 조세정책
권영훈 | 한양대 경제학부

13 기술개발 활성화방안
송승구 | 울산대 화학공학부

14 부패의 현상과 진단
이문조 | 영남대 정치외교학부

15 연구투자의 지역적 편중화와 부산지역의 기초과학연구 활성화방안
윤웅찬 | 부산대 화학과

16 GATT의 신구 덤핑방지협정과 그 대응방안
전창원 | 동국대 무역학과

17 한국사회의 도덕성 제고를 위한 진단과 처방
황경식 | 서울대 철학과

18 새로운 노사관계 방향
이진규 외 | 고려대 경영학과

19 21세기 동북아 정세예측과 한국의 전략적 대응방안
최평길 외 | 연세대 행정학과

20 소련의 한국에 대한 정책목표분석
신승권 | 한양대 정치외교학과

21 메모리 커패시터용 $Pb(Zr_xTi_{1-x})O_3$ 강유전체 박막의 제작과 특성
장지근 외 | 단국대 전자공학과

22 러시아 국제법학의 전통
김용구 | 서울대 외교학과

23 유럽연합의 현황과 전망
김동현 외 | 성균관대 행정학과

24 중국의 정치동원
송영우 외 | 건국대 정치외교학과

25 산업적 활용을 위한 이동로보트 시스템의 개발
박민용 외 | 연세대 전자공학과

26 중국조선족의 정치사회화과정과 동화적 국민통합의 방향
전인영 외 | 이화여대 사회생활학과

27 공적부조의 이론과 실제
최일섭 외 | 서울대 사회복지학과

28 대외통상환경의 변화와 법제개편
서헌제 | 중앙대 법학과

29 기업금융의 국제화
최생림 | 한양대 경영학부

30 자동차부품공업의 노사관계
김호진 외 | 고려대 행정학과

31 산업화 과정에서의 한국가족의 실태와 전망
정창수 외 | 성균관대 사회학과

32 공무원 가치관 실태와 정립방안
배병룡 외 | 경상대 행정학과

33 해외귀국청소년의 국내적응연구
이장영 | 국민대 사회학과

34 초고속정보통신망에서 LAN서비스 제공방안
이재용 | 연세대 전자공학과

35 WTO체제의 정책적 대응
김병진 외 | 경희대 행정학과

36 유럽의 통합정치
최수경 외 | 충남대 정치외교학과

37 유기질폐기물을 이용한 고단백사료원인 조류의 생산공정
최정우 외 | 서강대 화학공학과

38 초고속정보통신망의 수용성과 정책방향
박영상 외 | 한양대 신문방송학과

39 중국의 강남사회와 한중교섭
조영록 외 | 동국대 사학과

40 세계화시대의 사회 · 문화의식
신행철 외 | 제주대 사회학과

41 국내 외국인 노동자의 문제와 대책
성규탁 외 | 연세대 사회복지학과

42 노인인력 활용정책과 프로그램
김정후 외 | 강원대 법과대학

43 한일간 학술교류 현황과 활성화방안
정홍익 외 | 서울대 행정대학원

44 계량모형에 의한 한일 경제관계의 이해
김명직 외 | 한양대 경제학부

45 직장인의 음주행태와 삶의 질
진기남 외 | 연세대 보건행정학과

46 유통정보 시스템의 구조와 설계
정용길 | 충남대 경영학과

47 남북통일 이후 사회통합을 위한 교육의 역할
안기성 외 | 고려대 교육학과

48 대중음악에 심취한 청소년들의 심리적 특성
김인경 외 | 연세대 인간행동연구소

49 멀티미디어 시스템을 활용한 교육환경의 개선방안
김한일 | 제주대 컴퓨터교육학과

50 탈냉전기 한일관계의 쟁점
최상룡 | 고려대 정치외교학과

51 자치시대 새로운 '삶의 질' 지표의 모색
김형기 외 | 경북대 경제통상학부

52 유럽통합의 역내외 협력과 갈등
이호재 외 | 고려대 정치외교학과

53 21세기를 대비한 신노사관계
김재원 | 한양대 경제학부

54 대학의 시간제학생 등록제
안규철 외 | 전남대 교육학과

55 21세기에 대비한 방송통신정책
한진만 외 | 강원대 신문방송학과

56 주민참여를 통한 혐오시설 관리운영방안
박균성 외 | 경희대 법학부

57 여성의 정치적 권리인식과 정치참여
전경옥 외 | 숙명여대 정치외교학과

58 한국인 위장질환과 식생활 · 환경요인 및 *H. pylori* 감염과의 관계
이양자 외 | 연세대 식품영양학과

59 학생과 시민의 자원봉사활동
윤정일 외 | 서울대 교육학과

60 동북아 환경문제와 지역환경협력의 모색
신연재 외 | 울산대 정치외교학과

61 노인 자원봉사활동을 통한 사회통합 프로그램 개발
김동배 | 연세대 사회복지학과

62 물류정보 시스템
김태현 | 연세대 경영학과

63 전자식 문서교환을 이용한 항공화물 운송체계
민재형 | 서강대 경영학과

64 청소년과 성
이근후 | 이화여대 의과대학

65 민족통합과 무궁화호 위성의 남북한 공동활용방안
방정배 | 성균관대 신문방송학과

66 채식주의가 20대 여성의 영양상태와 에스트로겐 대사에 미치는 영향
성미경 | 숙명여대 식품영양학과

67 가상정보공간을 통한 지역개발 활성화 전략
유재천 외 | 한림대 언론정보학부

68 조산아 관리현황 및 정책수립 방안
박상기 외 | 조선대 의과대학

69 남북한관의 의식조사와 통일교육 개선 방안
김동규 외 | 고려대 북한학과

70 동양 전통 자연사상 탐구
장동순 | 충남대 환경공학과

71 초고속정보망의 시뮬레이터 구현
한기준 | 경북대 컴퓨터공학과

72 유통원가 시스템의 유효성
정다미 | 명지대 경영학과

73 국악과 문화관광의 만남
정익준 외 | 동아대 국제관광통상학부

74 기업의 지식경영 활용사례
김창은 | 명지대 산업공학과

75 선진국과 한국의 직업교육 · 훈련제도의 특성과 한계
정주연 | 고려대 경제학과

76 제주지역 성인 여성의 자원봉사활동
이상철 외 | 제주대 사회학과

77 M&A와 문화충돌 관리
박원우 | 서울대 경영학과

78 폐금속광산 인근 주민들의 중금속 오염실태
정종학 외 | 영남대 의학과

79 북한 농촌 · 농업실태와 인력자원개발 시스템을 통한 북한 농민의 구호방안
박성열 | 건국대 교육공학과

80 중소 소매점의 경쟁력과 소매성과
채명수 외 | 한국외대 무역학과

81 고령자를 위한 쾌적한 실내온도와 착의량의 설정
정운선 | 안동대 의류학과

82 지역문화 이벤트 PR
박종민 | 경희대 언론정보학부

83 인터넷 지역정보화의 실태와 전략
유평준 외 | 연세대 행정학과

84 여성 삶의 질 향상을 위한 사회교육 활성화 방안
김양희 | 중앙대 가족복지학과

85 벤처기업과 벤처금융
강대석 외 | 충남대 무역학과

86 구조조정기에 있어서 실업대책과 사회 안전망 구축
박천익 | 대구대 경제학과

87 한국 유아의 조기교육
이명조 외 | 한국외대 교육대학원

88 남북한 경제공동체 형성전략
이상만 | 중앙대 경제학과

89 지방자치회계의 투명성과 주민의 알 권리
권찬태 외 | 경북대 경영학부

90 정치지도자의 정책리더십
이해영 | 경일대 행정학과

91 경제위기와 한국인의 복지의식
신광영 외 | 중앙대 사회학과

92 북한의 노동
김강식 | 한국항공대 경영학과

93 우리나라 중소기업의 정보기술 활용 현황과 경쟁력 강화를 위한 제안
정승호 | 부산외대 정보시스템학과

94 인간배아복제의 법적·윤리적 문제점과 그 해결방안
최병규 | 한경대 법학부

95 가치변화에 따른 투표행태
조찬래 외 | 충남대 정치외교학과

96 인터넷 경매에서의 계약체결과 소비자 보호
이기수 외 | 고려대 법과대학

97 세계화시대 남북한 통합의 방향과 과제
윤민재 | 서울대 사회발전연구소

98 글로벌 시대 지방정부의 문화마케팅 전략
박흥식 | 중앙대 행정학과

99 대졸여성실업의 실태분석 및 대학-노동 시장 간 효율적 연계방안
이은우 외 | 울산대 사회과학부

100 그린 투어리즘의 분석
이응진 | 대구대 관광학부

101 지방자치단체장의 부정부패
오일환 | 한양대 아태지역연구센터

102 산업화가 유교체제하 중국여성의 지위에 미친 영향
천성림 | 배재대 사회과학연구소

103 움직이는 말하기
유혜숙 외 | 나사렛대 교양학부

104 장애학생을 위한 특수교육공학의 활용
김용욱 | 대구대 중등특수교육과

105 지식기반사회의 평생교육 이해와 평생교육 프로그램 개발
박성열 | 건국대 교육공학과

106 N세대의 미술교육
김동철 | 대구교육대 미술교육학과

107 노후계획과 투자
권택호 | 여수대 국제통상학과

108 영화산업
양영철 | 경성대 연극영화학부

109 동유럽의 변혁과 언론의 역활
정대수 | 경남대 정치언론학부

110 환율, 임금, 물가가 국제경쟁력 및 수출입산업에 미치는 영향
하인봉 | 경북대 경제통상학부

111 일본기업의 기술혁신 전략
위정현 | 중앙대 상경학부

112 노후보장정책과 역저당연금제도
조덕호 외 | 대구대 행정학과

113 유비쿼터스 라이프와 미래 사회
김석수 | 한남대 멀티미디어공학과

114 죽음과 관련된 생명윤리적 문제들
구인회 | 가톨릭의과대 인문사회과학교실

115 경제적 세계화와 빈곤문제, 그리고 국가
김준현 | 한일장신대 인문사회과학부

116 한국의 세계불교유산
김종명 | 한국학중앙연구원 한국학대학원

117 복지레저서비스론
고태규 | 한림대 국제학부

118 자생적 철학체계로서 인간중심철학
선우현 | 청주교대 윤리교육과

119 전략적 통합과 한반도 평화체제
김승채 | 고려대 정책대학원

120 환경사법론
전경운 | 경희대 법학부

121 인터넷 자료를 통해 본 한국의 이혼 문화와 사회복지
성정현 외 | 협성대 사회복지학과

122 유럽연합의 사회정책에 관한 연구
문진영 | 서강대 신학대학원 사회복지학과

123 여성건강의 통합적 관점
김혜원 | 관동대 간호학과

124 복잡계 네트워크 과학
강병남 | 서울대 물리천문학부

125 경제적인 3세대 전원주택 개발
박근준 | 호서대 건축공학과

126 사회복지와 인적자원개발
이상일 | 인제대 국제경상학부